A. Ohm · Haltungsstile Lebenslänglicher

# Haltungsstile Lebenslänglicher

## Kriminologische Untersuchungen im Zuchthaus

von Dr. phil. A. Ohm

WALTER DE GRUYTER & CO.

vormals G. J. Göschen'sche Verlagshandlung / J. Guttentag, Verlagsbuchhandlung
Georg Reimer / Karl J. Trübner / Veit & Comp.

BERLIN 1959

# Vorwort

Mit der Abschaffung der Todesstrafe ist das Problem der lebenslänglichen Zuchthausstrafe wieder akut geworden. Seit der Jahrhundertwende wird es in der Literatur behandelt. Nach 1933 verlor es seine Bedeutung, um nun wieder in seiner ganzen Schwere vor uns zu erscheinen. Die Anzahl der zu lebenslänglichem Zuchthaus Verurteilten ist beträchtlich; sie wächst von Jahr zu Jahr. Abgänge sind für lange Zeit kaum zu erwarten. Manche von den Verurteilten stehen im zehnten Jahr der Verbüßung. Sie halten den Zeitpunkt für gekommen, ein Gnadengesuch einzureichen. Die Bearbeitung eines solchen macht große Schwierigkeiten. Der Aktenumfang ist oft gewaltig. 800 bis 1000 Blätter und mehr im einzelnen Fall sind keine Seltenheiten. Die Fülle der oft schroff gegeneinander stehenden Urteile, Gutachten und Entscheidungen ist verwirrend. War schon die Klarstellung des juristischen Tatbestandes häufig schwierig, so stellt die Beurteilung der in vielen Fällen recht verwickelten Persönlichkeitsstrukturen mitunter geradezu vor Rätsel. Wie will man aber ohne Kenntnis der Persönlichkeit zu einer Stellungnahme zum Gnadengesuch gelangen?

Aber auch abgesehen vom Einzelfall, der wegen eines Gnadengesuches die Aufmerksamkeit auf sich lenkt, erhebt sich ganz generell die Frage, wie man die Lebenslänglichen behandeln soll. Kann man sich damit begnügen, sie am Leben gelassen zu haben? Soll man gleichsam als Gegenleistung für die „Gnade", die darin liegt, von ihnen erwarten und verlangen, daß sie mit keinerlei weiteren Wünschen die Behörden beschweren? „On ne fait mourir ceux, qu'on ne tue pas" — mahnt eine französische Stimme.
Soll man deshalb im Gegenteil auf die Schwere der Delikte mit besonders intensiven pädagogischen, seelsorgerischen, therapeutischen Maßnahmen antworten? Soll der Versuch gemacht werden, die zunächst homogen erscheinende Masse durch Klassifizierungen in Unterteile zu zerlegen und sie verschieden behandeln? Es ist an der Zeit, diese Fragen durchzudenken und eine Antwort auf sie zu suchen. Das Problem der Lebenslänglichen muß angegangen werden.

Dem früheren kriminal-biologischen Untersuchungsverfahren, das den erbbiologischen Aspekt in den Vordergrund rückte, lag eine Reihe von Fragebogen und Formularen zugrunde, so daß im ganzen Reich nach der gleichen Methodik gearbeitet wurde. Heute liegt das Schwergewicht auf der kriminal-psychologischen Durchleuchtung des Einzelfalles. Irgendwelche Formulare werden nicht verwendet. Eine einheitliche Methodik besteht nicht. Kriminologische Untersuchungsstellen sind teils noch gar nicht wieder aufgebaut, teils befinden sie sich erst im Anfangsstadium der Entwicklung. Ergebnisse, die aufeinander abgestimmt werden könnten, waren bisher nicht zu bekommen.

Die hier vorgelegten Untersuchungen, am 1. April 1955 bzw. 1956 zum vorläufigen Abschluß gebracht, sind deshalb nur ein erster Vorstoß in das Neuland, das sich vor uns aufgetan hat. Er bedarf der Verbreiterung und Ergänzung durch weitere Arbeiten von anderer Seite.

Das gesamte hier verarbeitete Material stammt aus Berlin, wo politisch und wirtschaftlich eine Sondersituation bestand und immer noch besteht. Manche Aspekte werden in anderen Gegenden andere sein.

Die Arbeit gliedert sich in 3 Teile: I. Die innere Entwicklung der lebenslänglichen Zuchthäusler nach ihrer Verurteilung; II. Weitere kriminologische Untersuchungen an lebenslänglichen Zuchthäuslern; III. Wandlungen der weiblichen Kriminalität. Der Titel „Haltungsstile Lebenslänglicher" trägt dem Hauptteil des Inhalts Rechnung.

Wie die frühere Studie: „Das Todesurteil in seiner Auswirkung auf die Persönlichkeit", so möchte auch diese Abhandlung vom Standpunkt der empirischen Beobachtung aus einen Beitrag zu dem Problem der Todesstrafe leisten.

Berlin, Ostern 1959 — Der Verfasser

# ÜBERSICHT ÜBER DIE 3 TEILE

# I

# Die innere Entwicklung der lebenslänglichen Zuchthäusler nach ihrer Verurteilung

## INHALTSÜBERSICHT

## § 1 Problemstellung

Lebenslanges Zuchthaus bedeutet, sozialpsychologisch gesehen, ein einzigartiges Experiment. Menschen, die bisher in täglichem Kontakt mit anderen gelebt haben und in eine große Mannigfaltigkeit sozialer Beziehungen verflochten waren, werden nun nach der voraufgegangenen Isolierung während der Untersuchungshaft durch den Urteilsspruch nahezu völlig und für immer von ihrem gesamten sozialen Feld abgetrennt. In dem Wir-Verband der Familie waren sie als Vater, Sohn, Bruder, Ehefrau, Mutter oder Tochter mehr oder weniger tragendes und im Mittelpunkt des Familienlebens stehendes Glied. Manche standen in der engen Du-Beziehung des Paares, die getragen ist von dem Erlebnis stetiger Verbundenheit zwischen dem Ich und dem Du. Sie gehörten dem geschlossenen Kreis der zu einer Gruppe zusammengefaßten Menschen an, in der jede einzelne Person vom Ganzen getragen wird und das Ganze selber trägt. In den lockeren Kreis eines Berufskollektivs waren sie eingegliedert, wie immer es auch gestaltet gewesen sei. Kurzum: Reich und vielfältig waren die Wechselwirkungen zwischen der einzelnen Person und dem ihr zugehörigen sozialen Raum.

Nun bringt die Verurteilung zu lebenslangem Zuchthaus eine zunächst absolut und endgültig erscheinende Entsozialisierung und Abtrennung von diesem sozialen Raum. Die mannigfachen Verbundenheiten und Ordnungen verlieren ihre sozialpsychische Realität für den Rest des Lebens, zum mindesten für unabsehbare Zeit. Der bisherige breite Strom des sozialen Geschehens muß jetzt versanden vor dem engen Netz der Vorschriften, die nur alle 8 Wochen einen Brief und nur alle 3 Monate einen Besuch gestatten (DVO § 112). Gelegentliche Ausnahmen von der verpflichtenden Regel etwa zum Geburtstag, zu einem Ehejubiläum oder für Zwecke des persönlichen Fortkommens vermögen das Bild nur wenig zu ändern. Die Kahlheit der vier Wände, die Leere und Resonanzlosigkeit der Zelle – das ist nun die bleibende Behausung des Häftlings. Das Wort „Lebensende" auf der Spindkarte erinnert ihn bei jedem Aufblick an die Dauer dieses Aufenthalts und die Ausweglosigkeit seiner Lage.

Es erhebt sich die Frage, ob der Mensch als das Zoon politikon, das er nach Aristoteles nun einmal wesensmäßig ist, eine solche Situation überhaupt zu ertragen vermag, ob es möglich ist, ihn als soziale Person gleichsam zu erdrosseln und nur als Individuum, auf das rein Biologische beschränkt, weiter vegetieren zu lassen. Wird nicht das unausrottbare Grundbedürfnis nach sozialem Kontakt, in solcher Weise eingeschnürt und abgebunden, den Willen zur Fortführung des reizlos gewordenen Lebens, der noch übriggebliebenen kläglichen Restexistenz, ertöten oder zum mindesten zu schweren Schäden und Verbildungen führen? Im weiten Bereich der sozialen Psychologie gibt es wohl kaum eine Situation, die in ähnlicher Form den Charakter einer fast unlösbaren Aufgabe trägt, wie das lebenslängliche Zuchthaus.

Die folgende Abhandlung macht den Versuch, die ganz verschiedenen Formen der Bewältigung dieser Aufgabe aufzuweisen und die Haltungsstile zu beschreiben, die in einer solchen radikalen Sondersituation entwickelt wurden.

In ihr liegt implicite auch ein Beitrag zu dem Problem der Todesstrafe. Wenn nun die einzelnen Fälle am Auge des Lesers vorüberziehen, wird ihm unwillkürlich die Frage kommen: wäre es richtig gewesen, dieses Menschenleben, das seine Daseinsberechtigung verwirkt hatte, auszulöschen? Rechtfertigt nicht die nachfolgende Entwicklung die Abschaffung der Todesstrafe? Oder: kann es der menschlichen Gesellschaft zugemutet werden, jenen so unglückselig struktuierten Menschen bis an sein Ende zu tragen?

## *§ 2 Untersuchte Personen und Methode der Untersuchung*

Die Untersuchungen bezogen sich zunächst auf 46 männliche Gefangene. Sie waren nach ihrer Aburteilung in das Zellengefängnis Moabit übergeführt worden. Die Strafverbüßung, die in einigen Fällen eben erst begonnen hat, erstreckt sich in anderen Fällen von 3 über 5 bis zur augenblicklichen Höchstgrenze von 10 Jahren. Anschließend wurden die Beobachtungen ausgedehnt auf 11 unter lebenslänglicher Zuchthausstrafe stehende, in der Anstalt Lichterfelde einsitzende Frauen, über welche am Schluß berichtet wird.

Das Ziel der Untersuchungen war es, eine möglichst intensive, umfassende Kenntnis von der Charakterstruktur des Zuchthäuslers und seiner Entwicklung während der Verbüßung zu gewinnen. Der zur Erreichung dieses Zieles zu beschreitende Weg ist in allen Fällen der gleiche. Es muß ein enger persönlicher Kontakt zu den Gefangenen gewonnen werden, eine weitgehende soziale Intimität zwischen Untersucher und Häftling wachsen, damit überhaupt erst einmal vertrauensvoll unmittelbare Äußerungen abgegeben werden. Immer aber ist es notwendig, über eine rein phänomenologische Betrachtung hinaus zu den Kernschichten der Persönlichkeit vorzustoßen. Deshalb waren viele Besuche und viele Gespräche notwendig, um ein einigermaßen gesichertes Bild über Persönlichkeit und Artung des Häftlings zu gewinnen. Sie erstreckten sich bei dem vorläufigen Abschluß dieser Untersuchungen über 1½ Jahre, bei der Drucklegung über 5 Jahre. Gelegentliche Pausen erwiesen sich psychologisch als nutzbringend, indem sie das Aussprache- und Mitteilungsbedürfnis aufstauten und damit eine Verflachung der Explorationsgespräche verhinderten. Nach anfänglicher Zurückhaltung und sorgfältigem Studium der Einstellung des Untersuchers wuchs die Aufschlußbereitschaft der Sträflinge schnell, bis nach etwa einem Jahr auch der letzte seine Reserviertheit aufgab. Über die Besuche und ihre psychologischen Ergebnisse wurden erst unmittelbar nach Verlassen der Zelle Aufzeichnungen niedergelegt, um nicht die Ursprünglichkeit der Meinungsäußerung einzuengen oder gar lahmzulegen. Die besonderen Umstände der Situation brachten es mit sich, daß unmittelbare, oder gar experimentelle Prüfungen der Intelligenz und Charaktereigenschaften nicht durchgeführt werden konnten. Gegen Testprüfungen bestand eine sehr starke Abneigung aus der Zeit der psychiatrischen Untersuchungen. Eine jede solche Befragung hätte die soziale Intimität zwischen Untersucher und Häftling empfindlich gestört, das unmittelbare Vertrauen, auf welches in erster Linie Wert gelegt werden mußte, beeinträchtigt und durch das Gefühl, nur Versuchsobjekt zu sein, Ablehnung hervorrufen. Dennoch wurde in einer immer wieder ergänzten und erweiterten Charakteristik ein Bild über Intelligenz, Wesenszüge, Temperament und Grundstimmung der Persönlichkeit zusammengestellt. Dieses Bild wurde weitgehend vervollständigt durch die Kenntnisnahme der sehr aufschlußreichen Gerichts- und Gefängnisakten, die bei der Niederschrift dieser Ausführungen 26493 Seiten ausmachten. Es kamen hinzu die Fühlungnahme mit den Angehörigen, der Sozialen Gerichtshilfe, Lehrern und Arbeitgebern, die erneut wertvolle Aufschlüsse brachten, sowie gelegentliche Einsichtnahme in die Korrespondenz der Inhaftierten. Die Körperbau-Typen wurden vom Anstaltsarzt festgestellt. Der Anstaltsleiter, Pfarrer, Fürsorger, Arbeitsinspektor stellten bereitwilligst ihre Beobachtungen zur Verfügung. Fragen der Heredität und des häuslichen Milieus konnten dank der Mitarbeit der Fürsorgeorgane geklärt werden. Träume wurden niedergelegt. Auf diese Weise konnte ein einigermaßen fundiertes Bild von der Persönlichkeit des Häftlings und seiner Entwicklung nach der Verurteilung gewonnen werden. Die folgenden Ausführungen bringen eine Darstellung der Haltungsstile, die nach der Verurteilung entwickelt wurden, während alle anderen Gesichtspunkte in der Studie: „Weitere kriminologische Untersuchungen" abgehandelt sind.

## § 3 Literatur

1902 erschien eine Studie von Rüdin: „Über die klinischen Formen der Seelenstörungen bei zu lebenslänglichem Zuchthaus Verurteilten". In ihr wird berichtet von Wahnvorstellungen, welche nur aus der eigenartigen Lebenslage zu erklären sind, vor allem dem Unschuldswahn, in welchem sich die bloße Ungeständigkeit zum Unschuldswahn umwandele, sowie dem Begnadigungs- und Entlassungswahn, der aus den heiß gehegten Hoffnungen zu erklären sei.

1912 veröffentlicht Liepmann eine Abhandlung: „Über die Todesstrafe im künftigen deutschen und österreichischen Strafgesetzbuch". Nach ihm sind die Lebenslänglichen kein fester Typus, ihr Verhalten in der Haft ist ganz verschieden. Er unterscheidet drei Stadien: Am Anfang steht schwere Erregung und Depression. Das zweite Stadium zeigt einen oft erfolgreichen Kampf gegen die zerstörenden Kräfte des Zuchthauses. Die Hoffnung auf spätere Begnadigung bewahrt vor dem Zusammenbruch. Nach Verbüßung von etwa 20 Jahren beginnt das dritte Stadium, gekennzeichnet durch ein Abflauen der guten Affekte. Resignation, Stumpfheit, Gefühllosigkeit greifen um sich. Aus Menschen werden Maschinen und schließlich Ruinen. In diesem Stadium erwachsen eine immer tiefer greifende Unschuldssophisterei und ein präseniler Begnadigungswahn.

1912 berichtet Többen: „Ein Beitrag zur Psychologie der zu lebenslangem Zuchthaus verurteilten oder begnadigten Verbrecher" über seine Beobachtungen an einem Material von 70 Mördern. Er hat festgestellt, daß der weitaus größte Teil der Gefangenen im Verlauf der Strafe geisteskrank wurde; vorherrschend waren Querulanten- und Begnadigungswahn. Die Lebenslänglichen seien keineswegs immer nur die Hefe des Verbrechertums. Ein Teil sei besserungsfähig.

1913 veröffentlicht Lumpp eine Arbeit: „Über das Schicksal von 50 zu lebenslänglicher Zuchthausstrafe Verurteilten". Von 15 Begnadigten bewährten sich 10, während die übrigen einer Geisteskrankheit, dem Selbstmord oder dem Rückfall verfielen. Er verneint die Frage, ob langdauernde Haft Krankheitsprozesse erzeuge.

1914 erschien eine Abhandlung von Viernstein „Über die Eigenschaften und Schicksale von 40 lebenslangen Gefangenen". Er sieht in der Führung derselben nicht so sehr ein Symptom ihrer Besserungsabsichten, als vielmehr einen Ausdruck ihrer ganz verschiedenen Reaktionen auf die Inhaftierung und weist darauf hin, daß jahrzehntelange hoffnungslose Haft eine schwere Schädigung der Psyche zur Folge habe.

1925 legt Andreas Bjerre aus Dorpat sein Buch vor: „Zur Psychologie des Mordes“. Er findet in Selbstbetrug, Angst und Scheinleben die spezifische Charakteristik von Mördern und damit von Lebenslänglichen.

1925 kommt zugleich eine Studie von Karl Hau heraus: „Lebenslänglich“. Sie ist eine Selbstbiographie eines amerikanischen Rechtsanwalts, der wegen Mordes zum Tode verurteilt und dann zu lebenslangem Zuchthaus begnadigt wurde. Seine Entlassung erfolgte nach 17jähriger Verbüßung.

1927 bringt Többen eine zweite Arbeit heraus: „Neuere Beobachtungen über die Psychologie der zu lebenslänglicher Zuchthausstrafe verurteilten oder begnadigten Verbrecher“. In ihr berichtet er über 56 Fälle, die nach zahlreicheren Gesichtspunkten durchgearbeitet sind, als es in der Studie von 1912 geschehen ist. Többen versucht, die Motive zur Tat, die seelischen Zustände zur Zeit der Tat und die Einfügung derselben in den Rahmen des Persönlichkeitsbildes zu erklären. Über erbliche Belastung, Geisteszustand, Intelligenz, Gemüts-, Trieb-, Willensleben, Einflüsse von Verwaisung, unehelicher Geburt, Erziehung, Alkohol und Zeitgeist hat er Ermittlungen angestellt. Er bringt eine Reihe von Einzelfällen mit psychologischer Deutung und psychiatrischen Untersuchungsergebnissen. Am Schluß spricht er sich dafür aus, daß den Lebenslänglichen nach jahrzehntelangem Wohlverhalten und erfolgter Sinnesänderung eine bedingte Entlassung zuteil wird, ohne daß die Abkürzung der Strafe lediglich der Gnade überlassen bleibt. Man solle den wirklich Gebesserten, nachdem einmal die Todesstrafe von ihnen abgewandt sei, nicht einem langsamen geistigen Tod überlassen. „On ne fait mourir ceux, qu'on ne tue pas“.

1930 erscheint in den „Blättern für Gefängniskunde“ Band 61, 1930, 2. Heft ein Aufsatz von Dr. Eyrich: „Kriminalbiologische und -psychologische Untersuchungen an Mördern und Totschlägern“. In der Strafanstalt Ludwigsburg konnte er 34 Probanden untersuchen. Auf ihre Verteilung nach Kretschmers Konstitutionsschema wird an anderer Stelle Bezug genommen. Ferner versuchte er, die erblichen Verhältnisse zu erfassen. Er fand bei über einem Drittel seiner Probanden im nahen Verwandtschaftskreis endogene Geisteskrankheiten. Schwachsinn, Trunksucht, Kriminalität spielen eine große Rolle. Ruhig überlegten, planvoll durchgeführten Mord hat er nur fünfmal festgestellt. Häufiger sind nach ihm die Fälle, bei denen der Anlaß in keinem Verhältnis zur Schwere der Tat steht und in denen die Tat den Abschluß einer psychopathischen Reaktion bildet, bei der Affektstauungen und Verdrängungen eine unheilvolle Rolle spielen. Eine weitere Gruppe umfaßt wenig differenzierte, erregbare Persönlichkeiten von unterdurchschnittlicher Intelligenz mit einem Durchschnitt von 24 Vorstrafen bei einem Durchschnittsalter von 39 Jahren. Ihr folgt eine nächste Gruppe von früh entgleisten, affektiv stumpfen, schwachsinnigen Triebmenschen. Als eine eigenartige und besondere Gruppe bezeichnet er die Geliebten-Mörder, die besonders unter den Asthenikern zu finden sind; für sie sei der Verlust der Geliebten als eine Niederlage des Selbstwertes untragbar, weshalb sie zu ihrer Tötung schritten. Außer diesen psychologisch und biologisch bis zu einem gewissen Grade einheitlichen Gruppen muß er noch eine mannigfaltige Reihe besonderer Fälle feststellen.

1930 veröffentlicht Dr. Peter Gast in Heft 11 der „Kriminalistischen Abhandlungen" eine Studie: „Die Mörder". Er stellt die Frage: „Gibt es bestimmte Kennzeichen, die allen oder fast allen Mördern eigen sind? Und weiter: „Finden sich diese Kennzeichen auch bei anderen Menschen? Wenn ja, in welchem Grade?" Sein Hilfsmittel ist die Statistik. Unter Verzicht auf Einzelheiten will er ein größeres Zahlenmaterial erfassen. Die Antwort auf seine Fragen lautet: „Es gibt keinen Typus des Mörders. Es ist unmöglich, von einem Menschen auf Grund der Kenntnis seiner Psyche mit Bestimmtheit zu sagen: er ist der geborene Mörder. Es gibt keine Eigenschaften und Einflüsse, die einzig und allein beim Mord vorhanden wären." Als eine nur für Mörder typische Tatsache sieht er dann zum Schluß die hohe Selbstmordziffer an. Er zieht daraus den Schluß, daß in vielen Mördern ein Gefühl für das Ungeheuerliche ihrer Tat dämmert, ein Gefühl, das sie an sich selbst verzweifeln läßt und als letzte Konsequenz den Selbstmord gebietet.

1931 bringt das kriminologische Institut der Universität Graz eine Studie heraus: „Mörder", deren erster Teil den Ablauf von drei Fällen schildert, während im zweiten Teil eine vergleichende Untersuchung der Persönlichkeiten erfolgt. Zur Darstellung gelangen die konstitutionellen Grundlagen sowie die exogenen Faktoren der Persönlichkeitsentwicklung. Nach Feststellung der Ergebnisse erfolgt alsdann die Ableitung der Tat aus der Persönlichkeit.

## *§ 4 Zur Frage der Typologie*

Der Versuch, eine gewisse Systematik der Charakterstrukturen und Gehabensweisen zu schaffen, die sich im Laufe der bisherigen Strafverbüßung entwickelten, stößt auf nicht unerhebliche Schwierigkeiten. Je intensiver sich die Beschäftigung mit dem Schicksal und der Persönlichkeit des einzelnen gestaltet, je umfassender der psychologische Blick wird, um so mannigfaltiger und farbenreicher wird das Material. Kaum ein Bild ist zu verzeichnen, dem ein extrem entgegengesetztes nicht gegenüber zu stellen wäre. Der Versuch, etwa die Körperbau- und Charakter-Einteilung von Kretschmer zugrunde zu legen, erwies sich bald als undurchführbar. Auch andere typologische Systeme: Jänsch, Pfahler, Spranger brachten nicht weiter. Die Anlehnung an eine der zahlreichen Psychopathen-Typologien mußte gleichfalls aufgegeben werden. Deshalb wurde Orientierung genommen an den nach der Verurteilung entwickelten Haltungsstilen, unter denen gewisse Ähnlichkeiten registriert werden können, wenn auch immer wieder eine Fülle von Individuell-Charakteristischem auftaucht.

So wird unterschieden eine Gruppe, die sich in durchaus aktiver Weise positiv mit der Lage auseinandersetzt von einer solchen, die zwar auch aktiv genannt werden muß, aber in eine völlig negativ-sperrige Gesamthaltung hineingeglitten ist, unter gar keinen Umständen nachgibt, oder zu Konstruktionen greift, die es ermöglichen, sich von der Real-Situation fernzuhalten. Eine dritte Gruppe, die sich deutlich herauskristallisiert, nimmt ebenfalls eine negative Form der Auseinandersetzung vor, die aber mehr passive Züge zeigt. Wohl verzichtet sie auf das sture Abstreiten und die starre Negation des Delikts, findet aber zahlreiche Gründe für seine Relativierung und Verharmlosung. Schließlich läßt sich noch eine vierte Gruppe herausstellen, bei der sich eine Leitlinie im Verhalten überhaupt nicht entwickelt, die durch hohe psychische Labilität, ständige Stimmungsschwankungen oder das Unvermögen einer inneren Entwicklung gekennzeichnet ist.

Die so aufgestellten Gruppen sind nur grobe Leitgesichtspunkte, keineswegs aber Typen in wissenschafts-theoretischem Sinne einer Typologie. Weiter notwendig werdende Unterteilungen zeigen schon wieder, daß jede Typologie in eine immer mannigfaltiger werdende Fülle von Einzelpersönlichkeiten zerfällt, je enger die soziale Intimität zwischen Beobachter und Beobachteten wird. Jede Unterabteilung der vier Gruppen endlich weist Spielarten auf, die vom Schwachausgeprägten bis zum Starkausgeprägten hinüberspielen, ja sich ins Neurotische und Pathologische steigern können.

Abschließend muß in diesem Zusammenhang noch erinnert werden an die Dynamik jeder inneren Entwicklung. Wir behandeln zwar den Menschen als ein festes, einmalig gegebenes, statisch beschreibbares Gebilde. In Wirklichkeit unterliegt er einer nimmer ruhenden Dynamik der Entwicklung. Daher erklärt es sich, daß manche Häftlinge frühere markante charakteristische Haltungsstile im Lauf der Zeit abgelegt haben und in andere hineingewachsen sind. Als wichtige Durchgangsstadien der Entwicklung sind sie trotzdem festgehalten worden. Aus dem gleichen Grunde wird die heute vorgenommene Einordnung in die einzelnen Gruppen später wieder überholt sein.

KAPITEL I

# Die positiv-aktive Auseinandersetzung

## *§ 5 Selbstdisziplin*

Es ist von Sieverts und anderen Autoren immer wieder betont worden, daß man eine echte sittliche, moralische Haltung im Gefängnis nur äußerst selten verzeichnen kann. Professor Sieverts konnte aus eigener Beobachtung keinen einzigen Fall angeben, der sittlich wertvoll genannt werden durfte. (Sieverts: Die Wirkungen der Freiheitsstrafe und Untersuchungshaft auf die Psyche der Gefangenen, Berlin 1929.)
Die nachfolgenden Fälle stellen zwei Häftlinge dar, welche den Versuch machen, sich aktiv und positiv mit der Tat und ihren Folgen auseinanderzusetzen.

**Fall 1,** zur Zeit der Tat 19,10 Jahre alt, nicht vorbestraft, Arbeiter, ist wegen Mordes und versuchten Mordes zu 10 Jahren Zuchthaus und anschließend zu lebenslangem Zuchthaus verurteilt worden.

*Die Taten laut Urteil*

*Fall 1, von starkem Hunger gepeinigt, ließ sich von seinem Mittäter zu einer Gewalttat gegen die 67 Jahre alte Schneiderin L. überreden. Er umklammerte den Hals der Greisin mit beiden Händen, während der Mittäter ihr den Mund zuhielt, bis sie erstickte. Beide deckten der Toten eine Decke über das Gesicht und begannen alsdann mit der Ausplünderung der Wohnung.*
*Nach drei Wochen versuchten beide einen neuen Überfall. Fall 1 hatte bereits das zweite Opfer mit beiden Händen umklammert, floh dann aber, durch Klopfen von draußen unruhig geworden, während der Mittäter weiter auf das Opfer einschlug, Beute an sich nahm und alsdann flüchtete.*
*Bei der Tat war der Mittäter der führende Kopf, Fall 1 der aktivere bei der Ausführung.*
*Die Begründung des vom Schwurgericht am 14. 6. 1948 ausgesprochenen Todesurteils lautet: „Das Leben in dem Nachkriegs-Berlin von 1946 ist kein Ausnahmefall, wohl aber ist die ständig steigende Kriminalität in Berlin gegenüber alten Frauen ein Ausnahmefall, zu dessen radikaler Beseitigung das Schwurgericht verpflichtet ist. Es ist nicht richtig, daß dieser Ausnahmezustand Berlins ein von vornherein gegebener ist. Gerade die Mörder schaffen diesen Ausnahmezustand einer Stadt, die stets auf ihr Ansehen gehalten hat.“*
*Die Begründung des das obige Urteil aufhebenden Kammergerichtsbeschlusses vom 13. 10. 1948 lautet: „Widerspruchsvoll ist die Begründung, mit der das Schwurgericht den Umwelteinflüssen im Winter 1945/46 in Berlin jegliche Bedeutung für die Annahme eines Ausnahmefalles abgesprochen hat. Es erscheint mit dem Grundgesetz von Ursache und Wirkung nicht vereinbar, wenn das Schwurgericht feststellt, daß der Ausnahmezustand Groß-Berlins durch die Verbrecher geschaffen und nicht*

*von vornherein gegeben sei. Es kann indessen keinem Zweifel unterliegen, daß das gestörte Leben in einer sinnlos der Vernichtung preisgegebenen Stadt den Nährboden für die ansteigende Kriminalität abgegeben hat. Es ist darauf hinzuweisen, daß seit langer Zeit Bestrebungen im Gange sind, die starre Grenze der Strafmündigkeit aufzulockern und die 18—21jährigen, die sogenannten Halberwachsenen, in das Jugendstrafrecht einzubeziehen und sie, sofern sie unter dem Einfluß jugendlicher Unreife straffällig geworden sind, auch wie Jugendliche zu behandeln. Erinnert wird ferner an das Verbot übermäßig hoher Strafen. In der Entwicklung stehende junge Menschen sind bei unzureichender Ernährung sehr viel mehr vom Hunger geplagt als Erwachsene. Der Hunger bildet erfahrungsgemäß einen starken Antrieb zu Verbrechen. Die Zweckmäßigkeit des Schutzgedankens darf nicht über dem sittlichen Prinzip der Gerechtigkeit stehen, welches in dem Maß der Verantwortlichkeit des Angeklagten die Begrenzung der Strafe nach oben und unten erblickt.*

*Aus den psychiatrischen Gutachten: Es liegen drei psychiatrische Gutachten vor. Die beiden ersten sind gleichlautend und stellen fest, daß der § 51 nicht gegeben ist. Jedoch war die charakterliche Jugendentwicklungsstufe noch nicht abgeschlossen. Fall 1 befand sich noch im Stadium der sogenannten Spätpubertät. Er war ein entwicklungsmäßig noch nicht fertiger und nicht völlig ausgereifter Mensch. Die grausamen, niedrigen und habgierigen Handlungen sind nicht als bestimmendes Merkmal des Charakters zu werten; er befindet sich noch in labiler, jugendlicher Entwicklung. Auch das dritte Gutachten stellt fest, daß Fall 1 noch nicht voll entwickelt gewesen sei, sondern in der späten Pubertät gestanden habe. Die Fähigkeit, das Unerlaubte der Tat einzusehen, lag allerdings vor. Er wird weiter beurteilt als ein sensitiver Mensch, leicht beeinflußbar und verführbar.*"

Unehelich geboren, wurde er von dem harten Großvater in übergroße Gefügigkeit und Ängstlichkeit hineingeprügelt. Früher ausgesprochen asthenisch, ist er jetzt ein großer, schmaler, dünner Mann mit langem Gesicht, in gutem Gesundheitszustand. Psychisch ausgesprochen extravertiert, neigt er zu erheblicher Redefreudigkeit. Die Grundstimmung ist ruhig, des öfteren depressiv. Intellektuell mäßig ausgerüstet, ohne Ausfälle im Gemüt, ist er in seinem Selbstwerterleben durch die Kindheitserlebnisse und die Straftat schwer erschüttert, ein selbstunsicherer, eingeschüchterter und verprellter Mensch, voller Insuffizienzgefühle. Er bejaht die Notwendigkeit einer Auseinandersetzung mit dem Delikt, bei welchem er die Rolle des Mitläufers spielte, sowie dessen Folgen. Asoziale Züge sind bis dahin nicht in Erscheinung getreten.

Fall 1 wurde während seines Gefängnisaufenthaltes auf harte Proben gestellt. Er mußte die Hungerzeit mitmachen, die ihn in schwere Erschöpfungszustände führte. Sein Gewicht sank bei einer Größe von 1,77 m auf 46 kg. Die Erregung über die durch seine wie auch viele andere Verbrechen damals hervorgerufene allgemeine Unsicherheit bekommt er deutlich zu spüren. Diese große Unsicherheit nach dem Kriegsende nötigte auch zu besonders scharfen Vorsichtsmaßnahmen im Gefängnis. Er wird im Juni 1946 zum Tode verurteilt und schließt unter dem Eindruck zahlreicher, in nächster Nähe erlebter Hinrichtungen mit dem Leben ab. Die Aufhebung des schwurgerichtlichen Urteils vom Juni 1946 durch das Kammergericht facht die bereits zu Grabe getragenen Hoffnungen wieder an. Ein erneutes Todesurteil vom April 1947 konfrontiert ihn dann aufs neue mit dem Schafott. Wiederum wird es aufgehoben. Wiederum ergeht — nun zum dritten Male — im Juni 1948 ein Todesurteil, bis mit der Verurteilung zu 10 Jahren Zuchthaus und anschließend zu lebenslangem Zuchthaus im Mai 1949 die Vielzahl der getroffenen Entscheidungen einen endgültigen Abschluß erfuhr.

Völlig entkräftet, durch die lange vitale Bedrohung entnervt, nimmt er eine Haltung der Servilität an. Er verzichtet darauf, eine eigene Meinung zu haben. Bei jedem Wort, das er spricht, befällt ihn die Angst, es könne ihm schaden. Jeden Tag fragt er sich: „Wogegen habe ich heute verstoßen? Weswegen muß ich jetzt bestraft werden?"

Schüttelfrost überfällt ihn, wenn er an die Tat denkt. Aber er schiebt sie nicht weg. In allen ihren Phasen läßt er sie an sich vorüberziehen. Das löst starke affektive Erregung aus. Aber es vermittelt ihm auch die Erkenntnis, daß seine harte Lage eine selbstverschuldete ist. Das wiederum läßt ihn sein Los leichter ertragen. Unter Verzicht auf Ausflüchte und Bagatellisierung übernimmt er von Anfang an die volle Verantwortung: „Ich darf nicht von Schicksal reden; es ist meine Schuld."

Mit dem Abschluß des Rechtsverfahrens und zunehmender Kräftigung setzt eine gewisse Festigung seiner Haltung ein. Die Stellungnahme zur Tat bleibt die gleiche: „Ich habe mich selber durch mein Tun aus der menschlichen Gesellschaft ausgeschlossen und muß die Folgen tragen." Im übrigen aber wird er etwas sicherer und wagt sich hier und da mit einer eigenen Meinung hervor. Die inneren und äußeren Eindrücke, Antriebe und Begegnungen, deren schnelle und leichte Beute er früher wurde, beginnen durch ein prüfendes und sichtendes Zentrum zu gehen. Ein Entscheidungsvermögen für das, was richtig und falsch ist, kommt auf. Zwar wird die beginnende Selbständigkeit noch immer wieder von Ängstlichkeit und daraus resultierender Gefügigkeit über den Haufen geworfen. Aber eine Konsolidierung der ganzen Persönlichkeit ist am Werk. Seine Urteilsfähigkeit ist größer, sein Wille bewußter geworden. Die sittlichen Vorstellungen sind gewachsen.

Die Ablehnung eines Gnadengesuches, auf das er große Hoffnungen gesetzt hatte, löste zwar Depressionen aus, wurde aber ohne Ressentiments verarbeitet. Skepsis und kritische Stellungnahme der Justiz und der Öffentlichkeit erscheinen ihm wohl verständlich. Er verbleibt bei seiner äußerlichen

und innerlichen Selbstdisziplin und Selbstbeherrschung. Damit will er zeigen, daß seine gute Führung in der Anstalt nicht eine tendenziöse mit einem Seitenblick auf spätere Begnadigung ist, sondern als Symptom einer Reformation an Haupt und Gliedern gewertet werden will.
Die Einsicht in die ethische Notwendigkeit und Gerechtigkeit der Bestrafung bewirkt eine stetige, im ganzen ausgeglichene, ruhige Haltung und führt zu einer positiven Verarbeitung der Situation.

**Fall 2**, zur Zeit der Tat 29,8 Jahre alt, nicht vorbestraft, Bäcker, ist wegen Mordes zu lebenslangem Zuchthaus verurteilt.

*Die Tat laut Urteil*

*Von seinem Mittäter überredet, ging Fall 2 unter Überwindung beträchtlicher Hemmungen mit in das Lokal der Frau P., wo ein gemütlicher Abend veranstaltet werden sollte. Auch ein Russe nahm an dem Gelage teil. Bei der vierten Flasche Schnaps drängte Frau P. auf Bezahlung. Darauf griff sie der Russe an. Fall 2 rief den Mittätern zu, man solle die Frau auf die Toilette bringen, damit die Leute sie nicht hörten. Diese schleppten sie auch dorthin und schlugen auf sie ein, bis sie getötet war. Die plötzlich erscheinende, 7jährige Enkelin der Frau P. wurde gleichfalls getötet. Fall 2 hielt sich hinter dem Schanktisch der Gaststätte auf, wo er die Behältnisse durchwühlte. Er fand kein Geld, sondern nur 2 Päckchen Goldbronze. Dann entfernte er sich.*

*Aus dem psychiatrischen Gutachten: Es besteht keine krankhafte Störung der Geistestätigkeit. Auch Beeinträchtigungen der Persönlichkeitsstruktur als Folge eines organischen Gehirnleidens liegen nicht vor. Es herrscht eine etwas egozentrische und triebhafte Einstellung in der ganzen Lebenshaltung vor. Sie zeigt sich in seinem Sexualleben, in welchem die egoistischen Tendenzen überwiegen; sie zeigt sich aber auch in dem schnellen Unterliegen seines Widerstandes, als die Möglichkeit eines vergnügten Abends auftauchte.*
*Eine gewisse Haltlosigkeit und Willensschwäche neben erhöhter Beeinflußbarkeit sind feststellbar. Beide sind aber nicht so stark, daß sie die Fähigkeit, Stellung zu nehmen, wesentlich beeinflußten. Alkoholgenuß führte zu einer Beeinträchtigung der inneren Widerstandskraft und der sonst vorhandenen Urteilsfähigkeit. Diese war aber nicht so erheblich vermindert, daß § 51 anwendbar erschien.*

Er ist in geordneten Verhältnissen aufgewachsen. Seine häusliche, schulische und berufliche Entwicklung zeigt keine Auffälligkeiten. Leptosom mit Annäherung an den Typ des Athlethikers, ist er von gutem Gesundheitszustand und kräftiger Vitalperson. Intellektuell etwas schwerfällig, mit einem Minus im Emotionalen, ist er ein im Grunde weicher, gutmütiger, gefühlsbetonter Mensch, der nicht „Nein" sagen kann. Bei dem Delikt war er nicht aktiv beteiligt. Seine Rolle bestand in dem Durchwühlen der Behältnisse während und nach der Tat.

Fall 2 fühlt sich zu hoch bestraft, da ihm jeder Gedanke an eine Tötung fern gelegen habe. Im übrigen sieht er sein Abgleiten ein; er erkennt seinen Leichtsinn und geht mit sich selber schonungslos ins Gericht. In der Grundstimmung ist er ernst und zuweilen schwer gedrückt. Obwohl er sich einsichtig das eigene Verschulden der gegenwärtigen Situation klar macht, wird er manchmal von Depressionen fast überwältigt. Er macht dann einen müden, erschöpften Eindruck, ruft sich aber selber immer wieder zur Ordnung, übt scharfe Selbstdisziplin und sucht religiösen Halt. In allen seinen Äußerungen ist er sehr korrekt und zuverlässig. Er besitzt eine lebhafte Gefühlsresonanz und eine echte Bindung an die Mutter. An der Beeinträchtigung ihres sozialen Ansehens und ihres wirtschaftlichen Niveaus durch seine Straftat trägt er schwer. Mit einem Gnadengesuch will er warten, bis durch eine angemessene Zeit der Verbüßung dem Sühne-Gedanken hinreichend Rechnung getragen sei. Daß die Öffentlichkeit einem Gnadenerweis für die schweren Rechtsbrecher mit Skepsis und in sehr geteilter Meinung gegenübersteht, findet er durchaus begreiflich.
In ihm sind positive Kräfte wirksam: Einsicht in die eigenen Schwächen, Selbstkritik, Religiösität, Fleiß, Sorge um die Mutter. Nach der Überrumpelung durch ein ausgesprochenes Situationsdelikt ist er wach geworden. Er ist auf dem Weg der Reifung aus lange beibehaltener kindlicher Haltung.

In beiden Fällen wird der Versuch und das Bestreben erkenntlich, sich aktiv und positiv mit der Straftat und ihren Folgen auseinanderzusetzen. Die Strafverbüßung ist beiden ein wesentlicher Anstoß zu Selbstbesinnung, Umkehr und neuer Lebensorientierung geworden. Es besteht die Wahrscheinlichkeit, daß dieser Anstoß nachhaltige Wirkungen zeitigt.

## *§ 6 Abschaltung der Gegenwart*

Die oben geschilderte Haltung ist selten. Sie wird zwar bei einigen anderen Häftlingen in Ansätzen mehr oder weniger deutlich sichtbar. Es ist nicht unwahrscheinlich, daß der eine oder andere noch in sie hineinwächst. Eine den Haltungsstil ausschließlich prägende Bedeutung hat sie bisher nur in den beiden eben dargestellten Fällen gefunden.
Häufiger ist eine andere, die sowohl von primitiven als auch von geistig differenzierten Insassen zum Teil unter Aufwand beträchtlicher Selbstdisziplin durchgeführt wird. Sie stellt den Versuch dar, die Gegenwart abzuschalten, das Zuchthaus seines düsteren Charakters zu entkleiden und ihm einen freundlichen Aspekt abzugewinnen.

**Fall 3**, zur Zeit der Tat 60,2 Jahre alt, unehelich geboren, Werkzeugmacher, zweimal vorbestraft, ist wegen Totschlages und Mordes zu 5 Jahren Gefängnis und anschließend zu lebenslangem Zuchthaus verurteilt worden.

*Die Taten laut Urteil*

*Die Ehefrau hatte ihm, wie schon oft, wieder einmal heftige Vorwürfe gemacht. Er ärgerte sich, blieb aber stumm. Plötzlich schlug er, während die Frau eine Kaffeetasse zum Munde führte, mit einem Eichenscheit von hinten auf ihren Kopf ein. Er verließ alsdann die Wohnung, um in einem längeren Spaziergang seiner Erregung Herr zu werden. Nach der Rückkehr zerteilte er die Leiche mit einem Beil, verbrannte Teile und warf den Rumpf ins Wasser.*

*Am nächsten Tag kehrte die Tochter von einer Hamsterfahrt zurück. Auf ihre Frage nach der Mutter gab er eine ausweichende Antwort. Im Verlauf der Aussprache schlug er mit einem Holzscheit von hinten auch auf den Kopf der Tochter ein, so daß diese tot zu Boden sank. Er schaffte die Leiche unzerteilt auf einem Karren fort und warf sie ins Wasser.*

*Aus dem psychiatrischen Gutachten: Er hat in bezug auf sein verpfuschtes Eheleben die Bilanz gezogen. Es lag keine plötzliche, zur Entladung drängende Affektspannung vor. Er war verstandesmäßig auch in Zeiten innerer Erregung zu der Erkenntnis fähig, daß Anwendung von Gewalt eine strafbare Handlung darstellt. Auch war er in der Lage, dieser Erkenntnis gemäß zu handeln. Die bei ihm aufgedeckten Abwegigkeiten auf charakterlichem Gebiet haben weder in der Stärke ihrer Ausprägung, noch in der Richtung ihrer Entfaltung die Grenze zwischen dem Gebiet geistiger Gesundheit und Krankheit erreicht, besitzen mithin, medizinisch gesehen, keinen Krankheitswert, sondern stellen lediglich Spielarten des menschlichen Charakters dar, die noch durchaus im Bereich normalpsychologischen Geschehens liegen.*

*Er hat den im Augenblick auftauchenden Beseitigungsmöglichkeiten leichter nachgegeben als ein charakterlich reiferer Mensch von ernster Lebensauffassung, war aber in jeder Phase in der Lage, seine Handlungen der Einsicht unterzuordnen und die erforderlichen Hemmungen einzuschalten, sofern er die Willenskräfte mobilisiert und in diese Richtung gelenkt hätte.*

Fall 3 ist ein mittelgroßer, breiter, gesunder und kräftiger Mann, Pykniker, der während der langen Zeit der Inhaftierung keinerlei Verfall der körperlichen Konstitution erkennen läßt. Intellektuell durchschnittlich ausgestattet, besitzt er nur einen geringen Interessenkreis. In praktischen Situationen dagegen beweist er Handfertigkeit und Übersicht. Während der ganzen bisherigen Strafverbüßung zeigt er eine stetige, ruhige, ausgeglichene Grundstimmung ohne jede Schwankung.

Fall 3 ist ein in der Kindheit schwer mißhandelter, ohne Wärme und Liebe aufgewachsener, einsamer Mensch, der im Ehestande, an der Seite einer schroffen, herrischen Frau eine Wiederholung der freudlosen Jugendzeit erlebte. Bei seiner Lebensgehemmtheit findet er keinen Weg zur Auseinandersetzung. Eine langsam wachsende, schließlich nicht mehr tragbare Affektaufspeicherung entlud sich alsdann durch die Tat, die ihre letzte Wurzel in konstantem Liebesentzug hat.

Auf das Delikt folgte ein Gefühl der Erleichterung: „Ich war zufrieden, daß mir keiner mehr über den Mund fahren konnte und daß ich endlich so leben durfte, wie ich wollte.“ Der Ingrimm über eine das ganze Eheleben hindurch erfahrene Zurücksetzung, die vielen Kränkungen, die entwürdigenden Situationen, das unkindliche Verhalten der Tochter ist so stark, daß er seine Tat nicht als Unrecht empfindet. Er sieht in ihr lediglich die schon lange fällig gewesene Vergeltung alles dessen, was man ihm angetan hatte, und empfindet sich als Rächer des an ihm verübten Frevels. Aus einer Art Gerechtigkeitsgefühl heraus wird er zum Mörder. Er legt sich gleichsam eine Richterfunktion bei und sühnt den an ihm begangenen Seelenmord, für welchen das Gesetz keine Strafe kennt. Die Tat bedeutet für ihn nur die Befreiung der Welt „von einem Übel“.

Bei dieser Einstellung können Schuld- und Reuegefühle nicht aufkommen. „Ich muß zugeben, keine reuigen Gedanken gehabt zu haben.“ In voller Sachlichkeit, ohne jede affektive Erregung stellt er diese seelischen Zusammenhänge dar. Die allen Menschen obliegende Aufgabe des Sterbens ist durch die Tat für seine Frau durch ihr eigenes Verschulden lediglich vorverlegt worden: „Einen Tod kann man nur sterben.“ Es liegt also für ihn gar kein Grund vor zu zermalmenden Selbstvorwürfen und zu einer inneren Auseinandersetzung. Deshalb ist es nicht verwunderlich, daß er den Eindruck eines ruhigen, zufriedenen Menschen macht, der kein Aufbegehren gegen sein Schicksal kennt. Von jeher ein Einsiedler, mit einem nur geringen Bedürfnis nach menschlicher Gemeinschaft, empfindet er die Einsamkeit nicht als Last. Ein Zellengenosse wäre ihm unerträglich. Zeitgeschehen, Bücher, Veranstaltungen sind ihm gleichgültig. Er will seine Tage mit Arbeit ausfüllen, im übrigen aber ganz zurückgezogen leben, auch die Direktion mit keinerlei Eingaben und Wünschen behelligen. Nach Verrichtung der abendlichen Gebete fühlt er sich der göttlichen Vergebung und Gnade gewiß. Die Welt versinkt für ihn, er schläft tief und traumlos, ein Bild des Friedens und der Ausgeglichenheit. In der Ableistung der religiösen Übungen verwandelt sich für ihn seine Behausung in eine Klosterzelle, in welcher er einmal nach einem für später erhofften Gnadenerweis sein Leben zu beschließen gedenkt. Weitere Wünsche an das Leben hat er nicht mehr. „Mir geht es gesundheitlich und moralisch gut.“

Sein Haltungsstil zeigt als hervorstechendes Merkmal eine konsequent durchgeführte Abschaltungstaktik mit dem beharrlichen Verbleib in der Vereinzelung. Das Delikt stammt aus einer einmaligen, unwiederholbaren Lebenssituation. Die Tat ragt wie ein Fremdkörper in sein Leben.

Während sich in dem eben geschilderten Fall die Zelle in einen klösterlichen Raum wandelt, gewinnt sie im kommenden das Aussehen eines Arbeitsplatzes und Altersheimes.

**Fall 4,** zur Zeit der Tat 42,7 Jahre alt, Gehilfe im Krankenhaus, 7mal vorbestraft, ist wegen Raubmordes ursprünglich zum Tode verurteilt, dann zu lebenslangem Zuchthaus begnadigt.

*Die Tat laut Urteil*

*Fall 4 verabredete mit seinen Mittätern, Frau M. „umzulegen". Der Komplice packte die nach dem Klingeln öffnende Frau am Hals und würgte sie. Da sie sich stark zur Wehr setzte, würgte Fall 4 mit der rechten Hand weiter. Darauf wickelte der Mittäter die Schnur eines Heizkissens fest um den Hals der Frau. Ihr Tod trat durch Würgen mit der Hand und Erdrosseln mit der Schnur ein. Fall 4 bestreitet seine Schuld. Er behauptet, erst später hinzugekommen zu sein und nur den bereits eingetretenen Tod des Opfers festgestellt zu haben.*

*Das psychiatrische Gutachten billigt ihm den Schutz des § 51, 1 oder 2 nicht zu. Das Gericht schloß sich den Darlegungen des Psychiaters an. Weder sein Verhalten vor Gericht, noch die Planmäßigkeit in der Durchführung der Tat ließen einen Zweifel an der vollen geistigen Zurechnungsfähigkeit aufkommen. Er hat sich auch sonst im Leben gut — wenn auch auf seine Weise — zurechtgefunden. Auch in der erblichen und eigen-psychischen Vorbelastung ist ein Grund für einen Ausnahmefall im Sinne des § 211 Absatz 3 nicht zu ersehen.*

Hochgewachsen, eine sehnig-schlanke Figur, stellt er einen rein athletischen Typ dar. Intellektuell gut ausgestattet, ist er auch im Gemütsleben nicht verkümmert. Die Grundstimmung ist durchweg ausgeglichen und gehoben. Er ist aufgeschlossen, von fester, sthenischer Haltung auch in schwierigen Situationen. Fall 4 ist ein schwer erbgeschädigter, degenerierter, leicht erregbarer Mensch, unfähig zu Bindungen an Mitmenschen oder an eine Tätigkeit, aus gesicherten Positionen immer wieder ausbrechend.

Das gegen ihn ergangene Urteil lehnt er entschieden ab. Bei der Erörterung dieser Dinge gerät er in starke Erregung und spricht von der „Schmutzigkeit der Justizbehörden". Wenn er sich auch nicht zur Tat bekennt, so nimmt er trotzdem die Strafe an. In ihr sieht er die Sühne für allerlei Schlechtigkeiten und manches Unrecht, das ihm im Laufe des Lebens unterlaufen sei. Diese Erwägung gibt ihm Ruhe. Ohne sie würde er verrückt werden. Die Abbuchung der Strafe auf frühere Untaten ist also ein Schutzreflex. Auf diese Weise macht er sie sich akzeptabel. Denn eine Haltung, die im eigenen Schicksal eine göttliche Prüfung sieht, vermag er nicht aufzubringen trotz positiver Stellungnahme zur Religion. Den Aufenthalt im Gefängnis sieht er nicht als Strafe an, sondern als Arbeitsmöglichkeit. Die Arbeit ist ihm eine Herzenssache. Ihr Wert ist ihm erst im Zuchthaus aufgegangen, wo er nicht mehr ausbrechen kann, wie er es früher tat. Er plant und sinnt am Abend, wie er sie möglichst rationell leisten und die einzelnen ihm zugeteilten Leute am nächsten Tag sinnvoll einsetzen kann. An den jüngeren Gefangenen glaubt er, auch eine gewisse

pädagogische Aufgabe lösen zu können. Affekt-Ausbrüche der andern lassen ihn kalt. Aber auch bei der Anrede „lieber Freund“ rückt er die Beziehungen auf ein sachliches Gleis. In der Direktion sieht er den Hauswirt; er selber betrachtet sich als den Mieter, der den Mietzins in guter Führung und ordentlicher Arbeit zu entrichten habe. Die Zelle mutet ihn wie eine Heimstätte an. Vielseitig interessiert, nimmt er zu allen Tagesfragen lebhaft Stellung. Ein gutes Buch und gelegentliche Unterhaltung schaffen die notwendige Abwechslung. Im übrigen will er allein sein; die flachen Unterhaltungen der Mitgefangenen lehnt er ab. Bei Ärger und Verstimmungen zaubert er sich Szenen aus der Kindheit oder schöne Landschaftsbilder vor die Seele. Dank seiner Intelligenz und seiner sachlichen Haltung hat er sich sowohl der Verwaltung als auch den Mitgefangenen gegenüber eine gewisse Position geschaffen. Sein Rechtsbewußtsein ist nicht ertötet. So ergab sich die seltsame Situation, daß er einen Angestellten, der sich für Schmuggeln zur Verfügung gestellt und damit in die erpresserische Gewalt eines Gefangenen begeben hatte, veranlaßte, sich durch ein Geständnis bei der Direktion aus dieser Lage zu befreien.
Nüchtern und sachlich entscheidet er auch die Frage nach einem etwaigen Gnadenerweis. Ein Gesuch ist für ihn schon aus prinzipiellen Gründen nicht möglich, da es die Anerkennung des Urteils bedeuten würde. Daneben spielen für ihn wirtschaftliche Erwägungen eine Rolle. Nach Verbüßung einer Mindeststrafe von 15 Jahren, mit der er zu rechnen habe, würde er als 65jähriger nur noch in einem Altersheim Zuflucht suchen können. Der Verlust der sozialen Position, die er sich im Zuchthaus erworben hat, ist dabei für ihn untragbar. In der Wertreihe der Anstalt steht er schon wieder an einer beachtlichen Stelle. Im Altersheim dagegen müßte er zunächst die Rolle des Zuchthäuslers übernehmen, auf den man mit Fingern weist, und um eine neue soziale Position zu kämpfen beginnen. Deshalb gedenkt er, in der Anstalt zu bleiben, zumal ihm die Erotik nichts mehr zu schaffen mache und ruft beschwörend: „Wehe dem, der mich begnadigen will!“
Und das Ende? „Von 50 Jahren 35 gut gelebt, heißt: Die Rechnung geht auf. Sterben ist ja so einfach, als wenn man sich eine Zigarre ansteckt; das ist dann so, als wenn ich ein Stück Papier weglege. Dann will ich mal sehen, ob mich der Herrgott annimmt oder nicht.“
Bei dieser Haltung schläft er tief und traumlos, ohne zu merken, wenn abends das Licht ausgeschaltet wird und morgens die Glocke ertönt. Fall 4 hat sich im Zuchthaus seinen eigenen sozialen Raum geschaffen, in welchem er sich wohlfühlt, der mit Strafe und Zuchthaus nichts mehr zu tun hat. Arbeitslosigkeit und Altersversorgung sind für ihn keine Probleme mehr. Das Zuchthaus hat seine Schrecken verloren.

Der nächste Fall zeigt, daß das Zuchthaus als Zufluchtsstätte vor den Anforderungen und Anfeindungen einer oft feindlichen Welt empfunden wird.

**Fall 5**, zur Zeit der Tat 35,11 Jahre alt, Sattler, 1mal vorbestraft, ist wegen gemeinschaftlichen Mordes zu lebenslangem Zuchthaus verurteilt.

*Die Tat laut Urteil*

*Fall 5 und sein Mittäter hatten den Plan gefaßt, den wohlhabenden Kaufmann P. zu erschlagen und zu berauben. Nach dem Scheitern mehrerer Versuche führten sie ihr Vorhaben am Himmelfahrtstag 1949 aus. Der Mittäter schlug mit dem Hammer auf den Kopf des P. ein, fügte dem ersten Schlag noch drei weitere hinzu, holte zwei Selbstbinder und zog sie dem P. fest um den Hals. Dazu richtete Fall 5 den Kopf des P. auf und drückte einen Knoten mit dem Finger fest zu. Beide nahmen alsdann Beute an sich und verließen die Wohnung.*

*Das psychiatrische Gutachten schließt Geisteskrankheit und Geistesschwäche aus, läßt aber die Vermutung offen, daß es bei ihm im Anschluß an ein schweres Kopftrauma im Kriege zu einer organischen Hirnschädigung gekommen ist. Nach einem zweiten Gutachten zeigt eine Hirnstromuntersuchung deutlich das Vorhandensein einer Hirnschädigung mit nachfolgenden bleibenden Störungen, die sich in Kopfschmerzen, Schwindelzuständen und einem allgemeinen Leistungsabfall zeigen. Er wird ein primitiver Mensch genannt, dessen soziale Strebungen infolge des häuslichen Milieus recht mangelhaft entwickelt sind. Zwei Faktoren spielen in seinem Leben eine Rolle: 1. Die politische Belastung durch die Zugehörigkeit zur SS, 2. die Störung der Hirntätigkeit. Beides habe zu einem deutlichen Knick in der Persönlichkeitsstruktur geführt; doch sei er keinesfalls eine Mörderpersönlichkeit. Das Gericht billigt ihm § 51 Abs. 2 zu.*

Er ist ein großer, breiter, kräftiger Mann, sportlich trainiert, Athletiker, von gut durchschnittlicher Intelligenz. Sein Gesamtverhalten ist freundlich und gutartig, die Grundstimmung ruhig und gleichmäßig.
Ein Hirntrauma hat zu einer Schädigung des emotionalen Apparates, zu Flachheit und zu einem Abbau von Hemmungsmechanismen geführt. Hilflos ,weich und anlehnungsbedürftig geworden, gerät er in den Anziehungsbereich des Komplicen und wird in eine Tat hineingezogen, die seinem Wesen fremd ist.

Obwohl er im Kielwasser des Mittäters segelte und erst im letzten Akt als Mithelfer beim Erwürgungsprozeß tätig war, übernimmt er die volle Verantwortung. Nach wie vor steht er unter dem Druck der Tat. Die ganze Szenerie des Mordes tritt ihm immer wieder vor die Seele. „Ich werde diese Dinge nie im Leben los werden." Bei den Vernehmungen zeigt er sich sofort geständnisbereit. Mit Nachdruck redet er auf den Komplicen ein, gleichfalls die Karten offen auf den Tisch zu legen. Das Urteil bejaht er. Nach demselben bietet er dem Mittäter die Hand zum kameradschaftlichen Nebeneinanderleben. Obwohl sie von diesem verweigert wird, denkt er ohne Haß an ihn. Er respektiert den Wunsch seiner Ehefrau, nicht zu schreiben und in der Anonymität zu bleiben, um sie nicht zu diffamieren.

Seine geringe körperliche und seelische Leistungsfähigkeit klar erkennend, hat er zuweilen Insuffizienz-Gefühle. Er füchtet, nicht mehr die Kraft zur Neugründung einer Existenz zu finden, zumal er Frau und Kindern nicht mehr begegnen mag und man überall mit Fingern auf ihn weisen wird. Infolgedessen gibt es Stunden, wo er sich wohlfühlt im Zuchthaus; denn es schützt ihn vor der Außenwelt, mit der den Kampf aufzunehmen er sich nicht stark genug fühlt. So ist in ihm ein Verzicht auf die Rolle des aktiven, sich dem Leben zum Kampf stellenden Mannes im Gange. Im Gefühl gelegentlich aufkommender Schwäche bekennt er: „Zuweilen vermisse ich nicht einmal die Freiheit." Mit seiner überaus sorgfältig gepflegten Zelle hat er sich ein Zuhause geschaffen. Ihre Wände stellen den sicheren Wall gegen den Zugriff einer Außenwelt dar, der er sich bei seiner herabgesetzten Leistungsfähigkeit nicht mehr gewachsen fühlt.

Der letzte Fall in dieser Reihe zeigt, daß die Zelle mit einer Behaglichkeit gefüllt werden kann, die sich in nichts mehr von dem Zuhause unterscheidet.

**Fall 6,** zur Zeit der Tat 56,7 Jahre alt, Kutscher, 7mal vorbestraft, ist wegen Mordes ursprünglich zum Tode verurteilt worden, alsdann zu lebenslangem Zuchthaus begnadigt.

*Die Tat laut Urteil*

*Fall 6 hat den 74jährigen Rentner B. in dessen Laube vorsätzlich getötet. Zunächst half er ihm beim Zerkleinern von Holz. Dann wollte er von diesem einen halben Zentner Kartoffeln haben, was B. verweigerte. Es kam zu einer erregten Auseinandersetzung, in deren Verlauf B. dem Fall 6 eine Ohrfeige gab. Dieser ergriff das Beil, mit dem er Holz gehackt hatte, schlug auf den Kopf des B. ein und zertrümmerte durch mehrere Beilhiebe den Schädel. Dem Toten zog er die Schuhe, das Jackett sowie den Mantel aus und ließ ihn liegen. Die Kleidungsstücke, Betten, Kartoffeln, Briketts und Holz nahm er in einem Handwagen mit und verkaufte alles. Das Urteil sieht als Motiv der Tat nicht Affekt, sondern Habgier an.*

*Ein psychiatrisches Gutachten ist nicht erstattet worden. Während der gesamten Voruntersuchung, wie auch während der Verhandlung selber haben sich nie Zweifel an der vollen Zurechnungsfähigkeit ergeben. Er selbst hat sich niemals darauf berufen. Von irgendwelcher erblichen Belastung ist nichts bekannt. Er machte einen durchaus normalen, gleichmütigen, noch nicht einmal nervösen Eindruck. Eine Untersuchung auf seinen Geisteszustand erschien deshalb überflüssig.*

Er ist ein kleiner, breiter, kräftiger Mann, in ausreichendem Gesundheitszustand, Pykniker. Geistig ist er nur mangelhaft ausgerüstet; die Grundstimmung ist gleichbleibend, vergnügt und heiter.

Fall 6 ist ein primitiver, gemütsflacher, undifferenzierter Mensch, immer wieder hingerissen von Augenblicksimpulsen, zu primitiven Diebstählen neigend.

Die Auseinandersetzung mit der Tat bereitet ihm keine großen Nöte. Wohl ist er bereit, einen Teil der Verantwortung zu übernehmen: „Meine Tat war nicht sehr schön." Aber einen nicht minder großen Teil der Verantwortung schiebt er seinem Opfer zu, das ihn in seinem Selbstwertgefühl gekränkt und in Erregung gebracht habe. Im übrigen lehnt er es ab, „sich viel Gedanken zu machen. Ich habe mir die Straftat zugezogen; nun muß ich das hier abmachen." Reue, Mitleid mit dem Getöteten, Erschrecken über die Vernichtung eines Menschenlebens bleiben ihm fremd. Innere Auseinandersetzungen lehnt er ab: „Ich bin kein Freund von Traurigkeit."
In überraschend kurzer Zeit gelingt ihm die restlose Anpassung an die neue Lage. Sie gelingt um so leichter, als die neue Lebensordnung sich kaum von der alten unterscheidet. Hier, wie einst draußen, muß er seine Arbeit leisten; hier wie dort gestaltet er sich nach getaner Arbeit einen gemächlichen, gemütlichen Feierabend: nach sorgfältiger Säuberung verzehrt er mit Behagen sein Abendbrot, dreht sich fröhlich eine Zigarette, studiert die Zeitung, um alsdann tief und traumlos bis zum nächsten Morgen zu schlafen. Er rühmt sich, daß er sein Essen gut einteilen und sein Tagesprogramm so gestalten kann, daß trotz allem eine Fülle von Behaglichkeit herausspringt. So fehlt eigentlich nur die Freiheit; aber „das macht nichts aus". Allezeit fröhlich und guter Dinge, freut er sich das ganze Jahr hindurch auf ein reichhaltiges Weihnachtspaket.

Nach angemessener Zeit will er ein Gnadengesuch machen. Er hofft, einen Posten als Nachtwächter oder ähnliches zu finden. „Zuchthäusler" gewesen zu sein, wird ihn alsdann nicht im geringsten stören. Selbstvertrauen und Zuversicht sind in keiner Weise berührt.

Er zieht keine Konsequenzen aus der Strafe. Das Zuchthaus ist ihm nicht die Mahnung zu einem Haltungswechsel, sondern nur eine etwas abgewandelte Form des Zuhause.

Sieht man sich diese 6 Fälle an, so ist bei allen kennzeichnend der in längerer oder kürzerer Zeit gelungene Versuch, zu der Situation: lebenslanges Zuchthaus Ja zu sagen. In den beiden ersten Fällen finden wir eine positive Auseinandersetzungsbereitschaft, in den vier übrigen wird die harte Wirklichkeit abgeschaltet und in eine freundlichere umgewandelt.

## *§ 7 Beibehaltung der bisherigen Leitlinie*

In den folgenden Fällen ist der Haltungsstil dadurch gekennzeichnet, daß die bisherige Leitlinie der Lebensführung beibehalten wird.

**Fall 7**, zur Zeit der Taten 21,9 und 22,3 Jahre alt, Schlosser, nicht vorbestraft, ist wegen Doppelmordes zweimal zum Tode verurteilt, alsdann zu zweimal lebenslänglichem Zuchthaus begnadigt.

### *Die Taten laut Urteil*

*Fall 7 hatte schon länger die Absicht, den im Hause der Eltern wohnenden Großvater umzubringen, um Geld für seine beabsichtigte Eheschließung zu bekommen. Beim Holzhacken schlug er ihn mit der Breitseite einer Axt nieder, nahm sein Geld und seine Textilien an sich, verbrachte am gleichen Nachmittag mit eingeladenen Gästen einige gemütliche Stunden mit Zigaretten und Alkohol, Musik und Tanz und warf dann am Abend unter Mithilfe eines Freundes die Leiche ins Wasser.*

*Der Mord blieb zunächst unaufgeklärt. Nach einem halben Jahr erschlug er bei Erledigung von Reparaturen in der Wohnung die Witwe St. mit einer Rohrzange, schob die Leiche unter das Bett, entnahm Geld, Ringe, andere Wertgegenstände, packte Wäsche in einen vorher mitgebrachten Sack und verließ alsdann die Wohnung. Mit der Wäsche, einem Schirm und einer Handtasche wollte er die Braut am Hochzeitstag überraschen.*

*Das psychiatrische Gutachten schließt eine Geisteskrankheit und ein organisches Nervenleiden aus, stellt jedoch eine geistige Minderwertigkeit fest. Er handelte planmäßig, kalt, mit vollkommener Verachtung des Wertes eines Menschenlebens, um als Frucht des Mordes Eigentumsdelikte vornehmen zu können. Beide Opfer waren alte Leute, die ein leichtes Spiel erlaubten. Nicht das geringste Maß von Reue hat er gezeigt. Bei ihm liegt eine gefährliche, nur zweckausgerichtete Gefühlskälte vor. Er ist ein Mann, der auf Grund seiner sittlichen Verwerflichkeit zum Mörder wurde. Mütterlicherseits ist er erheblich belastet. Sein eigener völliger Mangel an moralischen Wertungen und Hemmungen läßt ihn als geistig und charakterlich defekt erscheinen, aber eine aufgehobene oder verminderte Zurechnungsfähigkeit lag nicht vor. Die Voraussetzungen der § 51, 1 oder 2 sind nicht erfüllt.*

Er trägt alle Merkmale des Asthenikers an sich. In seiner ganzen Erscheinung wirkt er schwächlich und primitiv. Seine Begabung liegt unter dem Durchschnitt. Er verbleibt ohne wesentliche Einbrüche in einer zufriedenen, ruhigen Grundstimmung und kann in der Unterhaltung auch bei schwerwiegenden Dingen immer wieder entspannt lachen.

Bei ihm liegen konstitutionelle Defekte vor; er ist ein ichhafter, gemütsarmer, triebhafter Mensch.

Von ihm heißt es im Urteil: „Er betrieb die Morde wie ein sachliches Geschäft, das nach planmäßiger Vorbereitung den berechneten Erfolg bringen mußte.“ Nach Abwicklung des Geschäfts gönnt er sich einen gemütlichen Nachmittag mit Zigaretten, Mädchen und Tanz. „Hemmungen hatte ich nicht; bei der Tat hatte ich keinerlei Empfindungen.“

Seine Schau der Dinge hat sich nicht geändert. Zu einer Auseinandersetzung mit seinem bisherigen Leben ist er nicht gekommen. Die Schuld sucht er bei dem Staat, der die Vernichtung des Menschenlebens verherrlichte, ehrte, belohnte und damit alle Ideale „zerschmetterte“. Die häßlichen Dinge um die Straftat werden „zurückgedrängt“; er will sich nicht aufregen.

Wiederum beherrscht ihn das Berechnen. Angesichts des Doppelmordes schätzt er die Zeit der Strafverbüßung auf 25 Jahre. Ungelöst erscheint ihm noch das Exempel des Arbeitsplatzes. Er fürchtet, daß sein Arbeitgeber ihn wegen des Druckes der öffentlichen Meinung nicht wird halten können, hofft aber, auch hier noch einen Ausweg zu finden. Diese rechnerischen Überlegungen zusammen mit dem konsequent durchgeführten „Zurückdrängen" geben ihm die Möglichkeit zur Abschaltung seines Ichs von der gegenwärtigen Situation. Die Leitlinie seines Lebens, die schon lange in ihm angelegt war und bei der Tat besonders kraß in Erscheinung trat, wird ungebrochen fortgesetzt und hat bisher keinerlei Veränderung erfahren. Er ist der gleiche geblieben und wird es angesichts seiner Charakterstruktur voraussichtlich auch in Zukunft bleiben.

**Fall 8,** zur Zeit der Tat 49,4 Jahre alt, Autoschlosser, 3mal vorbestraft, ist wegen Totschlages zu lebenslangem Zuchthaus verurteilt. Ein in ganz ähnlicher psychologischer Konstellation verübter Totschlag hatte 1936 bereits zu einer Verurteilung zu 15 Jahren Zuchthaus geführt.

*Die Taten laut Urteil*

*Fall 8 hatte 1935 die Bekanntschaft eines soliden, häuslichen, fleißigen Mädchens gemacht. Er nützte sie rücksichtslos aus, entwendete ihr die Handtasche und die goldene Uhr, nötigte sie zum Geschlechtsverkehr, obwohl er an Syphilis litt. Als sie ihre Stellung gekündigt hatte, um ganz bei ihm sein zu können und nunmehr auf Heirat drängte, erwürgte er sie.*

*Er wurde zu 15 Jahren Zuchthaus verurteilt. Für einen Rest der Strafe erhielt er bedingte Strafaussetzung. Nach der Entlassung fand er Eingang in eine ehrenwerte Familie, deren Tochter ihn heiratete, um aus ihm „einen anständigen Menschen zu machen". Auch diese Familie nützte er rücksichtslos aus. Als die Frau schließlich auf die Beschaffung eines eigenen Haushaltes drängte, erwürgte er sie.*

*Das psychiatrische Gutachten schließt Geisteskrankheit und Geistesschwäche aus. Er wird zwar ein zu affektiven Erregungen mit brutaler Entladung neigender Mensch genannt, bei dem aber die Voraussetzungen des § 51, 1 oder 2 nicht vorliegen. Eine 1935 festgestellte Lues hat nach ärztlichem Befund keinen syphilitischen Gehirnprozeß oder eine sonstige Hirn- oder Geisteskrankheit mit Auswirkung auf die Persönlichkeitsstruktur zur Folge gehabt.*

*Auch bei dem zweiten Fall weist er wieder die gesamte Skala seiner schon früher festgestellten charakterologischen Minusvarianten auf: Neigung zum Lügen, Egozentrizität und Affektlabilität. Seine immer wieder festzustellende, fast pseudologisch zu nennende Tendenz zur Entstellung von Vorgängen beruht nicht etwa auf Gedächtnisschwäche. Die Tötung der Ehefrau ist mit hoher Wahrscheinlichkeit als Affekttat anzusprechen.*

Er ist ein großer, breiter, athletischer Mann von bester Gesundheit. Intellektuell gut ausgerüstet, beharrt er in einer gehobenen, oft heiteren Grundstimmung.

Fall 8 ist ein affekt-labiler, schnell erregbarer, gemütsarmer, triebhafter, haltloser Mensch, der nirgends aushielt, ohne Bindungen an Menschen oder an eine Tätigkeit.

Als ein alter, routinierter Zuchthäusler kennt er die Gepflogenheiten des Anstaltslebens. Mit den Worten: „Mal wieder Pech gehabt" findet er sich nach dem zweiten Totschlag zur erneuten Strafverbüßung ein. Im Augenblick hat er sich in den Betrieb wieder eingegliedert. Weit entfernt, sich bedrückt zu fühlen, begrüßt er fast das Anstaltsleben. Jetzt hat er seine Ordnung. Die Arbeit ermöglicht zusätzliche Verpflegung. Er macht sich das Leben behaglich und vermißt nichts. Stets ist er fröhlich und guter Dinge: „Der Tag geht rum wie nichts".

Der gesamte Lebenslauf von Fall 8 ist ein Ausdruck seiner inneren Haltlosigkeit. Die bunte Reihe seiner Beschäftigungen zeigt, daß er bei guter Intelligenz auf keinem Boden Wurzel fassen konnte, niemals den Stil des einen bestimmten Beruf beherrschenden Mannes gefunden hat, sondern je nach zufälligen Arbeitsmöglichkeiten von einer Beschäftigung in die andere geglitten ist. Haltlosigkeit und Flatterhaftigkeit charakterisieren sein Berufsleben, sein Sexualleben, seine gesamte Persönlichkeit. Für seine innere Haltung ist es bezeichnend, daß er im Gegensatz zu dem Leben in der Freiheit nunmehr „die Ruhe selbst ist und sich wohlfühlt". Unfähig zur Selbststeuerung begrüßt er die Autorität, die sein wirres Leben in feste Ordnungen gießt.

Von einer wirklich produktiven inneren Auseinandersetzung ist er weit entfernt. Seine Tat betrachtet er „als eine Art Schicksal". Das Zuchthaus ist ihm keine Mahnung zu einer neuen Lebensorientierung. Wie er nach der bedingten Entlassung sofort in sein altes Tun und Treiben zurückfiel, so erneuert er den während seiner früheren Strafverbüßung entwickelten Haltungsstil: Einordnung und Fleiß bei der Arbeit, um auf diese Weise Konflikte zu meiden und größtmögliche Behaglichkeit zu erzielen. Das Lustprinzip, das draußen die Dominante seines Lebens war, bestimmt seine Haltung auch in der Anstalt. An der Leitlinie seines Lebens hat sich nichts geändert.

**Fall 9,** zur Zeit der Tat 41,7 Jahre alt, Arbeiter, 11 mal vorbestraft, ist wegen eines in den letzten Kriegstagen begangenen Mordes zunächst zum Tode, in einem zweiten Urteil zu lebenslangem Zuchthaus verurteilt worden.

### *Die Tat laut Urteil*

*Fall 9 saß mit vielen anderen während der Kämpfe um Berlin im Luftschutzbunker. Daran grenzte eine Likörfabrik, wo sich zahlreiche Personen Schnaps holten. Fall 9 wollte die Schnapsvorräte gleichmäßig verteilt wissen und forderte, daß jeder nur eine Flasche an sich nehmen dürfe. Die eben erst aus dem Frauenstrafgefängnis entlassene*

*S. kam aus der Fabrik mit mehreren Flaschen. Eine Aufforderung des Fall 9, alle bis auf eine an ihn abzugeben, lehnte sie ab. Auch als er einen Schreckschuß abgab, blieb sie bei ihrer Ablehnung. Es fiel ein zweiter Schuß, der die S. in die Brust traf. Sie brach lautlos zusammen und verstarb sofort.*
*Das Kammergericht erklärte den Schuldausspruch des ersten, auf Todesstrafe lautenden Urteils für richtig, den Strafausspruch dagegen für bedenklich. Aus dem Strafregisterauszug seien nicht haltbare Schlußfolgerungen gezogen worden. Zwar sei Fall 9 elfmal vorbestraft, aber es handele sich um teils geringfügige Geldstrafen, teils kurze Freiheitsstrafen. Daraus könne nicht auf eine so asoziale Veranlagung geschlossen werden, daß Todesstrafe am Platze sei. Die Tat geschah am 24. April 1945, als sich die Geschehnisse des Krieges zur letzten Grausamkeit und Brutalität zusammenballten. Fall 9 müsse deshalb von einem Teil der Verantwortung entlastet werden.*

*Das psychiatrische Gutachten findet an ihm keine geistigen Störungen. Seine Zurechnungsfähigkeit war nicht in Frage gestellt. Eine Volltrunkenheit oder ein pathologischer Rauschzustand lagen bei der Tat nicht vor. Geisteskrankheit, Geistesschwäche oder ein organisches Gehirnleiden sind auszuschließen. Seine häufigen Kopfverletzungen haben nicht eine Knochenverletzung am Schädel oder einen Schädelbruch, auch nicht eine organische Schädigung des Nervensystems zur Folge gehabt. Der Schutz des § 51, 1 oder 2 kommt deshalb für ihn nicht in Frage.*

Ein mittelgroßer, schmaler Mann in ausreichendem Gesundheitszustand, übersät mit zahlreichen Tätowierungen. Intellektuell bestehen ebensowenig Ausfälle wie im Gemütsleben. Die Grundstimmung ist labil, zuweilen depressiv. Er ist ein degenerierter, primitiver Mensch, pseudologistisch, ohne Bindung an eine bestimmte Tätigkeit, mit Neigung zu Impulshandlungen, Alkoholiker und Morphinist gewesen.
Seine kriminelle Laufbahn läßt mangelnde Einordnungsfähigkeit und Auflehnung gegen die Ordnung erkennen. Von dieser Grundhaltung weicht er auch während des Anstaltsaufenthaltes nicht ab. Er entwickelt den Haltungsstil des Querulanten, der immer wieder Beschwerden vorbringt, die einer Nachprüfung nicht standhalten, droht mit Hungerstreik, verdächtigt Beamte, täuscht Krankheiten vor. Auch die früher vielfach festgestellte Haltung des Geltungssüchtigen hat er nicht ganz aufgegeben. Er verweist auf seine tüchtigen Leistungen, die ihn angeblich für seinen Meister unentbehrlich machen. In Wirklichkeit sind Arbeitsleistungen und -geschick nur durchschnittlich. Sein Pseudologismus steht nach wie vor in vollster Blüte. Er wird ein klatschhafter, unverträglicher, fauler Gefangener genannt. Deshalb scheitert auch Gemeinschaft mit anderen. Außerdem will er in dem kleinen Raum der Zelle sein eigener Herr sein und den ihm verbliebenen Rest persönlicher Freiheit nicht noch durch Rücksichtnahme auf andere schmälern. Da normative Gewissensinstanzen fehlen, kommen Schuldgefühle nicht auf. Anfangs lehnte er die Tat ganz ab. Dann be-

trachtete er sich als das Opfer einer turbulenten Zeit; es war ja noch Krieg, da geht der Revolver von selbst los. Diese besonderen Umstände seien in einer ganz unerklärlichen Weise vom Gericht nicht in Rechnung gestellt. Daraus entnimmt er das Motiv, sich sehr unglücklich zu fühlen. Er schläft nur noch „auf Raten" und hätte sich schon „angebammelt", wenn er nicht bei seiner Familie Anhalt fände.

Nicht eine ethische Auseinandersetzung mit der Straftat bereitet ihm Not, sondern der Verlust der Verfügung über sich selbst. Das Delikt ist abgebucht auf das Konto der Kriegszeit. Ein Inneres, aus dem Erschütterungen kommen könnten, die zu einer Umstrukturierung führen, ist kaum da und kann deshalb nicht attaquiert werden. Deshalb erfahren die bisherigen Leitlinien seines Lebens keine Umbildung.

**Fall 10,** zur Zeit der Tat 39,0 Jahre alt, Werkzeugmacher, einmal vorbestraft, ist wegen Mordes ursprünglich zum Tode verurteilt worden, alsdann zu lebenslangem Zuchthaus begnadigt. Die Tötung gibt er ohne weiteres zu, sieht aber in ihr nur eine Affekttat und verwahrt sich gegen die Bezeichnung seines Delikts als eines Mordes.

*Die Tat laut Urteil*

*Fall 10 hatte den Tabakwarenhändler Fr. kennengelernt, mit dessen Ehefrau und Stiefvater er eine Kartoffelhamsterfahrt verabredete. Er nahm aber nicht an der Fahrt teil, sondern suchte den Ehemann Fr. auf. Mit diesem geriet er in einen Streit, in dessen Verlauf er ihn mit mehreren Beilhieben niederstreckte. Dann stach er drei Kaninchen aus dem Kaninchenstall des Fr. ab, nahm Tabak, Zigarren sowie Geld an sich und verließ die Wohnung.*

*Das psychiatrische Gutachten findet keine Zeichen einer Psychose oder einer geistigen Fehlanlage im Sinne eines Schwachsinns. Bewußtseinsstörungen oder Bewußtseinseinengungen sind nicht feststellbar. Eine leichte Reizbarkeit, die sich mit einer egozentrischen Einstellung auf charakterlichem Gebiet paart, wird als Erbteil vom Vater her angesehen. Er ist sehr empfindlich gegenüber Einwendungen und Vorhaltungen, nicht sehr kontaktfähig, läßt feinere Gefühlsregungen vermissen, ist bei Durchführung eigener Ziele rücksichtslos und gefühlsarm, reagiert auf geringfügige Anlässe ungewöhnlich stark und zeigt eine nicht unerhebliche Gefühlskälte. Die Voraussetzungen des § 51, 1 oder 2 sind nicht gegeben.*

Er ist ein großer, schmaler, schwächlich wirkender Mann. Zäh und haltreich, muß er immer wieder Neigungen zu Explosionen und ein Aufbrausen der Affekte unterdrücken. Die Stimmung ist im allgemeinen ausgeglichen, zuweilen zeigt er ein leicht gedrücktes Verhalten. Von guter Intelligenz, im Gefühlsleben wenig entwickelt, hatte er immer nur ein geringes Kontaktbedürfnis und pflegte allerlei Liebhabereien.

In dem psychiatrischen Gutachten geht es um die Frage, ob ein Mensch mit psychopathischer Wesensartung, der einen befreundeten Menschen in schwerem Erregungszustand erschlägt, nach der Tat kaltblütig und zielbewußt sich Besitztum des Ermordeten aneignet. Die Frage wird selbst für affektive Psychopathen verneint.

Zweimal hat Fall 10 im Verlauf der Angelegenheit Tränen vergossen. Bei der Ablegung des Geständnisses legt er den Kopf auf den Tisch und weint: „Ich habe den Anblick noch immer vor Augen." Als die am 26. Juli 1946 ausgesprochene Todesstrafe kurz vor der bereits festgesetzten Hinrichtung am 12. März 1949 in lebenslängliches Zuchthaus umgewandelt wurde, löst sich die große Spannung gleichfalls in Tränen. Nach Aufhebung der vitalen Bedrohung bezieht er die Rolle des kritischen Beobachters, dem nichts entgeht, der über alles und jeden, auch über die eigene Lage scharf pointierte, zum Teil witzige Urteile abgibt. Selbstmordabsichten lehnt er ab: „Wenn die (= das Gericht) das nicht geschafft haben, warum soll ich das tun?" Das Verhältnis zum Vater, das immer schwierig war, ist ihm Gegenstand vieler humoristischer Bemerkungen. Von den mannigfachen Konflikten mit ihm berichtet er lachend. Für die von seiner Frau geübte Zurückhaltung bringt er Verständnis auf. In das Anstaltskollektiv ist er unauffällig eingegangen. Er lebt zurückgezogen in seiner Zelle. Arbeit, Bücher, Liebhabereien helfen ihm über die Zeit hinweg.

In seinem Selbstwertgefühl ist er leicht verletzbar. Eine ihm ungerechtfertigt erscheinende Ablösung von seinem Arbeitsplatz regt ihn so sehr auf, daß er Mühe hat, situationsangepaßt zu bleiben. Er verträgt nur schwer einen Menschen neben sich und begnügt sich mit gelegentlicher Sonntagsgemeinschaft.

Da die Tiefendimensionen verkümmert sind, empfindet er kaum Schuldgefühle und sieht nicht die Notwendigkeit einer inneren Auseinandersetzung. Statt dessen bezieht er die Rolle des sich in witzigen Bemerkungen ergehenden Kritikers. Diese Haltung bringt ihm Abstand von Menschen und Institutionen, mit denen er in Konflikt stand. Das Ironisieren ist offenbar für ihn der einzige Weg, den Menschen zu begegnen. Damit hält er sie auf Distanz. Wahrscheinlich stecken dahinter Angstreflexe. Zugleich bringt ihm diese Haltung eine gewisse Kompensation der Einbuße, die sein soziales Ansehen erfahren hat.

Aufs Ganze gesehen, setzt Fall 10 seinen schon in der Freiheit gelebten Haltungsstil fort.

**Fall 11**, zur Zeit der Tat 21,9 Jahre alt, Mechaniker, 3mal geringfügig vorbestraft, ist wegen gemeinschaftlichen Mordes zu lebenslangem Zuchthaus verurteilt.

*Die Tat laut Urteil*

*Fall 11 und sein Mittäter hatten den Plan gefaßt, den wohlhabenden Kaufmann P. zu berauben. Nach dem Scheitern mehrerer Versuche führten sie ihr Vorhaben am Himmelfahrtstag 1949 aus. Fall 11 schlug mit einem Hammer auf den Kopf des P. ein, fügte dem ersten Schlag noch drei weitere hinzu, holte zwei Selbstbinder und schlang sie dem P. fest um den Hals. Der Mittäter richtete den Kopf des P. auf und drückte einen Knoten mit dem Finger zu. Beide nahmen alsdann Beute an sich und verließen die Wohnung.*
*Das pschyiatrische Gutachten schließt Geisteskrankheit, Geistesschwäche oder ein organisches Nervenleiden aus. Er befand sich auch zur Zeit der Tat nicht in einem Zustand krankhafter Störung der Geistestätigkeit oder Bewußtseinstrübung. Der Schutz des § 51 1 oder 2 steht ihm deshalb nicht zu.*
*Das Verhalten des Fall 11, sein unerhört dreistes Leugnen und Lügen, seine dauernden Unschuldsbeteuerungen, der Eindruck, den er machte, zeigen, daß er trotz einer gewissen Primitivität seines Denkens — vielleicht gerade deswegen — ein ungewöhnlich verschlagener und gerissener Lügner ist, der geschickt eine Maske tragen und sein Leben zu tarnen weiß. Obwohl der Mittäter älter ist, ist Fall 11 der aktivere, verschlagenere, rücksichtslosere, brutalere, wenn er auch das durch sein weiches, sentimentales, zum Teil ängstliches Verhalten geschickt zu tarnen weiß.*

Er ist ein großer, kräftiger Mann, in gutem Gesundheitszustand, mit auffallend unsymmetrischem Gesicht. Von guter Intelligenz, dagegen mit geringeren Gemütswerten ausgerüstet, zeigte er ständig eine dumpf-gedrückte Stimmung, sie sich erst spät etwas aufhellte.
Seine Fehlentwicklung wurzelt in der Verwöhntheitssituation der Kindheit. Hier wurde er ein ichhafter, geltungssüchtiger Mensch, der keine Ansprüche an die eigene Leistung zu stellen brauchte und sich in der Rolle des vornehmen Mannes gefiel.
Seine Haltung während der Vernehmungen ist gekennzeichnet durch wütende Proteste gegen die Verhaftung, Beschimpfungen der nach seiner Meinung unfähigen Kriminalpolizei und hartnäckiges Leugnen bis zum letzten Augenblick. Seine und des Mittäters Darstellungen schließen sich aus. Auch eine Gegenüberstellung brachte keine Klarheit. Fall 11 gibt die von ihm gespielte Rolle des an der Tat Unbeteiligten nicht auf trotz härtester Auseinandersetzungen in mehrfachen Konfrontationen. Erst als seine Position unhaltbar geworden war, entschloß er sich zu Konzessionen an die Darstellung seines Komplicen, allerdings mit dem Reservat, daß er die Tat in dieser Form lediglich aus Zweckmäßigkeitsgründen zugebe. Huldvoll, solange er früher bewundert wurde, antwortete er auf die neue Lage mit Überempfindlichkeit und verschlossenem Trotz.
Seine Haltung der Sperrung und Abwehr setzt er auch in der Strafverbüßung zunächst fort. Die von dem Mittäter angebotene Wiederherstellung kameradschaftlicher Beziehungen lehnt er ab. Er zeigt sich außerordentlich

zurückhaltend, verschlossen, undurchsichtig, fast mürrisch. Monate hindurch begnügt er sich im wesentlichen mit Beantwortung der an ihn gestellten Fragen. Dabei spricht er mit leiser Stimme, selten in längeren Sätzen. Die Worte sind begleitet von einer aufgeregten Gesichts-, vor allem Stirnmimik. Wegen seiner starken Empfindsamkeit löst eine Durchsuchung der Zelle jedesmal einen Erregungszustand aus. Durch die ständige Aufsicht und das Einschließen fühlt er sich in Minderwertigkeitsgefühle getrieben. Seine Straftat berührt er nicht. Er macht den Versuch, durch vieles Lesen und anschließende philosophische Spekulationen zu einer Objektivation seiner Lebenslage zu gelangen, ohne die Hilfe anderer in Anspruch zu nehmen.
Nach dreijähriger Strafverbüßung kündet sich eine gewisse Auflockerung seiner Verkrampfung und eine beginnende Aufgeschlossenheit an. Er sucht Anregungen, zeigt sich lernbegierig, ist bestrebt, ein Handwerk zu erlernen, bei dem er ein gewisses Maß schöpferischer Eigentätigkeit entfalten kann. Zum erstenmal redet er von seiner „abscheulichen Tat".
Ob eine Umwandlung des bisherigen Haltungsstiles im Werden begriffen ist, muß die weitere Entwicklung ergeben. Zunächst bleibt er eingegliedert in die Reihe derer, welche die bisherige Leitlinie beibehalten haben.

**Fall 12,** zur Zeit der Tat 30,0 Jahre alt, selbständig, nicht vorbestraft, ist wegen Raubmordes ursprünglich zum Tode verurteilt, alsdann zu lebenslänglichem Zuchthaus begnadigt worden.

*Die Tat laut Urteil*

*Fall 12 nahm den abgerissenen und ausgehungerten 19jährigen R. mit, um „knacken zu gehen". Sie folgten dem schwer betrunkenen, seiner Wohnung zutorkelnden W. und stiegen in dessen Wohnung ein, als dieser in tiefem Schlaf lag. Fall 12 führte 2 bis 3 heftige Schläge mit einer Banklehne gegen die Schläfe des W. R. würgte ihn und verlangte von Fall 12 etwas zum Fesseln. Beide schlangen gemeinsam einen Gürtel um den Hals des W. und verknoteten ihn. Alsdann räuberten sie die Wohnung aus.*

*Nach dem psychiatrischen Gutachten ist er weder geisteskrank noch geistesschwach. Das Nervensystem zeigt keine Anzeichen einer organischen Schädigung. Pervitinmißbrauch hat den Entschluß zur Tat und die Ausführung derselben erleichtert. Doch befand er sich nicht in einem Zustand krankhafter Störung der Geistestätigkeit oder Bewußtseinstrübung. Der Schutz des § 51, 1 oder 2 kann ihm deshalb nicht zugebilligt werden.*
*Er distanzierte sich weit von seinem anrüchigen Leben und seinen Straftaten, sah sie gleichsam aus der Vogelperspektive und sprach von ihnen mit einer Selbstüberheblichkeit, die sich bis zur Blasiertheit steigern konnte. Er ist in seiner Charakteranlage ein disharmonischer Mensch mit den widersprechendsten Eigenschaften. Bei der Untersuchung bewies er eine erstaunliche Uninteressiertheit und Gleichgültigkeit.*

*Von Reue zeigte er keine Spur. Fall 12 ist, wie auch sein Vater, ein ausgesprochener Psychopath vom Typ des Dégenéré supérieur.*
Er ist ein mittelgroßer, asthenisch wirkender Mann in gutem Gesundheitszustand, sehr intelligent. Die Grundstimmung ist ohne wesentliche Einbrüche eine gehobene. In ihm begegnet uns ein durch ungünstige Erziehungseinflüsse zum Phantasten gewordener Mensch ohne Gemeinschaftsgefühl, ohne Beziehung zu wahren Werten, gemütsarm und geltungssüchtig.

Die in dem psychiatrischen Gutachten geschilderte Haltung hat er sich durch eine vierjährige Strafverbüßung bewahrt. Eine Diskussion über die Straftat lehnt er ab, etwaige Nachfragen bei Verwandten verbittet er sich. Für Debatten und Plaudereien über schöngeistige Dinge wäre er bereit, sich zur Verfügung zu stellen. Ein von ihm verfaßter Sittenroman: „Spreu im Strom der Zeit" verfällt der Ablehnung durch den Verlag, weil es „einen bestimmten Grenzpunkt gibt". Andere Ausarbeitungen zeigen, daß seine Phantasie von sexuellen Motiven erfüllt ist. Auch stilistisch stellen sie keine Ansprüche.
Er schreitet in der Haltung des schöngeistigen Literaten einher, der überlegene Ruhe und Gleichmut besitzt. Seine Haltung wirkt zuweilen so überheblich, daß er zur Bescheidenheit und Zurückhaltung gemahnt werden muß. Intellektuell blufft er beträchtlich. Er wirkt sehr viel intelligenter und gebildeter, als es den Tatsachen entspricht. Die Unterredung ergibt, daß er sich mit philosophischen, psychologischen und anderen Problemen nur in einer oberflächlichen und unsystematischen Weise beschäftigt hat. Er distanziert sich gegen alle, welche „keine geistigen Qualitäten haben" und ihn auf Mängel aufmerksam machen. Beamte, welche seine Zelle rügen und auf Innehaltung der Zellenordnung dringen, lehnt er ab. Den Mittäter verdächtigt er, das Bild von ihm in den Augen anderer geschwärzt zu haben. Die Dinge um seine Straftat, die ein schlechtes Licht auf ihn fallen lassen können, bleiben außerhalb der Diskussion. Nur aus der Vogelperspektive sieht er sie. Er traut sich zu, jede Woche zwei Romane zu schreiben. Dem scheinbaren Reichtum an Erlebnissen und Gestaltungskraft liegt jedoch ein dürftiger Lebenskern zugrunde. Über der Ödheit des eigentlichen Lebens hat er kompensatorisch eine Scheinwelt aufgebaut, in welcher er das einst draußen geführte Leben jetzt in der Anstalt fortsetzt.
Ob die Wendung zur Religiosität, die er vorgenommen hat, zu einer Umstrukturierung seiner Persönlichkeit führen wird, bleibt abzuwarten.

## *§ 8 Verstärkung der bisherigen Leitlinie*

In den folgenden Fällen wird die bisherige Leitlinie des Lebens nicht nur beibehalten, sondern sogar noch verstärkt. Keineswegs kommt es zu einem Umbruch derselben. Einzelzüge der Haltung der Gesamtpersönlichkeit, die schon vor der Verhaftung charakteristisch waren, auch mitbestimmend für das Delikt wurden, werden verstärkt und erweitert.

**Fall 13,** zur Zeit der Tat 48,1 Jahre alt, 2mal vorbestraft, selbständig, ist wegen Mordes zu lebenslangem Zuchthaus verurteilt.

*Die Tat laut Urteil*

*Fall 13 beutete die ihm hörige Frau Sp. wirtschaftlich aus und führte auf ihre Kosten ein offenes Schmarotzerdasein. Trotz des dringenden Rates aller Verwandten konnte sie sich nicht zum Bruch entschließen, bis sie ihn schließlich doch aufforderte, ihre Wohnung zu verlassen. Er schwindelte ihr jetzt vor, daß er eine gute Stelle in Westdeutschland erhalten habe und forderte sie zum Schein auf, mit ihm dorthin zu gehen. Daraufhin söhnte sie sich wieder mit ihm aus. Nach mehrfachem Geschlechtsverkehr in der letzten Nacht vor dem vermeintlichen Reisetermin versetzte er ihr während eines erneuten Geschlechtsaktes mit einem unter dem Kopfkissen versteckten Hammer sieben Schläge auf den Hinterkopf und schnürte ihr alsdann den Hals mit ihren Strümpfen und der Kordel seines Bademantels zu.*

*Die beiden nächsten Nächte schlief er im Zimmer neben der Toten. Er kassierte noch mehrere 100 Mark an Außenständen der Frau Sp.; das Geld verwandte er dazu, Gläubiger der Frau Sp. zu befriedigen.*

*Bei der Tat spielen nicht sexuelle Motive sadistischer Art eine entscheidende Rolle, auch nicht Habgier. Beweggrund ist die Furcht vor Aufdeckung seines Schwindels mit der Stellung in Westdeutschland und dem Verlust seiner Schmarotzerstellung.*

*Nach dem psychiatrischen Gutachten sind Geisteskrankheit und Geistesschwäche auszuschließen. Seine Zurechnungsfähigkeit ist generell zu bejahen. An seinem Nervensystem konnten Anzeichen einer organischen Schädigung nicht festgestellt werden, wenn er auch die Stigmata einer stark gesteigerten nervösen Erregbarkeit zeigt. Der Schutz des § 51, 1 oder 2 steht ihm deshalb nicht zu.*

*Das Gutachten nennt ihn eine ausgesprochen psychopathische, schwer defekte Persönlichkeit mit hysterischen und schizoiden Zügen. Beruflich und sozial ist er ständig abgesunken. Sein Nervensystem ist durch Exzesse verschiedenster Art und Mißbrauch von Rauschgiften ständig unruhiger und unsteter geworden. Sein Gefühls- und Triebleben befand sich zur Zeit der Tat in einer geradezu chaotischen Desorganisation.*

Er ist ein mittelgroßer, schmaler Mann in mäßigem Gesundheitszustand; auch jetzt noch zeigt er eine stark gesteigerte nervöse Erregbarkeit. Mit guter Begabung ausgerüstet, läßt er ein Minus im Gefühlsleben erkennen. Aufs Ganze gesehen, ist er ein geltungssüchtiger, leicht erregbarer, pseudologistischer Mensch, hochstaplerisch, unstet, haltlos. Fall 13 hat eine Selbstanalyse vorgenommen. Die Gründe seines Abgleitens sieht er erstens in einer Prädestinierung infolge erblicher Nervenschwäche, zweitens in der schädlichen Wirkung der Kampfstoffe, mit denen er beruflich zu tun hatte, drittens in dem Milieu der Nachkriegszeit. Daneben spricht er mit einem leisen Unterton der Anklage, zum mindesten aber einer klar erkennbaren Verwunderung von dem Versagen der göttlichen Vorsehung, die eigentlich die Pflicht gehabt habe, eine solche Katastrophe zu verhindern. Dieses offenbare Versagen der höheren Instanz, verbunden mit dem Gedanken an die Prädestinierung, entlastet ihn und nimmt ihm die Verantwortung ab. Zu einer tiefgehenden Auseinandersetzung gelangt er deshalb nicht, trotz theatralischer Gesten und gelegentlicher Tränenausbrüche. Die Leitlinie des Fall 13 war die des überlegenen „Herrn Doktor und Wissenschaftlers". Gegen Beeinträchtigungen dieser seiner Rolle war er immer äußerst empfindlich. Hier ist auch das letzte Motiv seiner Tat zu suchen. Es war ihm unerträglich, vor seiner Partnerin seinen Bankrott einzugestehen. Deshalb tötet er sie, obwohl andere Auswege aus der Situation leicht zu finden gewesen wären.

Die bisher gesteuerte Leitlinie seines Lebens behält er auch im Zuchthaus bei, verstärkt sie fast noch. Durch das Verlangen nach eigener Kleidung, Bettwäsche, Kopfbedeckung usw. will er sich vom Gefängnis distanzieren. Zu seinen Mitgefangenen stellt er sich jovial herablassend und bescheinigt ihnen die Richtigkeit ihrer Angaben. „Die Anstalt schickt mir oft Referendare, weil ich ihnen etwas zu bieten habe."

Wenn er daran erinnert wird, daß er nichts anderes als ein Zuchthäusler sei, so empfindet er das als einen Schlag, als einen Peitschenhieb. In zahlreichen langen Briefen an führende Persönlichkeiten des öffentlichen Lebens und großer Industriewerke spricht er von den früheren „kordialen Verhältnissen" und sichert „seinem Geheimrat" einen hervorragenden Platz zu in seinem geplanten Buch „50 Jahre meines Lebens". Unter den hohen Militärs und führenden Wissenschaftlern ist er zu Hause; fast jeder hat ihm schon in Dankbarkeit die Hand gedrückt; auf dem Parkett internationaler Kongresse weiß er sich ohne Anstoß zu bewegen.

Übernahme von Anstaltsarbeit empfindet er als eine Zumutung, die er ablehnt. Ungestört will er seinen chemischen Studien leben. Mit diesen verspricht er, „einen neuen Himmel und eine neue Erde zu schaffen".

Auch seine Zukunftserwartungen liegen ganz im Rahmen der sonstigen Haltung. So hofft er, wegen des hohen Wertes seiner Studien nach Bonn zitiert zu werden, dort mit wohlwollender Unterstützung maßgebender Kreise ein Wiederaufnahmeverfahren einleiten zu können und bald wieder in Freiheit zu sein.

Er hat sich nur noch mehr in die illusionäre Welt des großen Menschheitsbeglückers hineingesteigert. Nun tummelt er sich hypertroph im Zuchthaus aus, das, therapeutisch gesehen, für ihn noch zu milde ist.

**Fall 14**, zur Zeit der Tat 33,3 Jahre alt, nicht vorbestraft, Fleischer, ist wegen Raubmordes zu lebenslangem Zuchthaus verurteilt.

*Die Tat laut Urteil*

*Zusammen mit seinem Mittäter L. und einem Russen veranstaltete Fall 14 im Lokal der Frau P. ein Gelage. Bei der 4. Flasche Schnaps drängte diese auf Bezahlung. Der Russe griff nun die Frau P. an, hielt ihr mit der linken Hand den Mund zu und würgte sie mit der rechten Hand. Auf den Rat des L. schleppte Fall 14 zusammen mit dem Russen die Frau zur Toilette. Der Russe drückte sie zu Boden, Fall 14 hielt ihre Füße fest. Nunmehr stach der Russe auf sie ein, zerschlug auch auf ihrem Schädel mehrere leere Flaschen. Fall 14 schlug mindestens dreimal mit einem Stuhlbein auf den Kopf der Frau P. Die plötzlich in der Toilette erscheinende Enkelin der Gastwirtin wurde von dem Russen sofort getötet. Auf das schon getötete Kind schlug Fall 14 ebenfalls noch mit dem Stuhlbein ein. Er verzehrte in der Küche noch ein Stück Brot, nahm Ohrringe, einen Siegelring und einen Herrenmantel an sich und entfernte sich.*

*Das psychiatrische Gutachten vermag Geistesstörungen oder Bewußtseinsbeeinträchtigungen nicht festzustellen und versagt ihm deshalb den Schutz des § 51, 1 oder 2.*

*Fall 14 ist eine psychopathische Persönlichkeit, welche ohne Persönlichkeitsveränderungen einen Verkehrsunfall mit Gehirnerschütterung erlitt, bei der sich eine gewisse geistige Beschränkung, keineswegs aber ein Schwachsinn, nachweisen läßt.*
*Die Tat ist kein affektiv beeinflußtes Handeln, welches plötzlich aus einer zufällig gegebenen Situation entsprang. Die Gelegenheit wurde entsprechend einem vorher gefaßten Entschluß bewußt herbeigeführt und in brutaler Weise bei vollem Bewußtsein ausgenutzt.*

Er ist ein mittelgroßer, kräftiger Mann von athletischem Typ. Zwar geistig beschränkt, zeigt er doch beträchtliche Fähigkeiten in der praktischen Lebensführung. Seine Grundstimmung ist ständig schwankend; sie spielt vom Läppisch-Labilen in mehr oder weniger ernsthafte Depressionen hinüber. Er ist ein richtungsloser, übertrieben sensibler, labiler, haltloser Mensch, ohne Mitte und Spontaneität.

Hastig und zappelig in seinem Auftreten, überstürzen sich seine Worte, die von schroffer und heftiger Gestik begleitet sind. Ungeheuer wortreich schildert er seine Angelegenheit. Dabei stellt er sich dar als das Opfer von Mißhandlungen und Bedrohungen, unter denen er alles zugegeben habe, was man von ihm verlangte. Jetzt lehnt er wieder den Hauptteil der ihm zur Last gelegten Schuld ab. Nach einer weitschweifigen, stark schöngefärbten Darstellung seines Lebenslaufes fragt er halb ängstlich, halb triumphierend: „Sieht etwa so ein Berufsverbrecher aus?“ Eben noch ruhig, steht schon im nächsten Augenblick das Barometer auf Sturm. Von hoher Erregung wechselt er hinüber in Depressionen mit haltlosem Schluchzen. Ganz verfahrene Situationen versucht er dadurch einzurenken, daß er Suicidversuche demonstriert. Die Art ihrer Ausführung läßt sofort

erkennen, daß er keineswegs dabei die Absicht verfolgte, lebensmüde Abschied von der Welt zu nehmen.
Immer wieder bricht die innere Labilität und Schwankungsbereitschaft durch. Seine Haltlosigkeit tritt auch nach längeren Perioden scheinbar wachsender innerer Festigkeit immer erneut kraß in die Erscheinung. Bald voll Trotz, bald voll Verstimmung, versucht er sich um die Verantwortung zu drücken, stellt sich als das Opfer der Verführung durch andere hin, um bei Vergehen gegen die Anstaltsordnung an der Strafe vorbeizukommen. In solchen selbstverschuldeten Belastungssituationen begehrt er zunächst zornig auf. Er will „seine Augen herausreißen und sie dem vernehmenden Beamten vor die Füße werfen". Schnell aber wandelt er sich nach anfänglichem Aufbegehren in ein weinerlich-passives Wesen.
Nach wie vor fehlt ihm die haltgebende Mitte; er kann kein Ich integrieren. Infolgedessen wird er immer wieder eine leichte Beute von Antrieben, Eindrücken, Einflüsterungen anderer. Die an ihm beobachteten schwer neurotischen Erscheinungen sind nur noch deutlicher geworden.

KAPITEL II

# Die sthenisch negative Form der Reaktion

Während den bisherigen 14 Fällen in der einen oder anderen Weise, sei es durch Selbstzucht und Abschaltung, sei es durch Beibehaltung oder Verstärkung der Leitlinie eine aktive Bewältigung der Situation „lebenslanges Zuchthaus" gelingt, wird von den folgenden Fällen diese Bewältigung nicht mehr geleistet. Teils verhärten sie sich in einer völligen Negation des Tatbestandes, wobei aktiv und bewußt alle Fakten abgestritten werden, teils bleiben sie in einer mehr passiven, gemilderten Verneinung, oder sie nehmen ihre Zuflucht gleichsam zu Tricks, welche es ihnen ermöglichen, ihr Ich aus der Realsituation herauszuhalten.

## *§ 9 Abstreiten und Negation des Delikts*

**Fall 15,** zur Zeit der Tat 37,3 Jahre alt, selbständig, nicht vorbestraft, ist wegen Raubmordes zu lebenslangem Zuchthaus verurteilt.

*Die Tat laut Urteil*

*Fall 15 hatte große Kredite aufgenommen und befand sich wirtschaftlich in einer unhaltbaren Lage. Völlig überschuldet, besuchte er die 6 Jahre ältere D., mit der er früher ein Liebesverhältnis hatte. Nach seinem Besuch fand sie der Vater tot in ihrem Zimmer. Sie war an Erstickungserscheinungen gestorben. Auf Grund eines Indizienbeweises ist das Gericht zu dem Ergebnis gekommen, daß er sie mechanisch durch Verschluß der Atemöffnungen erstickt hat. Zwei von ihr getragene Brillantringe und ein Trauring fehlten.*

*Nach dem psychiatrischen Gutachten sind Geisteskrankheit, Geistesschwäche oder ein organisches Nervenleiden auszuschließen. Die Zurechnungsfähigkeit ist zu bejahen. Der § 51, 1 oder 2 kommt für ihn nicht in Frage.*

*Fall 15 ist laut Gutachten eine psychopathische Persönlichkeit vom Typ des sogenannten Dégenéré supérieur. Berufliche Leistungsfähigkeit und soziale Anpassungsfähigkeit sind schlecht. Er ist ein haltloser, triebhafter, unruhiger Mensch ohne Ausdauer und Stabilität, mit stark gesteigertem Geltungsbedürfnis.*

*Psychopathen von seinem Typ pflegen in belastenden Zeiten und Lebenssituationen leicht abzusinken und demoralisiert zu werden. Solche degenerierten Psychopathen sind in ihren Handlungen völlig unberechenbar. Man sieht nicht selten, daß sie plötzlich überraschend, besonders in schwierigen Lebenssituationen, mit schweren Straftaten in Erscheinung treten.*

Fall 15 ist ein mittelgroßer, schmaler Mann, Astheniker, der einen unruhigen, nervösen Eindruck macht. Intellektuell gut ausgestattet, ist er im Gemütsleben arm. Die Grundstimmung ist im wesentlichen ausgeglichen. Er ist eine degenerierte Persönlichkeit, hochstaplerisch, pseudologistisch, geltungssüchtig, ohne Fond, nur Fassade.
Der beherrschende Zug in seinem Charakterbild ist ein ins Pathologische gesteigertes Geltungsbedürfnis. „Ich habe das von Natur aus an mir, daß ich aufschneide und irgendwelche Märchen erzähle“, — so erklärt er von sich selber. In diesen Märchen spielt er selbst jedesmal eine überragende Rolle. Diese Haltung setzt er auch in der Anstalt fort. Die Anstaltsleitung beschwert er mit zahlreichen Wünschen. Er will Privatkleidung tragen, länger Licht haben, öfter rasiert werden, Dauerschreiberlaubnis bewilligt erhalten. Mit Nachdruck verbittet er sich Kritik an seinen Briefen. Entrüstet stellt er fest: „Man hat auf meine Entschuldigung einfach nicht reagiert.“ Der Zeitung will er einen „Sonderbericht über seine Person“ zuleiten. Die Mitgefangenen behandelt er jovial-herablassend, zieht aber doch eine deutlich erkennbare Grenze. Er will auch hier „Aristokrat“ sein. Sein früheres Geständnis bezeichnet er als glatte Lüge. Es sei hervorgegangen aus „körperlicher Schwäche und geistiger Angst“. Die Tat lehnt er völlig ab. „Mich quält nichts.“ Nun setzt er alle Kräfte ein in dem Kampf um ein Wiederaufnahmeverfahren. Er wandert in der Zelle auf und ab, dabei hält er sein eigenes Plädoyer. In diesem wird er mit wuchtigen Hieben das ganze Gebäude der Indizien zum Einsturz bringen und den Richter in eine sehr delikate Lage treiben. Schon jetzt sieht er dessen verzerrtes Gesicht angesichts des Justizskandals, in dessen Mittelpunkt er dann stehen wird als das Opfer unverzeihlicher Irrtümer.
Als Kompensation der rauhen Wirklichkeit konstruiert er eine ideale Sphäre. In ihr ist er der unerschrockene Mann, der schmerzlich bewegt ist über das Unrecht, das hier geschah, der Held, der es gar nicht erwarten

kann, in der Schlacht eines neuen Termins die Korruption in der Justiz zu bekämpfen. Er läßt uns also einen durch Verdrängung des wirklichen Sachverhalts hervorgerufenen Pseudo-Idealismus schauen. Daß in der von ihm konstruierten idealen Sphäre von eigener Verschuldung keine Rede sein kann, versteht sich von selbst. Deswegen muß er jedes Geständnis verweigern und es als „glatte Lüge" bezeichnen, als es ihm doch einmal entschlüpft war.

Die Ablehnung des Wiederaufnahmeverfahrens nimmt er ohne stärkere Bewegung auf.

**Fall 16,** zur Zeit der Tat 43,7 Jahre alt, 3mal vorbestraft, Kraftfahrer, ist wegen Totschlages zu lebenslangem Zuchthaus verurteilt.

*Die Tat laut Urteil*

*Es gab ständig schwere Auseinandersetzungen zwischen den Eheleuten Fall 16. Eines Tages war die Ehefrau verschwunden. Man fischte später Leichenteile aus dem Wasser. Fall 16 behauptete damals, seine Frau habe die Wohnung verlassen. Alsbald aufgenommene Untersuchungen wurden zunächst eingestellt, später aber wieder aufgenommen. Fall 16 behauptete nunmehr, seine Frau habe sich erhängt. Er habe sie abgeschnitten und ins Wasser geworfen, um den Kindern den Anblick der Toten zu ersparen. Zwei Monate später widerrief er diese Darstellung, kehrte aber in der Hauptverhandlung wieder zu ihr zurück. Das Schwurgericht ist auf Grund eines Indizienbeweises zu der Überzeugung gelangt, daß die Frau von Fall 16 erschlagen worden ist.*

*Das psychiatrische Gutachten schließt Geisteskrankheit, Geistesschwäche oder ein organisches Nervenleiden aus. An seiner Zurechnungsfähigkeit bestehen keinerlei Zweifel. Der Schutz des § 51, 1 oder 2 kommt nicht in Frage.*

*Das Gutachten nennt ihn einen minderwertigen, moralisch defekten Menschen von guter Intelligenz, geistiger Beweglichkeit und gewandtem Auftreten.*

Er ist ein großer, breiter Mann mit stark ausgeprägtem Knochensystem, Athletiker. Fall 16 besitzt gute Redegewandtheit und Schlagfertigkeit. In der Grundstimmung ist er ständig gereizt, abweisend, zu Explosionen neigend. Aufs Ganze gesehen, ist er ein gefühlsarmer, triebhafter Mensch, dessen ursprünglich intakter Gemeinschaftssinn durch schwere Enttäuschungen in zwei Ehen zertrümmert wurde und schließlich in offene Asozialität ausartete.

Starre und blinde Negation der Tat unter schweren Beschimpfungen des Gerichts kennzeichnet seine Haltung. Er habe lediglich die Leiche seiner durch Selbstmord geendeten zweiten Frau zerstückelt und beseitigt, um nicht, wie nach dem gleichen Ende der ersten Frau, wieder im Mittelpunkt der allgemeinen Aufmerksamkeit zu stehen und die ihm höchst widerwärtigen Beileidsbezeugungen entgegennehmen zu müssen. Der ihm zur Last gelegte Totschlag sei Unsinn. Er spricht von „seltsamen Anwand-

lungen, die ihn zuweilen überkommen". Von der Realisierung seiner Selbstmordgedanken habe er aber bisher Abstand genommen, weil seine Kinder daraus ein Eingeständnis seiner Schuld entnehmen könnten. Noch hegt er die Hoffnung, ein Wiederaufnahmeverfahren in Gang bringen zu können. Beim Scheitern dieser Pläne will er sich erhängen.
Sein Kontakt mit den Mitgefangenen ist nur gering. Er ist nicht bereit, Rücksicht zu nehmen und lehnt deshalb einen Zellengenossen ab. Auch fühlt er sich ihnen überlegen, „die stecke ich alle in die Tasche". Dieses übersteigerte Selbstwertgefühl fühlt sich verletzt, wenn einmal der Wachtmeister „ein schiefes Gesicht macht". Er selber gestattet sich allerdings die schärfsten Aggressionen. Das Essen bemängelt er, den leitenden Beamten sagt er mangelndes Interesse nach, vom Arzt glaubt er „versaut" zu sein. Er versuchte einen gewaltsamen Ausbruch, brach in Beschimpfungen aus, äußerte Überfallabsichten. Seine Meldungen tragen fordernden Charakter: „Ich wünsche unverzügliche Aussprache; ich wünsche Aufklärung." Seine Ethik lautet: „Der Gefangene hat das gute Recht, ständig zu lügen. Wird er deswegen gerügt, so ist das eine unerhörte Gemeinheit." In den Mitgliedern der Obrigkeit sieht er Betrüger. Die Politiker wollen nur „abschöpfen". An ihm selber habe der Staat ein Verbrechen begangen. Vor ihm kann nichts mehr bestehen; er ist kaum noch ansprechbar. Die Strafe treibt ihn in immer größere Verhärtung und Vereisung. Sein beharrliches Leugnen erscheint als eine Panzerung gegen etwa aufsteigende Schuldgefühle. Die von ihm bezogene Haltung der betonten Selbstsicherheit und Überlegenheit ist eine Schutzhaltung, die starke innere Unsicherheit verdecken soll. In ähnlicher Weise sind seine vielfachen Aggressionen zu verstehen. Ob sich seine stark fortgeschrittene Vereisung noch einmal auftauen läßt, bleibt abzuwarten.

**Fall 17,** zur Zeit der Tat 27,0 Jahre alt, Arbeiter, 1 mal vorbestraft, ist wegen Mordes zu lebenslangem Zuchthaus verurteilt.

*Die Tat laut Urteil*

*Zusammen mit seinem Bruder und Schwager hatte Fall 17 den Plan gefaßt, die Wohnung der Frau P. auszurauben, welche er auf dem Wege über seine Braut kennengelernt hatte. Schneller als erwartet kam diese von einem Gang in die Stadt zurück und überraschte die drei Räuber. Es entspann sich ein Kampf, in dessen Verlauf der Bruder von Fall 17 die Beine, die beiden anderen die Hände der Frau P. fesselten, wobei ihr Fall 16 die Eheringe vom Finger zog. Während der Schwager nunmehr die Wohnung verließ, deckte der Bruder der Frau P. ein Kissen über den Kopf, hielt es mit beiden Händen fest, um ihr Schreien zu verhindern, setzte sich dann auf die Aufforderung von Fall 17 auf das Kissen und blieb 10 Minuten darauf sitzen, so daß sie erstickte. Fall 17 hatte inzwischen Geld und eine Uhr an sich genommen. Darauf verließen beide die Wohnung.*

*Das psychiatrische Gutachten findet keine Geisteskrankheit oder Geistesschwäche. Auch ein organisches Nervenleiden liegt nicht vor. Der Schutz des § 51, 1 oder 2 ist ihm deshalb zu versagen.*
*Er wird zwar intellektuell beschränkt, aber keineswegs schwachsinnig genannt.*

Er ist ein mittelgroßer, kräftiger Mann, gekennzeichnet durch zahlreiche Narben von Kriegsverletzungen, Athletiker. Psychisch wirkt er labil und haltlos. Seine Stimmung schwankt zwischen den Polen hoher Erregung und düsterer Depression. Er ist ein asozialer, leicht erregbarer, triebhafter Mensch, ohne Affektsteuerungsfähigkeiten, ausbrechenden Impulsen ausgeliefert.

Fall 17 gibt eine von den Ausführungen des Urteils stark abweichende Darstellung des Tatbestandes. Die Angaben des Bruders und Schwagers, welche seine Mittäter waren, lehnt er ab. Zumal den Schwager beschuldigt er, ihn zu stark belastet zu haben. Dessen Aussagen haben ihn stark erregt. Schon der von ihm zugegebene Raubüberfall auf das Opfer, von dem er Wohltaten genossen hatte, erscheint ihm jetzt als eine Ungeheuerlichkeit. Er müsse „Dreck im Gehirn" gehabt haben. Den Vorwurf der Tötung weist er mit äußerstem Nachdruck zurück. Auf die Anrede „Mörder" reagiert er mit einem Hungerstreik. Mit Nachdruck plädiert er für die Wiedereinführung der Todesstrafe, obwohl er beinahe selber „ins Messer geloofen" sei.
Er klagt den Vater an, der durch seine Trunksucht und Kriminalität den guten Ruf der Familie zerstört und dadurch auch ihn bei seinem Termin unglaubwürdig gemacht habe. Ebenso beklagt er den Mangel an Erziehung. „Mir hat niemand gesagt: Das ist gut und das ist schlecht." Bei zwei Selbstmordversuchen verletzt er sich leicht. In zahllosen umfangreichen Eingaben versucht er, noch einmal die Dinge aufzurollen. Die Ablehnung derselben führte zu einer solchen Verbitterung, daß er sich sogar Briefe und Besuche der Mutter verbat, um ganz allein zu sein.
In Gesprächen kehrt er sofort auf das ihn allein beherrschende Thema immer wieder zurück. Jeder Ablenkungsversuch scheitert. Zwischen Depressionen und Erregungszuständen schwankend, bietet er das Bild eines seelisch schwer verletzten Menschen, der nicht zur Ruhe kommen kann. In seinem Selbstwerterleben stark beeinträchtigt, schläft er nicht und begegnet Besuchern mit einer erregten, ablehnenden Haltung. Als unassimilierbares Moment steht die Verurteilung herrschend in seinem Seelenleben. Dieser eine Vorstellungsinhalt von dem himmelschreienden Unrecht, das ihm widerfahren sei, füllt ihn völlig aus. Nichts anderes interessiert ihn während der ganzen bisherigen Zeit der Strafverbüßung.
Bei seinem engen Horizont ist er auf dem Wege, in völlige Isolierung und Vereinsamung zu geraten. Geringe Begabung hatte ihn über Hilfsschul-

Niveau nicht hinauskommen lassen. Seine Weigerung, das Urteil zu akzeptieren, erinnert an kindliche Trotzhaltung und Rechthaberei; er verharrt in primitiver Verbocktheit.

**Fall 18,** zur Zeit der Taten 52 Jahre alt, Vertreter, nicht vorbestraft, ist wegen verschiedener Verbrechen, geschehen in einem Getto, zu lebenslangem Zuchthaus verurteilt.

*Die Taten laut Urteil*

*Fall 18 war im Getto zu Lodz tätig. Die Wehr- und Rechtlosigkeit der Juden veranlaßten ihn, sich einen Einfluß und eine Gewalt über sie anzumaßen, zu denen er nicht befugt war. Wegen seiner Rohheit war er von allen gefürchtet. Im Lager hatte er den Namen „Bluthund vom Getto". Fall 18 stand unter der Anklage, 72 Menschen getötet zu haben, er ist einwandfrei überführt in 8 Fällen. Davon ist er in 3 Fällen des Mordes schuldig, in 4 Fällen des Totschlags und in einem Fall der Körperverletzung mit Todesfolge. Verurteilt wurde er gemäß § 211 zu 3mal lebenslänglicher Zuchthausstrafe, gemäß § 212 zu 10 + 12 + 15 + 15 Jahren Zuchthaus und gemäß § 223 zu 5 Jahren Zuchthaus. In den Urteilsspruch wurde nur eine lebenslängliche Strafe aufgenommen.*

*Nach den Ausführungen des Urteils ist erkennbar, daß er sich aus Geltungssucht und Machtrausch die Befugnis angemaßt hat, den Herrn über Leben und Tod wehrloser Menschen zu spielen. Er benutzte die Gelegenheit, um seine Begierde und seinen Trieb, einmal etwas anderes zu sein als ein untergeordneter Mensch, auf so furchtbare Weise zu befriedigen.*

*Ein psychiatrisches Gutachten liegt nicht vor. Das Gericht glaubte, selbst in der Lage zu sein, sich über den Charakter des Angeklagten ein hinreichendes Bild machen zu können.*

Fall 18 ist mittelgroß, breit, trotz vielfach vorgebrachter Beschwerden zur Zeit der Untersuchung in ausreichendem Gesundheitszustand befindlich, Pykniker. Die Grundstimmung ist erregt und aufbegehrend. Er ist ein durch überstrenge Erziehung zunächst in Gefügigkeit getriebener, später diese Gefügigkeit durch überforsche Haltung kompensierender Mensch mit Geltungsbedürfnis und Machthunger. Die Verteidigung bezog sich auf die Lehre von Le Bon über Massenpsychologie. Sie stellte die Glaubwürdigkeit der Zeugenaussagen in Frage, da diese eine bestimmte Masse mit einer bestimmten, eigenen, homogenen Psyche darstellten, bei denen eine bestimmte psychische Konstitutionsänderung vorlag. Deshalb stürzten sich alle als Gruppe, als Masse auf den einen Angeklagten, um ihm heimzuzahlen, was irgendein Angehöriger einer anderen Gruppe der eigenen zugefügt hatte.

Das ist eine allgemeine menschliche Erfahrungstatsache, ebenso wie die gegenteilige, daß ein subalterner, früher in zu große Gefügigkeit getriebener Mensch, dem plötzlich eine große Machtfülle in die Hand gegeben wird, diese furchtbar mißbrauchen und in Geltungssucht und Machthunger die schwersten Verwüstungen anrichten kann, um ein Gegenerlebnis zu haben. Fall 18 nimmt die Haltung des zu Unrecht Verurteilten ein. In starker Erregung behauptet er, daß in seiner Angelegenheit drei Meineide geschworen seien. Mit großer Schärfe wendet er sich gegen das vermeintliche Fehlurteil. Er verweist auf seine wachsenden körperlichen Gebrechen und beklagt die Ungeheuerlichkeit seines Schicksals. Auch die kleinste ihm zur Last gelegte Unkorrektheit weist er zurück und betrachtet sich als das Opfer einer Wutpsychose der Zeugen. Mit einem ungeheuren Wortschwall überschüttet er den Besucher und entlädt dabei seine scharfen Ressentiments gegen die Justiz. In zahlreichen Eingaben versucht er allerlei Sondervergünstigungen zu erreichen, wobei er teils wehleidig tut, teils in einen fordernden Ton verfällt. Solche Vergünstigungen betrachtet er als ein minimales Äquivalent für das schreiende Unrecht, das ihm angetan sei.

Seine kampfreiche Abwehrhaltung zeigt an keiner Stelle und zu keiner Zeit auch nur den geringsten Einbruch. In hypomanisch anmutender Weise, mit lauter, lärmender Stimme, häufig unterbrochen von Lachen, in gespannter soldatischer Fechterhaltung, berichtet er von seiner Kampfesfreude gegen alles, was mit „... ismus" endet, in seinem Fall Semitismus, und seiner Angriffslust gegen „das schlimmste Fehlurteil von Berlin". Die Auslösung des aufgestauten Aussprachebedürfnisses, wobei er den Besucher weit über die vorgenommene Zeit und auch noch beim Abschied an der Türschwelle krampfhaft festhält, bringt ihm eine starke Erleichterung. Er bedankt sich für den ihm erwiesenen Dienst.

Wenn er bei der Unterhaltung immer wieder entspannt lachen kann und abends beim Lesen noch mit der Brille auf der Nase von einem tiefen und traumlosen Schlaf überrascht wird, so sind das Zeichen dafür, daß er in den Tiefenschichten der Persönlichkeit nicht so stark berührt ist, wie sein Auftreten es zunächst erkennen läßt.

**Fall 19**, zur Zeit der Tat 42 Jahre alt, Kraftfahrer, nicht vorbestraft, ist wegen Verbrechens gegen die Menschlichkeit, geschehen in einem Konzentrationslager, ursprünglich zum Tode verurteilt, alsdann zu lebenslangem Zuchthaus begnadigt worden.

*Die Taten laut Urteil*

*Fall 19 bediente die Gasanlage in einem Judenvernichtungslager, beaufsichtigte das Haarabschneiden bei zu vergasenden Frauen, vergaste bei einem Besuch Himmlers 300 besonders hübsche Jüdinnen, hetzte Hunde, die schwerste Bißwunden beibrachten, schoß in Haufen wehrloser Menschen, trat mit Füßen, schoß beim Ausladen der Häftlinge, erschoß Revoltierende, erschoß 2 18jährige, weil sie nicht schnell genug auswichen. Nach den Ausführungen des Urteils hat Fall 19 die Handlungen bewußt und gewollt begangen, sie in sein Wollen aufgenommen. Er ist in hohem Grade verantwortlich, befand sich auch nicht in einer Notstandslage. Seine Handlungen waren nicht der einzige Ausweg aus einer gegenwärtigen Gefahr für Leib oder Leben. Er hat sich nicht gegen sie gestemmt und handelte nicht, um einer Gefahr auszuweichen, sondern um seinen verrohten und sadistischen Gefühlen freien Lauf zu lassen sowie auch aus einem gewissen Macht- und Geltungsbedürfnis heraus.*

*Ein psychiatrisches Gutachten liegt nicht vor.*

Fall 19 ist ein kleiner, hagerer, durch ein chronisches Magenleiden in seinem Gesundheitszustand beeinträchtigter Mann. Seine Grundstimmung ist im ganzen ruhig und ausgeglichen, zuweilen depressiv. Er ist ein im Alltagsleben einwandfrei und sozial unauffällig gebliebener Mensch, ohne kriminelle Struktur, durch überstrenge Erziehung in eine zu starke Gefügigkeit getrieben, die nun ein Gegenerlebnis auslöst.

Nach dem ursprünglich ergangenen Todesurteil spürt er eine Lähmung des ganzen Körpers und spielt mit dem Gedanken an „Dummheiten". Das Urteil lehnt er entschieden ab und beklagt sich über die schwere ihm widerfahrene Ungerechtigkeit. Er verweist auf die Tatsache, daß man von ihm als einem untergeordneten Organ Gehorsam verlangt habe. Doch versucht er, sich von Ressentiments freizuhalten und um eine nüchterne, klare Schau der Dinge bemüht zu bleiben.

Über die Situation „lebenslanges Zuchthaus" hilft ihm allein die Arbeit hinweg. Er hat Freude an ihr, zeigt regen Eifer und sehr gutes Geschick. Unter dem Anstaltsaufenthalt leidet er, weil er einmal die Trennung von seiner Frau zur Folge hat, die nun schwer um ihren Lebensunterhalt ringen muß, ohne daß er zu helfen vermag. Daneben belastet ihn die ganze Atmosphäre des psychischen Seuchenlazaretts, wie es nun einmal ein Zuchthaus darstellt. Er möchte gerne eines Tages „so anständig aus der Anstalt herausgehen, wie er sie betreten hat". Von den Mitgefangenen hält er sich distanziert und macht seine Studien an ihnen. Die Pläne um neuen „Bruch" und neue „Kisten", das gegenseitige Sichbestehlen und Anschwärzen erwecken in ihm das Gefühl, auf einem Meer von Gemeinheiten in trostloser Einsamkeit zu schwimmen. Es ist nicht Geltungsbedürfnis, das ihn sich über die Mitgefangenen erheben läßt. Nach seiner Selbstbewertung gehört er in eine andere Klasse, ist seine Tat anders gelagert. Deshalb vergießt er Tränen beim Anlegen der braunen Zuchthauskleidung: „Jetzt haben sie es geschafft; jetzt haben sie mich zum Zuchthäusler gemacht."

Da er die Straftaten nicht anerkennt, besteht für ihn auch keine Notwendigkeit einer Auseinandersetzung mit dem Problem von Schuld und Strafe. Er versucht, das nicht durch eigene Fehlentwicklung heraufbeschworene, sondern durch die politische Situation verursachte Unglück nach besten

Kräften durchzustehen und unter Verzicht auf ein Gnadengesuch deren Änderung abzuwarten.

**Fall 20,** zur Zeit der Tat 31,0 Jahre alt, technischer Kaufmann, nicht vorbestraft, ist wegen Mordes und versuchten Raubmordes zu lebenslangem + 4 Jahren Zuchthaus verurteilt.

*Die Taten laut Urteil*

*a) Unter Vorspiegelung eines günstigen Schwarzmarkteinkaufes lockte Fall 20 den ihm gut gesinnten Kaufmann Kl. an eine einsame Stelle und schlug auf ihn ein, um ihn seiner Barschaft zu berauben. Kl. setzte sich zur Wehr und konnte entkommen.*

*b) Im Auftrag der Schwiegermutter verkaufte er ein Kaffeeservice und einen Trauring. Er beschloß, den Erlös für sich selbst zu behalten. Nach Überzeugung des Gerichts erwürgte oder erdrosselte er deshalb die Schwiegermutter. Festgestellt ist ein Erstickungstod durch Gewalteinwirkung auf den Hals. Auf welche Weise er herbeigeführt wurde, konnte nicht geklärt werden. Neben die Tote legte er Brosche und Brille, um einen natürlichen Tod vorzutäuschen. Fall 20 ließ durch eine Amtsärztin als Todesursache Herzschlag feststellen. Seine Ehefrau bemerkte aber das Fehlen des Ringes und des Kaffeeservices, schöpfte Verdacht und erstattete Anzeige gegen ihren Mann.*

*Nach dem psychiatrischen Gutachten sind Geisteskrankheit, Geistesschwäche und ein organisches Nervenleiden ausgeschlossen. Zweifel an seiner Zurechnungsfähigkeit bestehen nicht. Der Schutz des § 51, 1 oder 2 steht ihm nicht zu.*

*Durch Kriegserlebnisse und ein Lungenleiden ist er nach den Ausführungen des Gutachtens in seinem Persönlichkeitsniveau abgesunken und, da er schon an sich ein Psychopath ist, leicht in eine charakterliche Depravierung hineingeglitten.*

*Es entspricht seiner Persönlichkeitsartung, daß er kein Geständnis ablegt und auch den Raubüberfall hartnäckig als Schlägerei banalisiert. Seine Lügenhaftigkeit und Unaufrichtigkeit fielen bei der Untersuchung immer wieder auf. Er ist eine ausgesprochen psychopathische Persönlichkeit mit zahlreichen unterwertigen Charaktereigenschaften und einer erheblichen kriminellen Entgleisungstendenz. Die Tötung der Schwiegermutter als Raubmord oder Affekthandlung ist mit seinem psychopathischen Erscheinungsbild durchaus vereinbar.*

Fall 20 ist ein großer, nicht sehr kräftiger, nach einer inaktiv gewordenen Tbc wieder in ausreichendem Gesundheitszustand stehender Mann. Seine Intelligenz ist überdurchschnittlich, die Grundstimmung labil und unruhig. Seinem Charakterbild nach ist er ein ichhafter, geltungssüchtiger, gemütsarmer, pseudologistischer Mensch.

Sein Haltungsstil in der Freiheit war der des Blenders, welcher aufschneidet und Eindruck zu machen versucht.

Diese seine Haltung setzt er während der Strafverbüßung fort. Er spricht gern von dem Kreis der Professoren und Ärzte, die sich ihm bereitwillig zur Verfügung gestellt haben und unablässig mit der Aufhellung seiner

Angelegenheit beschäftigt sind. Andererseits erklärt er, daß ihm „kleine Wachtmeister nichts zu sagen hätten". Er wird frech und ausfallend. Im Ton der Drohung deutet er an, daß er „verschiedene Leute in seiner Hand habe". Sein hochtrabendes, geltungssüchtiges Wesen artet zuweilen zu aggressivem Verhalten aus. Er arrangierte einen umfangreichen „Brief- und Kassiberschmuggel, der absolute Sperre der Schreib- und Besuchserlaubnis sowie strenge Einzelhaft in schwerer Zelle nötig machte. In zahlreichen Beschwerden zeigt er sich querulatorisch; er führt sich in der „unverschämtesten und herausforderndsten Weise" auf.

Die ihm nachgewiesene Straftat lehnt er mit Entschiedenheit ab. Er versucht, durch Kassiber seine Frau zu bestimmten Aussagen zu bewegen, die ihm ein Alibi verschaffen sollen. Als sie sich von ihm trennen will, stellt er ihr unter Drohungen ein befristetes Ultimatum und verdächtigt sie nach dessen Scheitern des ihm zur Last gelegten Mordes an der Mutter. Er arrangiert in der Anstalt einen „Funkverkehr", schrieb sich mit Frauen, kurzum negierte jede Ordnung.

Das Bewußtsein haftet so stark an dem eigenen eingebildeten vermeintlichen Wert, daß sein tatsächliches Verschulden, wie es durch die Verurteilung zutage trat, völlig verdrängt, übersehen und außer acht gelassen wird. Er ist so überzeugt von der eigenen sittlichen Vollkommenheit, daß er zu keinerlei Innenschau gelangt. Fehlende Auseinandersetzungsbereitschaft kennzeichnet seine Haltung. Der ständige Hinweis auf die Prominenten, die sich seiner annehmen, will dabei seine Selbstunsicherheit verdecken. In langwierigen Verhandlungen mit seinem Rechtsbeistand bereitete er ein Wiederaufnahmeverfahren vor, von dessen Gelingen er fest überzeugt war. Als es in schroffer Weise abgelehnt wird, sieht er den Grund der Ablehnung in einem Regiefehler, durch den die Angelegenheit nicht an die „abgesprochene Stelle" gelangt sei. Zu einer Innenschau gelangt er auch jetzt nicht. Statt dessen sieht er sofort neue Möglichkeiten und weiß neue Prominente, die er für sich gewinnen will. Der von ihm entwickelte Haltungsstil ist gekennzeichnet durch das Fehlen jeder Selbstkritik und die ständige Verfälschung der eigenen realen Situation.

**Fall 21,** zur Zeit der Tat 25,8 Jahre alt, Handwerker, 1mal vorbestraft, ist wegen Mordes zu lebenslangem Zuchthaus verurteilt.

*Die Tat laut Urteil*

*Die ermordete R. stand in engen freundschaftlichen Beziehungen zu dem Zeugen Pf., dessen Haushalt sie besorgte. Pf., dessen Familie im Heimatort von Fall 21 wohnte, hatte den Anfang Dezember 1947 nach Berlin gekommenen Fall 21 vorübergehend bei sich aufgenommen. Dieser hatte gesehen, daß Pf. etwa 50 000 RM in die Schreibtischschublade gelegt hatte. Pf. reiste im Dezember 1947 ab. Die R. wollte in der*

*Wohnung noch Geschirr abwaschen, dann die Schlüssel an den Freund des Pf. abgeben. Fall 21 wußte, daß die R. allein in der Wohnung war. Man fand sie alsdann erschlagen vor. Fall 21 hatte das Haus fluchtartig verlassen, seine Papiere vernichtet und war in die britische Zone gegangen.*

*Nach dem psychiatrischen Gutachten sind Geisteskrankheit, Geistesschwäche oder ein organisches Gehirnleiden ausgeschlossen. Auch verschiedene Kopfverletzungen haben nicht zu einer organischen Schädigung des zentralen Nervensystems geführt. Seine Zurechnungsfähigkeit ist zu bejahen. Der Schutz des § 51, 1 oder 2 steht ihm nicht zu.*

*Das Gutachten nennt ihn einen intelligenten, zynischen, gefühlsrohen, berechnenden, verlogenen Menschen, der moralisch minderwertig ist und von keinen sittlichen Bedenken gehemmt wird. Vom Vater her ist er belastet. Mit seiner nervösen Stigmatisierung ist er selber eine degenerativ-defekte, psychopathische Persönlichkeit.*

Er ist ein mittelgroßer, breiter Mann in gutem Gesundheitszustand, von überwiegend pyknischer Form. Intellektuell durchschnittlich ausgerüstet, fällt er auf durch sein phlegmatisches Verhalten. Aufs Ganze gesehen, ist er ein nicht einordnungsfähiger, unsteter, triebhafter, haltloser Mensch, wie seine bisherige Lebensführung beweist.
Das psychiatrische Gutachten sieht in ihm einen Menschen, der nicht das Format hat, ein Geständnis abzugeben. Nachdem er sich vorübergehend zu der Tat bekannt, auch Reue gezeigt hatte, widerrief er seine Geständnisse und lehnte sie ab. Seitdem betreibt er zäh und verbissen ein Wiederaufnahmeverfahren, wobei er sich auch durch mehrfache Verwerfung seiner Anträge nicht entmutigen ließ.
Sein Haltungsstil ist gekennzeichnet durch eine wahrhaft stoische Ruhe und Gelassenheit. Mit einer zuweilen fast an Lahmheit grenzenden Gleichgültigkeit berichtet er über die Entwicklung seiner Angelegenheit, als handele es sich um irgendeine Sache irgendeines Dritten. Zwar behauptet er, auch Perioden innerer Unruhe zu haben, sie aber stets bändigen zu können. Kritisch äußert er sich über die Art der Strafvollstreckung. Als Höchstmaß erscheinen ihm angebracht 8—10 Jahre. Danach gehe durch Gewöhnung der Charakter der Strafe verloren.
Erst in einem vorgeschrittenen Stadium der Vorbereitungen für ein Wiederaufnahmeverfahren zeigt er eine gewisse Unruhe; er fürchtet sich vor dem Tag der neuen Verhandlung, weil dann vielleicht die Kraft nicht ausreichen könne. Angebliche Patente und Erfindungen von ihm erweisen sich als Schwindel; mysteriöse Angaben über wertvolle Papiere hatten keinen Hintergrund. Wenn er auch die Tat ablehnt, so sieht er doch in dem Anstaltsaufenthalt ein längst notwendig gewesenes Halt auf dem bisherigen Lebensweg. Immer tiefer hatten sich die Bahnen eines haltlosen Lebens eingeschliffen, ohne daß er diesen verderblichen Strömungen noch

einen Staudamm entgegenzusetzen vermochte. Daß hier jetzt solch ein Staudamm geschaffen wurde, bejaht er. Insofern sieht er auch Positives an dem gegenwärtigen Aufenthalt.

Es erheben sich allerdings Zweifel, ob wirklich von einer beginnenden ethischen Haltung gesprochen werden kann. Wenn er zur Unterstützung des Wiederaufnahmeverfahrens einen Sturm zunächst in der amerikanischen, dann in der deutschen Presse entfachen will, so erinnert das an die als Schwindel entlarvten Erfindungen und die phantasievollen Angaben über wertvolle Papiere. Der Verdacht liegt nahe, daß die Ablehnung der Straftat nur ein primitives, pseudologistisches Leugnen ist.

## *§ 10 Flucht aus dem Ich*

Während die bisher geschilderten 7 Fälle sich in völliger Negation verhärten, wobei lediglich eine Abwandlung vom stärker zum schwächer Ausgeprägten feststellbar ist, bleiben die folgenden 3 Fälle zwar auch in der Verneinung. Doch wählen sie für die Form derselben nun nicht mehr das bloße Abstreiten, sondern gleichsam einen Trick, der es ihnen ermöglicht, das Ich aus der Realsituation herauszunehmen und auf diese Weise vom Delikt fernzuhalten.

**Fall 22,** zur Zeit der Tat 20,4 Jahre alt, kaufmännischer Angestellter, nicht vorbestraft, ist wegen Mordes zu lebenslangem Zuchthaus und Totschlags zu 12 Jahren Zuchthaus verurteilt.

*Die Taten laut Urteil*

*Nach Unterschlagungen bei seinem Arbeitgeber mußte er Entlassung und Bestrafung fürchten. Die Mutter gab ihm Wertsachen, um aus ihrem Erlös die Unterschlagungen zu decken. Da er diese zu billig verkaufte, geriet sie in große Erregung. Im Verlauf des Wortwechsels schlug er sie nun mit einem Beil nieder. Er kniete sich neben sie und versetzte ihr mit geschlossenen Augen weitere 5—6 Schläge gegen Kopf und Nacken, bis sie sich nicht mehr mehr bewegte. Der Schlag gegen den Hals war so stark, daß beinahe der Kopf vom Rumpf abgetrennt wurde. Die Tat wird als ein im Affektrausch begangenes Verbrechen gewertet und mit 12 Jahren Zuchthaus geahndet.*

*Den etwa eine Stunde später von seiner Arbeit zurückkehrenden Vater tötet er gleichfalls, um ihn als Mitwisser loszuwerden. Hier handelte es sich nicht mehr um eine Affekttat, sondern um eine vorsätzliche Tötung, die mit lebenslänglichem Zuchthaus bestraft wird.*

*Das psychiatrische Gutachten verneint Geisteskrankheit, Geistesschwäche oder ein organisches Nervenleiden. Es sieht keine Anhaltspunkte dafür, daß er sich bei seiner Tat in einem Zustand krankhafter Störung der Geistestätigkeit oder Trübung des Bewußtseins befunden hat und versagt ihm deshalb den Schutz des § 51, 1 oder 2.*

*Das Gutachten hält ihn für voll verantwortlich. Sein Gefühlsleben sei kümmerlich entwickelt, er sei in jeder Beziehung gefühlsarm. Zwar besitze er eine gute formale Intelligenz; aber er sei für sein Alter eine weitgehend unausgereifte, minderwertige Persönlichkeit. Berücksichtigt werden müßten erbliche Belastung, Fehler in der Erziehung und seine Jugend.*

Er ist ein mittelgroßer, schwächlicher, aber doch in gutem Gesundheitszustand befindlicher Mann. Mit Hängeschultern, krummem Rücken, mit dünnem, langem Hals und tiefliegenden Augen ist er ein ausgesprochener Astheniker. Die Grundstimmung ist dumpf-gedrückt, oft depressiv. Er ist ein schwer kontaktgehemmter, lebensängstlicher Mensch, der seine Affekte nicht zu entladen vermochte, deren Aufspeicherung dann zur Explosion führte.

Seine seelische Lage nach der Tat des Elternmordes war furchtbar. Er schob zunächst die Tat weit von sich und nahm, um überhaupt leben zu können, die eigenartige Trennung der Tat-Person von der Ich-Person vor, wie wir das von der Psychologie des Traumes her kennen. Ein anderer, wenn auch mit seinem Namen und seiner Figur ausgestattet, war der Täter und muß jetzt die Konsequenzen tragen. Die Konstruktion dieses alter ego gibt ihm für eine Weile innere Festigkeit. Nach dem Besuch einer Tante, der die bisherige völlige Isolierung durchbrach, kann er sie nicht mehr aufrechterhalten. Die Welt der Irrealität, in die er sich geflüchtet hat, weil das Geschehene einfach untragbar war, bricht zusammen. Durch den Besuch wird er wieder in die Gegenwart hineingestoßen. Nun kommt es fürchterlich auf ihn zu; etwa ein Vierteljahr hindurch hat er denselben Traum: „Ich sehe die Mutter im Blut liegen; ich halte das Beil noch in der Hand." Die Träume sind so furchtbar, daß er sich gegen das Einschlafen wehrt und um seelsorgerische Hilfe bittet.

Er glaubt, mit der Tat nie fertig zu werden. Den Totenfest-Gottesdienst kann er nicht besuchen, weil seine Teilnahme eine Entweihung der Toten bedeutet hätte und die besonders wach werdenden Erinnerungen unerträglich gewesen wären. Aus der Zugehörigkeit zu den anderen fühlt er sich ausgeschlossen. Er glaubt, für immer aus der Gemeinschaft der Menschen ausgestoßen zu sein und die Rolle des Geächteten spielen zu müssen. Ständig spricht er mit leiser Stimme, schlägt kaum einmal die Augen auf und trägt alle Anzeichen schwerster Unsicherheit und Angst zur Schau.

Es folgt ein Stadium der Verkapselung ähnlich der Verkalkung eines tuberkulösen Herdes, der dann keine Störungen mehr verursacht, bis ein Schock die Krankheit wieder aufflackern läßt. Die Tat liegt noch als ein unverarbeitetes, unassimiliertes Element in der Seele, jederzeit imstande, das nur in Oberflächenschichten ruhende innere Gleichgewicht wieder über den Haufen zu werfen.

Bemerkenswert ist seine Aktivität und sein Leistungswille bei der Arbeit. Er erweist sich als begabt für Schnitzerei und Malerei, stellt Ansprüche an sein Können und verfolgt zielstrebig und nachhaltig seine Weiterbildung. Vielleicht bahnt sich hier ein Weg zur inneren Überwindung an. Sein durch Monate mit Erfolg durchgeführter Versuch, sich durch Abwälzung der Tat auf einen anderen Täter, der zufällig seinen Namen und seine Figur trägt, aus der Real-Situation zu entfernen und auf diese Weise konfliktfrei zu bleiben, erschien so charakteristisch, daß er hier Aufnahme fand, obwohl er diesen Haltungsstil inzwischen aufgegeben hat und sich in einer positiven Entwicklung befindet.

Während in dem eben dargestellten Fall die Abwälzung des Delikts auf eine mit dem gleichen Namen und der gleichen Figur ausgestattete Tat-Person vorgenommen wird, erhält im folgenden Fall diese Tat-Person aus der Phantasie hinzugetragene Züge, die sie beträchtlich von der Ich-Person unterscheidet.

**Fall 23**, zur Zeit der Tat 25,6 Jahre alt, kaufmännischer Angestellter, nicht vorbestraft, ist ursprünglich wegen Mordes zum Tode, alsdann wegen Totschlages zu lebenslangem Zuchthaus verurteilt worden.

*Die Tat laut Urteil*

*Fall 23 war mit der 61jährigen Witwe K. bekannt und hatte ihr des öfteren den Verkauf von Haushaltsgegenständen auf dem schwarzen Markt vermittelt. Bei einem neu geplanten Verkauf, zu dem er Frau K. eingeladen hatte, schlug er diese auf dem Laubengrundstück seiner Eltern mit etwa 20 Schlägen nieder. Er grub den Leichnam ein, nahm das Schlüsselbund der Toten, ging in deren Wohnung und nahm dort Wertgegenstände an sich. Seiner Mutter und Frau erzählte er, daß der von ihm in Aussicht genommene Käufer der Sachen der Frau K. diese getötet und ihn bedroht habe. Um etwaigen Verdacht nicht aufkommen zu lassen, grub er zusammen mit seiner Frau den Leichnam wieder aus und vergrub ihn erneut in einem Waldstück.*

*Das mündlich erstattete psychiatrische Gutachten schließt Geisteskrankheit, Geistesschwäche und eine organische Erkrankung des zentralen Nervensystems aus. Die Beurteilung der Zurechnungsfähigkeit sei kein Problem, der Schutz des § 51, 1 oder 2 komme für ihn nicht in Frage.*

*Der Gutachter erklärt: „Wenn er sich sehr rasch, offenbar ohne viel Überlegungen und Bedenken, zu der Tat entschlossen hat, so ist das nur dadurch verständlich, daß bei ihm die Scheu und Achtung vor dem mitmenschlichen Leben eine sehr geringe war. Man hat den Eindruck, daß er den ganzen Komplex seiner Tat weit von sich distanziert und in einer dumpfen Resignation, Indolenz und Affektlosigkeit mit sich und der Tat abgeschlossen hat. Er macht einen phlegmatischen Eindruck und verhält sich so, als ob ihn das Verfahren gar nicht näher anginge.“*

Er ist ein mittelgroßer, zwar untergewichtiger, aber doch in gutem Gesundheitszustand befindlicher Mann, leptosom. Von überdurchschnittlicher Intelligenz, besitzt er einen weitgespannten Interessenkreis. Das Gesamt-

verhalten ist fast ständig dumpf-gedrückt und die Grundstimmung oft depressiv.
Bei ihm liegt keine konstitutionell-kriminelle Struktur vor. Er ist ein schwer gehemmter Mensch, der auf eine schwierige Lebenskonstellation mit einer Panikreaktion antwortete.
Während der Untersuchungen führte er einen Unbekannten als Täter ein, gab ihm einen bestimmten Namen (Motten-Felix) und schrieb ihm eine bestimmte Rolle zu. Er hat insgesamt 6 Geständnisse abgelegt, um sie dann alsbald zu widerrufen.
Sein Versuch, die Tat auf einen Unbekannten abzuwälzen, entsprang nicht allein der vitalen Bedrohung. Er ist zu verstehen als die neurotisch anmutende Flucht vor dem ihm unheimlichen und unbegreiflichen dunklen Persönlichkeitsanteil, aus dem die Tat stammte. Als sich diese Flucht nicht mehr aufrechterhalten ließ und die Auseinandersetzung unvermeidlich wurde, sieht er die Tat als etwas, das in krassestem Gegensatz zu seinem Wesen steht: „Ich verabscheue mich selbst und bitte um die Höchststrafe."
Auch nach sechsjähriger Strafverbüßung ist seine innere Situation kaum verändert. Er schiebt die Dinge um die Tat am liebsten von sich weg. Wenn das Gespräch auf sie kommt, nimmt das Gesicht einen abweisenden, versteinerten Ausdruck an.
In der Anstalt entwickelt er den Haltungsstil des introverten Menschen. Er ist schweigsam, in sich gekehrt, macht manchmal einen fast phlegmatischen Eindruck. Sein geringes soziales Bedürfnis findet Befriedigung in einem kleinen geschlossenen Zirkel, dessen Zusammenleben in feste Formen gegossen ist. In der 3-Mann-Zelle herrscht eine genaue, strikt innegehaltene Ordnung und Reihenfolge beim Aufstehen, Rasieren, Tischdecken usw. Dank eines wohldurchdachten Systems werden die Schwierigkeiten der Raumenge überwunden. Er ist sehr empfindsam und leicht verstimmbar. Kleinigkeiten, wie die Entfernung einer Gardine oder der Entzug einer Rasierklinge, regen ihn sehr auf. Sein erschüttertes Selbstwerterleben erfährt eine weitere Einbuße durch die Feststellung, daß ihn verschiedene Beamte trotz mehrjährigen Aufenthaltes in der Anstalt noch nicht kennen. Er hat wenig Hoffnung auf eine Wende seines Schicksals wegen der ablehnenden Einstellung der Öffentlichkeit, steckt sich aber als Fernziel die Sorge um seine Tochter. Da er die Tat wie eine schwere Last mit sich trägt, macht er oft einen matten, erschöpften Eindruck. Er schläft unruhig und ist häufig körperlich angegriffen.
Die Figur des Unbekannten ermöglichte es ihm, sich für eine Weile aus der Real-Situation zu entfernen und auf diese Weise konfliktfrei, allerdings auch ich-fern zu bleiben. Die Konturen dieses Unbekannten beginnen zu

verschwimmen. Er ist, wenn auch mit etwas zögernden Schritten, auf dem Wege zur Übernahme der Verantwortung und Bejahung des Urteils.
Ein dritter Fall, der diese Reihe vorläufig abschließt, zeigt, daß nach Trennung von Ich- und Tat-Person die erste zur zweiten kritisch Stellung nimmt.

**Fall 24,** zur Zeit der Tat 19,4 Jahre alt, Arbeiter, mit einer Geldstrafe vorbestraft, ist wegen gemeinschaftlichen Mordes zu lebenslangem Zuchthaus verurteilt.

*Die Tat laut Urteil*

*Nach einer Geburtstagsfeier unter Alkohol stehend, zog Fall 24 mit einem Freunde randalierend durch die Straßen. Sie trafen dabei in den frühen Morgenstunden auf den seinem Arbeitsplatz zustrebenden Heizer P., stießen ihn vom Rad und versetzten ihm etwa 20 Schläge und Fußtritte, davon 12 ins Gesicht. Das Opfer starb unter fürchterlichen Qualen, durch die Verletzungen unkenntlich geworden selbst für die nächsten Freunde.*
*Nach dem psychiatrischen Gutachten sind die Voraussetzungen des § 51, 1 oder 2 nicht gegeben. Alkoholgenuß hat allerdings Hemmungen abgebaut; doch war die Zurechnungsfähigkeit nicht ausgeschlossen.*
*Der Gutachter stellt an ihm noch mancherlei infantile Züge fest, die sich in seiner Abhängigkeit von anderen, in der Oberflächlichkeit seines Wesens, in der Unausgeglichenheit und in einem mangelnden Verantwortungsgefühl zeigen. Er ist haltlos und triebhaft, will mitmachen und nicht zurückstehen. Sein Roheitsdelikt ist nicht allein durch Mitläufertum bedingt. Sein Vorgehen muß keineswegs als persönlichkeitsfremd bewertet werden. Die Straftat geht über jugendlichen Übermut und Leichtsinn mit unreifer Komponente hinaus. Hier zeigt sich eine dumpfe, triebhafte, atavistische Lust am Quälen und Schlagen, die nicht frei ist von einer sadistischen Komponente.*

Er ist ein großer, kräftiger, muskulöser Bursche von rein athletischem Typ. Ihn kennzeichnet insbesondere eine niedrige Stirn mit tief herabgehendem, schwarz-gewelltem Haar. Intellektuell ist er sehr mäßig ausgerüstet, die Gefühlsansprechbarkeit ist gering. Zäh und haltreich verharrt er in einer ausgeglichenen Stimmung. Er ist ein leicht erregbarer Mensch mit aggressiven Neigungen, durch ungünstige Familienverhältnisse in seiner Einordnungsfähigkeit unentwickelt geblieben.
Fall 24 will während der Untersuchungshaft den Termin beschleunigt wissen, „damit ich noch was vom Sommer habe". Er schreibt an die Witwe des Ermordeten, schildert die Tat, beklagt sich selbst: „ich werde ja hier verrückt" und schließt: „es ist schlimm für Sie, aber auch für mich".
Ihm gelingt offenbar eine Art Trennung der Tat-Person von der Ich-Person. Die letztere sieht er nicht beeinträchtigt, stellt sie in eine Reihe mit den Angehörigen des Ermordeten und hält sie für ebenso bemitleidenswert wie diese. Solche Trennung ermöglicht ihm sogar eine Analyse der Täterperson

während des Termins: „Wenn ma det auf Willensschwäche abstellen will, wo komm' wa denn da hin?" Seine Ich-Person gesteht der Tat-Person diese von der Mutter in die Debatte geworfene Entschuldigungsmöglichkeit nicht zu.

Das Urteil lehnt er als zu hart ab. Über mildere Urteile in anderen Fällen kann er sich sehr erregen. Im übrigen bemüht er sich, die Umstellung auf die neue Lebenssituation vorzunehmen. Er packt die Arbeit an und versucht, der Zelle, die ihn nun lange beherbergen wird, eine persönliche, freundliche Note zu geben.

In den chaotischen Zügen seines Wesens, seiner asozialen Haltung, schließlich auch in seinem Delikt, spiegeln sich auch pubertäre Verzerrungen wider. Ob nach dem Abklingen derselben eine positive Entwicklung anläuft, muß abgewartet werden.

KAPITEL III

# Die passiv-negative Form der Reaktion

Unter den bisher beobachteten Fällen haben 10 in aktiver, zum Teil kämpferischer Weise die Flucht aus der Real-Situation angetreten, sei es, daß sie stur abstreiten, sei es, daß sie die mildere Form der Flucht aus dem Ich wählen. Etwas größer noch ist die Gruppe derer, welche in passiv-negativer Weise auf Verurteilung und Strafverbüßung reagieren. Sie verzichten zwar auf die Verhärtung in sthenischem Abstreiten, finden aber trotzdem Gründe genug für eine negativierende Einstellung, welche ihnen innere Auseinandersetzungen und Konflikte ersparen. Auch hier gibt es Spielarten vom Stark- um Schwachausgeprägten.

## *§ 11 Relativierung des Sachverhaltes*

**Fall 25**, zur Zeit der Tat 40,11 Jahre alt, kaufmännischer Angestellter, 2 mal vorbestraft, ist wegen Mordes zu lebenslangem Zuchthaus verurteilt.

*Die Tat laut Urteil*

*Von seinem Mittäter erfuhr Fall 25, daß Frau T. im Westen einen großen Posten Rasiermesser einkaufen wollte, um sie in Berlin im Schwarzhandel wieder zu verkaufen. Beide folgten ihr bis an die Zonengrenze, wo Fall 25 sie mit 6 kräftigen Schlägen niederschlug. Die Täter warfen sie alsdann in eine vorher ausgeräumte Grube, bedeckten sie mit Gerümpel und ließen sie in einer kalten Dezembernacht in der Grube liegen. Sie teilten alsdann die Beute und reisten nach Berlin zurück.*

*Das psychiatrische Gutachten vermag eine geistige Störung oder Psychose, auch einen schizophrenen Schub nicht festzustellen und versagt ihm deshalb den Schutz des § 51, 1 oder 2.*

*Nach dem Gutachten war er schon immer ein gefühlskalter, undurchsichtiger Mensch. Er ist kein Psychopath; den Tatgedanken hat er mit Energie, Rücksichtslosigkeit und Brutalität weitergesponnen.*

Mittelgroß, gut genährt, mit rundlichen Formen, breitem Gesicht, kurzem Hals, und Fettansatz ist er geradezu der Paradigma-Fall eines Pyknikers. Er besitzt eine gute Intelligenz und verharrt mit nur seltenen Beeinträchtigungen in einer fast euphorischen Grundstimmung.

Bei ihm handelt es sich um einen latent Kriminellen, der in normalen Zeiten Affekt und Trieb zu zügeln vermochte, die alsdann in einer schweren Mangelsituation die Vernunft auslöschten. Unter normalen Verhältnissen wäre er wahrscheinlich nicht straffällig geworden. Ein überstarker Eßtrieb löste das Verbrechen aus.

Fall 25 findet bei seiner Tat viel Entschuldbares. In seinen Augen war das Opfer ein moralisch minderwertiger Mensch, eine Großschieberin. Ihr Ehemann saß später mit ihm zusammen im Gefängnis ein, was er sichtlich befriedigt und entlastet feststellte. Als Angehöriger der Polizei fühlte er sich geradezu verpflichtet, sie auf ihren krummen Wegen zu beobachten und schließlich zu stellen. Die ursprünglich nur geplante Beschlagnahme ihres für Hamsterkäufe bestimmten Geldes hätte eine völlig legale Maßnahme bedeutet. Eine Vereinnahmung der beschlagnahmten Summe in die eigene Tasche wäre dann nur noch ein unbedeutender Fehltritt gewesen, den er bei seiner Behörde wieder in Ordnung gebracht hätte, falls er überhaupt zu deren Kenntnis gelangt wäre. Daß sich statt dessen die Angelegenheit zu einem Mord auswuchs, sieht er nicht als seine Schuld an. Diese findet er vielmehr in den widrigen Umständen, die es ihm immer wieder unmöglich machten, die polizeiliche Maßnahme der Beschlagnahme durchzuführen. Daneben klagt er die menschliche Gesellschaft an. Jeder Mensch habe Anspruch auf die Befriedigung seiner vitalen Bedürfnisse. Wenn aber ein unfähiger Staat diese nicht zu sättigen vermöge, dann habe der einzelne das Recht zur Selbsthilfe. „Wenn die für anständiges Fressen gesorgt hätten, wäre die Tat nicht geschehen.“ Wegen seines starken Eßtriebes war seine Belastbarkeit an dieser Stelle minimal. Deshalb gerät er nach dem Scheitern der ursprünglich geplanten Beschlagnahmeaktion in eine verzweifelte Stimmung, die alsdann in Wut umschlägt, Wut gegen die menschliche Gesellschaft, die ihn hungern ließ und damit zum Mord einfach zwang. Bei dieser Einstellung kann ein Schuldgefühl nicht aufkommen. Er fühlt sich als das Opfer einer versagenden menschlichen Gesellschaft. Sie läßt ihn hungern, sie nötigt ihn zur Selbsthilfe, die angesichts ihres Versagens doch gar nicht verwunderlich ist. Dabei befreit er sie noch von einem fragwürdigen Mitglied; das alles aber lohnt sie ihm mit lebenslangem Zuchthaus. Natürlich muß er das als eine Ungeheuerlichkeit empfinden. Infolgedessen

sieht er in den Mitgliedern des Gerichts „lauter Verbrecher" und nennt das Urteil „ein Verbrechen an ihm selbst".
Seine oppositionelle, kämpferische Haltung ist nach sechsjähriger Haft beim Niederschreiben dieses Berichts noch in gleicher Weise wie am Anfang äußerst lebhaft. Er will unter keinen Umständen ein Gnadengesuch machen, auch seiner Frau ein solches verbieten. „Ich werde nie den Rücken beugen; ich werde nie zu Kreuze kriechen. Die anderen sollen den Unsinn wieder gut machen, den sie angerichtet haben."
Er kritisiert und benörgelt alles in polterndem, aggressivem Ton und traut sich zu, noch mit 75 Jahren „alles über den Haufen zu schießen". Doch ist er klug genug, seine oppositionelle Haltung nicht zu offenen Konflikten zu steigern. Er ist mit Erfolg bestrebt, sich nach außen unauffällig zu verhalten. Zu der Arbeit hat er ein positives Verhältnis; sie macht ihm Freude. Volle Gemeinschaft lehnt er ab, da er mit der Ehrlichkeit der Mitgefangenen schlechte Erfahrungen gemacht hat. Für gelegentliche Tagesgemeinschaft mit Pflege von Schachspiel und Musik dagegen ist er empfänglich. Im Mittelpunkt des Interesses steht allerdings immer der Speisezettel: „Wann gibt es Kotelett? Wenn ich zu essen habe, bin ich gemütlich."
Nach abendlichen Freiübungen schläft er tief und fest mit gelegentlichen Träumen kompensatorischer Art von seinem Zuhause, seinem früheren Segelboot, u. ä. Er hofft auf eine „andere Zeit", die eine Änderung seiner Situation bringen soll. „Es gab ein 1918 und 1933; es wird einen Tag X geben." Sein polterndes, oppositionelles Auftreten ist eine Schutzhaltung. Nach bisheriger Korrektheit in seinem Leben kann er sich eine Inkorrektheit nicht konzedieren. Seine Vorstrafen sind ebenso wie das Hauptdelikt gleichfalls aus der Mangelsituation zu erklären. Schuldgefühle gehen gegen seine Ehre, deshalb erstickt er sie in lautem, burschikosem Wesen. Die an ihm zu lösende psychologische Aufgabe wäre die, ihm durch eine Art Identifikation mit dem Straffällig-geworden-sein in schwerer Mangelsituation das Zugeben des Delikts zu ermöglichen und ihn ohne Moralisierung zur Annahme desselben zu bringen.

**Fall 26,** zur Zeit der Tat 19,7 Jahre alt, nicht vorbestraft, ist wegen Mordes und versuchten Mordes zu 10 Jahren und anschließend lebenslangem Zuchthaus verurteilt worden.

*Die Taten laut Urteil*

*Fall 26 hatte den Plan entworfen, zusammen mit seinem Mittäter die 67jährige Schneiderin L. zu überfallen. Der Mittäter umklammerte den Hals der Greisin mit beiden Händen. Fall 26 hielt den Mund zu. So warteten sie ab, bis das Opfer erstickt war. Fall 26 stellte mit den Fingerspitzen seiner rechten Hand fest, daß ein Pulsschlag nicht mehr zu vernehmen war. Sie deckten der Toten eine Decke über das Gesicht und begannen alsdann mit der Ausplünderung der Wohnung. Nach 3 Wochen versuchten sie einen neuen Überfall. Der Mittäter hatte bereits das Opfer mit beiden Händen umklammert, floh dann aber, durch Klopfen von draußen unruhig geworden, während Fall 25 weiter auf dasselbe einschlug, Beute an sich nahm und alsdann flüchtete.*

*Nach dem psychiatrischen Gutachten findet der Tatbestand des § 51, 1 oder 2 keine Anwendung. Zur Zeit der Tat befand er sich allerdings noch im Stadium der Spätpubertät und stand der jugendlichen Entwicklungsstufe näher als der einer gereiften Persönlichkeit. (Vgl. Fall 1.)*

Fall 26 ist ein großer, schmaler Mann, nach einer inaktiv gewordenen Tbc in ausreichendem Gesundheitszustand, leptosom. Intellektuell überdurchschnittlich ausgestattet, gibt er sich in seinem ganzen Auftreten als eine aktive, führende Persönlichkeit zu erkennen. Die Grundstimmung ist ernst.

Er hatte sich zu einem ichhaften, genußsüchtigen, gefühls- und resonanzarmen Menschen entwickelt, der keine Beziehungen zur Arbeit besaß.

Völlig verzogen und stark verwöhnt, muß er den Übergang vom Hause der Pflegeeltern, wo er ganz nach seinen Wünschen leben konnte, in die Untersuchungshaft als besonders schwer empfinden. Er reagiert denn auch mit einem Fluchtversuch, in dessen Verlauf er ins Wasser springt und, nach der Rettung gefesselt, sich vor ein Lastauto wirft. Danach unternimmt er mehrere Suicidversuche durch Öffnen der Pulsader. Er verschluckt Glassplitter und andere Fremdkörper, die operativ entfernt werden müssen. Bei einer Zellenrevision wird er aufsässig und tritt in den Hungerstreik, den er allerdings schnell wieder abbricht.

Dann normalisiert sich sein Verhalten. Er liebt es, Gedankenreihen aufzustellen und sie auf ihre Stichhaltigkeit zu prüfen. In der Unterhaltung befleißigt er sich gewählter Ausdrücke und höflicher Gebärden. Er spricht langsam und macht Pausen, um nach der richtigen Formulierung zu suchen. Über trübe Stunden hilft er sich hinweg, indem er sich schöne Bilder aus der Vergangenheit vor die Seele zaubert. Unangenehm ist ihm der Sonntagvormittag. Da er nicht glauben kann, nimmt er nicht am Gottesdienst teil. Trotzdem spricht er Gebete, um ein Gefühl von Gemeinschaft zu haben, um mit jemandem reden zu können, obwohl ihm der Intellekt sagt, daß das Unsinn sei. Kontakt mit anderen fällt ihm schwer. Sie stören ihn in seinen Spekulationen. Manchmal denkt er an Selbstmord, weil doch das Leben verpfuscht sei. Er hält sich aber für zu feige, ihn durchzuführen.

Ihn beherrschen allerlei Ideen von einer Sondergesetzgebung, die ihm als einem bei der Tat erst Halberwachsenen eine Umwandlung der Strafe und eine vorzeitige Entlassung bringen sollen. Seine Schuld erfaßt er nicht in ihrer vollen Schwere. Er schiebt sie ab in das Milieu der Nachkriegszeit mit ihrem Hunger und ihrer Vergnügungssucht.

Bei ihm liegt die „Komplikation" des Intellekts vor. Das Spekulieren, schnelle Begreifen und Erfassen, ohne daß Fond und Tiefe oder Herzensbeziehungen vorliegen, schafft Komplikationen.
Die an ihm zu leistende Aufgabe besteht darin, ihm eine innere Beziehung zu einer beruflichen Tätigkeit zu verschaffen.

**Fall 27,** zur Zeit der Tat 40,3 Jahre alt, Kraftfahrer, nicht vorbestraft, ist wegen Mordes zu lebenslangem Zuchthaus verurteilt.

*Die Tat laut Urteil*

*Fall 27 und sein Sohn begleiteten Frau R., seine Arbeitgeberin, in ihre Wohnung. Hier schlug der Sohn die Frau nieder und entwendete eine Kasse. Als Frau R. noch Lebenszeichen von sich gab, versetzte ihr der Sohn weitere Schläge gegen den Kopf, während der Vater zuschaute, ohne einzuschreiten. Die Beute wurde von Vater und Sohn geteilt und in Zigaretten angelegt.*
*Nach dem psychiatrischen Gutachten bestehen an der Zurechnungsfähigkeit von Fall 27 nicht die geringsten Zweifel. Geisteskrankheit, Geistesschwäche oder ein organisches Nervenleiden sind nicht nachweisbar. Er befand sich auch bei der Tat nicht in einem vorübergehenden Ausnahmezustand pathologischer Art. Der Schutz des § 51, 1 oder 2 kann ihm deshalb nicht zugebilligt werden.*
*Man kann ihn nicht ohne weiteres den psychopathischen Persönlichkeiten zurechnen. Bis zum 15. Lebensjahr hat er bei Aufregungen gezappelt, das Bett genäßt und viel Kopfschmerzen gehabt. Sonst sind keine nervösen Erscheinungen oder psychopathischen Unarten festzustellen. Er ist nicht erblich belastet, auch kein Nervenschwächling, sondern ein minderwertiger Mensch. Seine Rolle bei der Tat, die „groteske Passivität" ist kaum einfühlbar und weckt erhebliche Bedenken an der Richtigkeit seiner Darstellung.*

Fall 27 ist ein großer, kräftiger, breitschultriger Mann in bestem Gesundheitszustand, Pykniker. Intellektuell mäßig begabt, etwas schwerfällig und langsam, ist er mit Geschick für praktische Tätigkeit ausgerüstet. Seine Grundstimmung ist gedrückt, zuweilen depressiv.
Er stellt eine flache, richtungslose Persönlichkeit dar, ohne Profil, ohne Tiefgang, konturlos, mit geringem Fond an innerem Wert.
Fall 27 will bei der Tat die Rolle einer „geradezu grotesken Passivität" gespielt haben. Von lähmendem Entsetzen befallen, habe er der Tötung des Opfers durch seinen Sohn wie erstarrt zugesehen, unfähig, ihr Einhalt zu gebieten.
Auch während der Strafverbüßung versucht er wiederholt, durch Übernahme bestimmter Rollen Eindruck zu machen und Erfolge zu erzielen. Er bemüht sich, den Eindruck zu erwecken, als ob er unter unzureichender Ernährung und schikanöser Behandlung schwer zu leiden habe, läßt dann aber durchblicken, daß die schnelle Behebung dieser Mißstände durch Gewährung von etwas Tabak möglich sei. Unter beweglichen Klagen über

die Unerträglichkeit der Situation läßt er Suicidneigungen anklingen. Er beobachtet die Wirkung seiner Ausführungen, um alsdann zu erklären, daß die Beseitigung des Wortes „Lebensende“ auf seiner Spindkarte eine neue Situation schaffen würde. Seine Haltung wirkt unecht und berechnend. Sie versteift sich, als er die Erfolgslosigkeit der von ihm gespielten Rollen erkennen muß, schlägt in Trotz und Wut um. Er möchte jetzt am liebsten vergast werden, dabei aber noch andere mitgehen lassen. Die Wut wandelt sich in Apathie. Er stiert vor sich hin und läßt sich in dumpfer Passivität von der Situation treiben. Die Notwendigkeit einer Auseinandersetzung mit der Tat empfindet er nicht. Sie ist ja verübt von dem Mittäter-Sohn, dem er entsetzt in einer stuporösen Haltung zugeschaut habe, gegen den er aber keineswegs affektiv eingestellt ist. Auch dessen Tat relativiert er als gewachsen auf dem Boden der unmittelbaren Nachkriegszeit. In unklaren Ausführungen, vermischt mit versteckten Drohungen gegen die angeblich Beteiligten, lehnt er das Urteil ab. In seinem ganzen Gehaben und in allen seinen Äußerungen wird die Unlust und Unfähigkeit erkenntlich, aus der subjektiven Schau der Dinge herauszutreten und den objektiven Wahrheitsbereich zu konstatieren.

**Fall 28,** zur Zeit der Tat 42,11 Jahre alt, Stellmacher, einmal vorbestraft, ist wegen Mordes ursprünglich zum Tode verurteilt, alsdann zu lebenslangem Zuchthaus begnadigt worden.

*Die Tat laut Urteil*

*Zusammen mit seinem Mittäter suchte Fall 28 Frau M. auf unter dem Vorwand, Wäsche kaufen zu wollen. Als Frau M. diese nach abgeschlossenem Handel einpacken wollte, schlug Fall 28 mit dem Hammer auf die ahnungslose Frau ein. Sie schrie und wurde mit Decken zugedeckt. Der Mittäter versetzte ihr erneut Schläge auf den Kopf. Beide Täter erdrosselten sie alsdann mit einer Schnur. Sie nahmen Wäsche und andere Beute an sich, setzten sie auf dem schwarzen Markt um und gaben den Erlös in Gastwirtschaften aus.*

*Fall 28 ist der weitaus Schuldigere, da er es unterlassen hat, den jüngeren Mittäter von der Tat abzuhalten. In einer Notlage befand er sich nicht. Den Erlös hat er verpraßt. Ihn kennzeichnen Kaltblütigkeit, Roheit der Gesinnung, Skrupellosigkeit und verbrecherische Gefühlskälte.*

*Ein psychiatisches Gutachten liegt nicht vor.*

Er ist eine mittelgroße, gedrungene Figur, mit breitem Gesicht, kurzem, massivem Hals und stark gewölbtem Brustkorb, ein ausgesprochener Pykniker. Seine Intelligenz ist nur mäßig, leistungsfähiger ist er auf praktischem Gebiet. Die Grundstimmung ist gedrückt mit Neigung zu gelegentlicher Erregung.

Sein Charakterbild zeigt eine flache, richtungslose Persönlichkeit, die konturlos in der Masse schwimmt, den Prototyp des entseelten Massenmenschen.

Fall 28 lehnt das Urteil ab. Er kann es nicht begreifen, daß er wegen Mordes bestraft wurde, obwohl er nur die Rolle des passiven Zuschauers spielte, der angeblich von den Ereignissen überrumpelt wurde. Nach seinem Empfinden wären 10 Jahre Zuchthaus eine angemessene Sühne für sein Vergehen gewesen. Auch nach fünfjähriger Verbüßung hat er sich mit diesen Dingen noch nicht abgefunden und spricht erregt über sein Urteil, voll tiefer Abneigung gegen seinen Mittäter. Unter Hinweis auf sein bis dahin sauberes Leben beteuert er seine Unschuld.

Er ist jedesmal stark gestaut und entlastet sich beim Besuch in wortreichen Ausführungen. Bei seinem erheblichen Geselligkeitsdrang ist ihm die Einzelzelle unerträglich. Ihm will „die Decke auf den Kopf fallen". Seine zahlreichen Eingaben lassen immer wieder das große Bedürfnis nach Gemeinschaft erkennen. Er will außerhalb der Zelle arbeiten, wobei er auf seine gute Führung und seine angeblichen Verdienste um die Anstalt pocht, der er einen geplanten Überfall auf einen Wachtmeister gemeldet hat.

Seine Ehefrau hatte ihm anfangs versprochen, auf seine Rückkehr zu warten, löste sich aber dann doch von ihm. Trotz der sexuellen Hemmungslosigkeit, die er an den Tag gelegt hatte und die er mit seinen zahlreichen geschäftlichen Reisen erklärt, hielt er ihren Verbleib bei ihm für selbstverständlich. Nun fühlt er sich nicht nur vereinsamt, sondern auch in seinem Selbstwerterleben geschmälert. Es kränkt ihn, daß sie ihn verlassen hat, obwohl er sich freundlich zu ihr gestellt und sie wirtschaftlich versorgt hat. Jetzt fühlt er sich minderwertig und fürchtet sich jeden Morgen beim Aufschluß vor dem Gesicht des Wachtmeisters. Er stellt von sich fest, „schon wie ein kleines Kind geworden zu sein".

Auch hier verhindert die Relativierung des Sachverhalts durch Abwälzung des Hauptteils der Schuld auf den Mittäter die Innenschau und innere Abrechnung. Er sieht den Grund für die über ihn hereingebrochene Lebenskrise nicht im eigenen Ich. Deshalb überfluten ihn immer wieder einmal Regungen von Trotz und Aufbegehren, aber es kommt nicht zu einer inneren Auseinandersetzung. Sein konstitutionell bedingter Mangel an persönlichen Qualitäten läßt tiefgehende Leidens- und Schuldgefühle nicht aufkommen.

Während in den beiden ersten Fällen dieses Abschnitts die Relativierung in der Form einer Abwälzung des Hauptteils der Schuld auf die Umweltverhältnisse vorgenommen wird, erfolgt sie in den Fällen 27 und 28 in Gestalt einer Übertragung derselben auf den Mittäter unter möglichster Verringerung des eigenen Anteils.

Noch drastischer wirkt der Vorgang der Relativierung, wenn in den nunmehr drei folgenden Fällen für den Versuch der Exkulpation, der bisher zu

Lasten der Umwelt oder der Mittäter ging, die Opfer in Anspruch genommen werden.

**Fall 29,** zur Zeit der Taten 55,6 Jahre alt, Maler, eine Geldstrafe, ist wegen Totschlags und Mordes zu 10 Jahren und anschließend lebenslangem Zuchthaus verurteilt.

*Die Taten laut Urteil*

*Fall 29 erschlug die Frau Da., die in herausfordernder Weise Lebensmittelkarten von ihm verlangt und ihn dabei bis aufs Blut gereizt hatte. Die Tat wird als Affektverbrechen gewertet und mit 10 Jahren Zuchthaus geahndet.*

*Mit der Leiche verbrachte er schauerliche Wochen in seiner Wohnung. Seine Bemühungen, sie zu zerstückeln, scheiterten. Einige Wochen später überraschte ihn bei einem weiteren Versuch der Zerkleinerung die Frau Di. Er schlug sie sofort nieder, schob die Leiche unter das Bett, schleppte sie in der Wohnung umher, wollte sie verbrennen, was aber nicht gelang. Schließlich ergriff er die Flucht, verbrachte die Nächte in Wäldern und trieb sich am Tage in der Stadt herum, bis er verhaftet wurde. Diese Tat wird als Mord bewertet und führt zu lebenslangem Zuchthaus.*

*Das psychiatrische Gutachten findet keine besonderen Auffälligkeiten. Es nimmt an, daß ein erheblicher Bluthochdruck sich auf seine seelische Stabilität und charakterliche Widerstandsfähigkeit ausgewirkt habe. Außerdem sei ein Schlaganfall die Ursache zu einem noch weiteren Absinken des Persönlichkeitsniveaus und zu einer Reduktion des psychischen Leistungsapparats gewesen.*

*Ein zweites Gutachten nennt ihn einen intellektuell nicht besonders hochstehenden, triebhaften, egozentrischen Menschen. Es liegen im Gemütsleben Abweichungen vom Durchschnitt vor. Seinem Verkehr mit den Menschen ermangelt ein tieferes Ineinanderwachsen und ein gegenseitiges Verstehen. Haltlosigkeit, Willensschwäche, Mangel an Gemeinschaftsempfindungen und Pflichtbewußtsein kennzeichnen ihn. Nach der ersten Tötung beherrschte ihn allein der Angsteffekt, der ihn zu der defensiven Leichenzerstückelung trieb. Der Ansturm der Affekte bei der zweiten Tötung war vielleicht noch stärker, führte aber keineswegs zur Ausschaltung des Bewußtseins.*

Fall 29 ist ein mittelgroßer, schmächtiger Mann mit hängenden Schultern und einem hageren, zerknitterten Gesicht, ein ausgesprochener Astheniker. Geistig ist er langsam und schwerfällig, nur zu mäßigen Leistungen befähigt. Die Grundstimmung ist im allgemeinen ausgeglichen, gelegentlich gedrückt.

Er ist ein leicht debiler, primitiver, willensschwacher, schnell erregbarer Mensch.

Die erste Tötung war erfolgt, weil das Opfer in herausfordernder, erpresserischer Weise Lebensmittelkarten von ihm verlangt, ihn bis aufs Blut gereizt und in große Erregung versetzt hatte. Die Abschüttelung der unerträglich gewordenen Peinigerin war der Sinn der Tat. Weitere Absichten hatte er nicht. Deswegen sieht er davon ab, sich die Sachen der Getöteten anzueignen. Das wäre „ein bißchen komisch gewesen". Reste sittlichen Empfindens waren noch lebendig. „Ich habe unmittelbar nach der Tat sofort erkannt, daß ich etwas Furchtbares angerichtet habe."

Es folgen schauerliche Wochen, die er mit der Leiche zusammen in seiner Wohnung zubrachte, wobei er immer wieder fluchtartig seine Räume verließ, weil er es vor Ekel nicht aushielt. In dieser Zeit erfolgte eine weitere Schmälerung seiner sittlichen Persönlichkeit. Sein moralisches und ästhetisches Empfinden, die Achtung vor dem Leben des Mitmenschen, wurden zunehmend abgebaut. So kommt es in einer Kurzschlußhandlung zu einer zweiten Tötung, als er in seiner Wohnung überrascht wird. Nach derselben spürt er jetzt keine Hemmungen mehr, sich die Sachen der Toten anzueignen, weil er „sich freier fühlte und ihm alles egal war". Deutlich zeigen diese Formulierungen den inzwischen eingetretenen Verlust der letzten Widerstände.

Heute ist das Gefühl, „etwas Furchtbares angerichtet zu haben", verschwunden. Offen erklärt er, „ein gutes Gewissen" zu haben, da er in keinem Fall die Tötungen planmäßig vorbereitet habe, die vielmehr von den Opfern nahezu erzwungen wurden. Gegen den Vorwurf, „azoal" (asozial) zu sein, verwahrt er sich. Mit Nachdruck plädiert er für die Wiedereinführung der Todesstrafe: „Es nimmt sonst überhand. Viele können das nicht lassen." Es gelingt ihm, jeden Gedanken an die beiden Tötungen abzuschalten und auf diese Weise sein inneres Gleichgewicht aufrechtzuerhalten. Er schiebt die Dinge von sich weg, „um sich nicht aufzuregen". Um „Grübeleien" zu vermeiden, zieht er es vor, diese Bereiche seines Lebens aus dem Tagesbewußtsein auszuschalten und in halbbewußtem Dämmern zu lassen. Dazu muß allerdings gesagt werden, daß er zu Grübeleien gar nicht in der Lage ist, weil er das dazu nötige seelische Potential nicht besitzt. Da ihm ein solcher seelischer Fond fehlt, ist er ohne Probleme und kann „ein gutes Gewissen" haben. Sein seelisches Vermögen reicht nur zu primitiven Angstreflexen.

Was ihn noch schmerzt, ist die durch ihr Schweigen zum Ausdruck kommende Ablehnung der Töchter, an die er nicht schreibt, um sie nicht zu diskreditieren. Ein primitives Liebesbedürfnis und der ihm noch gebliebene geringe Rest von Selbstwertgefühl melden sich hier zu Wort, der letztere auch in dem Wunsch, einmal nicht im Zuchthaus sterben zu müssen.

Seine immer nur gering gewesene vitale Energie ist weitgehend verbraucht. Eine immer stärker werdende Resignation kennzeichnet seine Haltung. Zu einer aktiven Gestaltung seines Lebens ist er nicht mehr imstande. Er bietet das Bild einer zunehmenden Verstumpfung und eines wachsenden geistigen Abbaues.

**Fall 30,** zur Zeit der Tat 20,6 Jahre alt, Arbeiter, nicht vorbestraft, ist wegen Mordes zu lebenslangem Zuchthaus verurteilt.

*Die Tat laut Urteil*

*Um seine Spielschulden zu decken, plante Fall 30 Einbrüche bei seiner Firma, in deren Räumen Frau Gr. wohnte. Nach dem Scheitern eines ersten Versuches schritt er zur Wiederholung, wobei er ein Beil, einen Bohrer, Dietriche und einen Sack mitnahm. In der Toilette hielt er sich verborgen, bis Frau Gr. schlafen gegangen war. Dann erbrach er die Behältnisse mit Hilfe des Beiles, steckte größere Geldsummen ein, entwendete in einem anderen Raum eine Geldkassette und öffnete die Schränke eines Mitinhabers. Plötzlich stand die von dem Geräusch erwachte Frau Gr. vor ihm und rief um Hilfe. Fall 30 schlug mit dem Beil auf sie ein. Sie lief den Korridor entlang. Er folgte ihr und schlug immer erneut auf sie ein, bis sie zusammenbrach. Dann versuchte er vergeblich, den Geldschrank mit Hilfe eines elektrischen Bohrers zu öffnen, packte die geraubten Sachen ein, verzehrte am Tatort einige Äpfel und verließ alsdann mit dem gesamten Gepäck die Wohnung. Er reinigte das Beil in der Wohnung seiner Eltern und bezahlte seine Spielschulden.*

*Nach dem mündlich erstatteten psychiatrischen Gutachten spielen bei ihm eine erbbedingte, minderwertige Anlage und moralische Defektiosität eine große Rolle, verbunden mit einer psychopathischen Haltlosigkeit und Triebhaftigkeit. Besondere Bedeutung hatten für ihn die Kriegserlebnisse in einer belagerten Stadt, wo er als Meldegänger drei Monate eingeschlossen war. Hier vollzog sich die endgültige Demoralisierung, die es erklärt, daß er seine Tat mit einer für sein jugendliches Alter und seinen ganzen Typ überraschenden Aggressivität, Roheit und Gemütskälte begehen konnte. Hier sind seine Tötungsinstinkte enthemmt worden. Hier hat er jede Achtung vor dem Besitz und dem Leben seiner Mitmenschen verloren. Bei der Beurteilung seiner Straftat muß man diese Momente weitgehend berücksichtigen.*
*§ 51, 1 oder 2 kommt nicht in Frage. Weder Geisteskrankheit noch Geistesschwäche lagen vor. Auch ein vorübergehender Ausnahmezustand kann nicht angenommen werden. Seine Zurechnungsfähigkeit ist kein Problem.*

Er ist ein kleiner, kräftiger, breiter Bursche in sehr gutem Gesundheitszustand, dem die langjährige Haft bisher nichts anzuhaben vermochte, Pykniker. Intellektuell nur mäßig ausgerüstet, ist seine Grundstimmung gleichbleibend ruhig und ausgeglichen.
Bei versagendem Elternhaus ohne Richtung und Halt aufwachsend, entwickelte er bald beträchtliche asoziale Neigungen und wurde schnell hemmungslos.

Fall 30 antwortete zunächst auf die Verhaftung mit Primitivreaktionen. In einem Kassiber fragt er den Stiefvater um Rat, ob er „stiften gehen" oder erst Termin und Revision abwarten solle. Für den Fall einer hohen Strafe bittet er ihn, ihm durch Bestechung von einigen Beamten zur Flucht zu verhelfen. Er ist zunächst oppositionell, aufbegehrend, fast feindselig.

Beinahe herausfordernd, spricht er von bloßen Vertröstungen und verlangt: „Ich will raus, raus, raus!" Über bestimmte Episoden seines Lebens verweigert er die Auskunft und zeigt eine mürrische Abwehr. Dann ändert sich sein Haltungsstil. Er entschuldigt sich wegen seines ungebührlichen Tones und seiner uneinsichtigen Haltung. Den ungünstigen Eindruck von früher sucht er jetzt durch betonte Freundlichkeit zu verwischen. Mit kindlicher Freude zeigt er seine umfangreichen Sammlungen, plaudert heiter und vergnügt. In der Anstalt ist er ganz unauffällig. Man spürt ihn gar nicht. Er tritt weder mit Wünschen noch mit Beschwerden hervor, hat keinerlei Konflikte und arbeitet sehr fleißig. Nachhaltig unterstützt er die Mutter.

Schuld und Unschuld, Bestrafung und Sühne — das sind Begriffe, mit denen er sich wenig auseinandersetzt. Einen Teil der Schuld schreibt er seinem Opfer zu, das, anstatt sich ruhig zu verhalten, ihn stellte, sich gar anschickte, um Hilfe zu schreien und ihn damit zu seinem Handeln fast zwang. Er huldigt einer praktisch-nüchternen Denkungsweise. Zu tiefergehenden Auseinandersetzungen ist er bei der Primitivität seiner Persönlichkeit kaum in der Lage.

**Fall 31,** zur Zeit der Tat 44,5 Jahre alt, selbständig, nicht vorbestraft, ist wegen Mordes zu lebenslangem Zuchthaus verurteilt.

*Die Tat laut Urteil*

*Auch die zweite Ehefrau hatte sich von Fall 31 scheiden lassen, war aber aus Raumnot noch in der Wohnung geblieben. Er versuchte, sie zur Rücknahme der Scheidung umzustimmen und zum Geschlechtsverkehr zu bewegen. Sie lehnte ab, stand auf, drehte ihm den Rücken zu, um ihm ihre Verachtung zu zeigen. Fall 31 nahm nun ein unter dem Sofa liegendes Beil und schlug sie mit der stumpfen Seite von hinten auf den Kopf. Sie stürzte bewußtlos zu Boden. Auf den Kopf der stürzenden Frau schlug er noch ein- oder zweimal ein. Sie lag jetzt auf dem Rücken. Darauf schlug er mit dem Beil auf die Vorderseite des Kopfes ein. Ein Schlag ging bis ins Gehirn. Um nicht durch das Todesröcheln der Sterbenden die Aufmerksamkeit der Mitbewohner auf sich zu lenken, schnitt er ihr mit einem Messer die Kehle durch, bis sie „fertig" war. Schließlich warf er ihr noch einen Strick um den Hals, um die Leiche weiter zu schleifen.*

*Das psychiatrische Gutachten schließt Geisteskrankheit, Geistesschwäche und ein organisches Nervenleiden aus. Krankhafte Bewußtseinsstörungen waren nicht feststellbar. Auch eine pathologisch gesteigerte Erregung hat zur Zeit der Tat nicht vorgelegen. Die Voraussetzungen des § 51, 1 oder 2 sind bei ihm nicht gegeben.*

*Er ist erblich schwer belastet. Seine Denkbegabung ist ausgesprochen schlecht. Grundlegend für seine Entwicklung ist sein Krüppeltum. Der Verlust des rechten Beines nach einem Unfall hat seine körperliche und seelische Entwicklung schwer gestört. Das Krüppeltum brachte eine Enthemmung aller bösen und primitiven Instinkte und Triebe. Boshaft, getrieben von Ressentiments, Haß und Rachsucht, führte er einen wütenden Kampf gegen seine von ihm beneidete Umwelt. Durch hemmungsloses Ausleben der Sexualität will er sich als besonders „mannhaft" zeigen. Durch sein Krüppelschicksal und sonstige Milieueinflüsse sind seine an sich schon abartigen Charakteranlagen weiter verbildet worden. Sein ganzes Leben war auf die Befriedigung egoistischer Wünsche und animalischer Triebe gerichtet.*

Ein mittelgroßer, breiter, kräftiger Mann, pyknisch-athletischer Mischtyp. Da er mit der Strafbüßung erst gerade beginnt, kann über seine Haltung noch nicht viel berichtet werden. Intellektuell dürftig ausgerüstet, ist er in der Grundstimmung leer-gehoben.
Er ist ein schwer degenerierter Psychopath, asozial, leicht erregbar, gemütsarm, geltungssüchtig.

Fall 31 spricht ungeheuer wortreich, kommt vom Hundertsten ins Tausendste, muß sich immer wieder unterbrechen: „Wo war ich stehengeblieben?" Es ist unmöglich, ihn an ein bestimmtes Thema zu fixieren. Ein Gespräch im Wechsel von Rede und Gegenrede kommt nicht zustande. Das bloße Erscheinen genügt, um seinen Rededrang auszulösen. Er spricht pathetisch und mit großer Emphase. Die Worte werden unterstrichen von einer schroffen, heftigen Gestik. Er steht in schwerster Kampfesstellung gegen die Justiz wie auch gegen den eigenen Sohn, über dessen angebliche Schlechtigkeit er mit zur Schau getragenem Bedauern spricht. Schon kurze Zeit nach der Einlieferung ist er der Schrecken der Station wegen seiner zahlreichen Wünsche und querulatorischen Beschwerden.
Über seinem Tisch hängt das Bild der von ihm ermordeten Ehefrau. Beim Blick auf dasselbe beginnt er mit wilden Vorwürfen und Anklagen. Ohne die geringste affektive Bewegung bezichtigt er sie, ihn in törichter Weise zur Notwehr getrieben und damit ihr Schicksal selbst verschuldet zu haben. Er hofft, das in Kürze nachweisen und ein neues Verfahren in Gang bringen zu können.
Prognostisch muß er als ein hoffnungsloser Fall angesehen werden.
Auch in folgendem Fall liegt eine Relativierung des Sachverhalts vor. Sie erfolgt jedoch in einer solchen bis ins Neurotische und Pathologische gesteigerten Form, daß sie in einem besonderen Abschnitt dargestellt wird.

## *§ 12 Wir-Insuffizienz*

Wir-Insuffizienz bedeutet die Unfähigkeit, Wir- und Paarbindungen einzugehen, den Abbruch der sozialen Beziehungen durch das Niedergehenlassen eines eisernen Vorhangs, ein zunehmendes Einfrieren der Persönlichkeit.

**Fall 32,** zur Zeit der Taten 21,3 Jahre alt, Arbeiter, 1 mal vorbestraft, ist wegen Mordes, versuchten Mordes und Raubes zu 7 Jahren und anschließend zu lebenslangem Zuchthaus verurteilt worden.

*Die Taten laut Urteil*

*Fall 32 hatte zwei Mädchen über die „grüne Grenze" gebracht und begleitete sie nach Berlin, wo er von der Mutter derselben freundlich aufgenommen und mehrere Nächte beherbergt wurde. Um der einen eine Uhr und Handtasche zu entwenden, schlich er sich nachts in deren Zimmer und schlug mit dem Ärmelplättbrett auf die Schlafende ein, um sich dann wieder in sein Zimmer zurückzuziehen. Auf ihre Hilferufe kamen die Mutter und die andere Schwester, die ärztliche und andere Hilfe aus der Nachbarschaft herbeiholen wollten. Um sich gegen Entdeckung zu sichern, folgte er beiden mit einem Beil. Er holte zunächst die Mutter ein und schlug sie mit sechs Schlägen nieder. Sie starb an einer Schädelzertrümmerung. Dann holte er die Schwester ein und verwundete sie schwer. Er versteckte sich im Walde, ging über die Zonengrenze zurück und verbrauchte das Geld für die gestohlene Uhr sowie das geraubte Bargeld. Seine Festnahme erfolgte erst sehr spät.*

*Das psychiatrische Gutachten kann eine Geisteskrankheit oder Geistesschwäche nicht feststellen. Es besagt, daß eine im Kriege erlittene Kopfverletzung, offenbar verbunden mit einer Hirnschädigung, möglicherweise zu einem Absinken seiner gesamten Persönlichkeit und zu einer Enthemmung seiner Trieb- und Willenssphäre geführt haben. Eine Hirnleistungsschwäche aber sowie sonstige geistige Störungen sind nicht feststellbar, und der Befund am Nervensystem ist regelrecht. § 51, 1 oder 2 kommt für ihn nicht in Frage.*
*Seine Tat wird durch seine Persönlichkeitsartung ohne weiteres erklärt. Er stellt einen Menschentyp dar, wie man ihn unter Mördern sehr häufig sieht.*

Fall 32 ist ein mittelgroßer, schmaler Mann in gutem Gesundheitszustand, eine sehnig schlanke Erscheinung, leptosom. Intellektuell durchschnittlich ausgerüstet, ist er in der Grundstimmung düster, mürrisch und neigt zu Explosionen.

Charakterlich ist er ein schwer asozialer, gefühlsarmer Mensch, ohne Einordnungsvermögen, querulatorisch.

Die Verhaftung erfolgte erst zwei Jahre nach den Taten. In der Zwischenzeit hat er sie „vergessen", ein neues Leben angefangen, sich verheiratet, so daß er sich nur noch schwer an die Vorgänge erinnern konnte. In einer psychogenen Zweckreaktion hatte er sie in sein Unterbewußtsein abgedrängt; sie beschäftigten ihn nicht mehr. Wieder an sie erinnert, tut er sie mit einer Handbewegung ab: „Da kommen Sie heutzutage schneller zu, als zu einem neuen Anzug."

Das Urteil lehnt er als viel zu hart ab. 10 bis 12 Jahre hält er für die angemessene Strafe. Er wollte nicht töten, sondern nur betäuben; erst das törichte Verhalten der Opfer habe ihn zu seinem Tun genötigt.

Nach der Aburteilung hat er eine Haltung verbissenen Trotzes bezogen. Überall findet er nur Negatives. Querulatorisch beanstandet er alles. Er rügt das unzureichende Essen, beklagt sich über mangelnde Fortbildungsmöglichkeiten, würde in Passivität dem Ausbruchsversuch eines Zellennachbarn zuschauen.

Der gleiche Vater, den er als Vierzehnjähriger bestohlen hatte, mit dem er ins Handgemenge geraten war, ist jetzt zu seiner Beziehungsperson geworden. Auf ihn konzentriert er, was er seiner Gefühlskälte an Gemütsäußerungen abzugewinnen vermag. Seine väterliche Rolle wird jetzt überstei- gert. Nach seinem Tode will er zum Selbstmord schreiten. Allen anderen Menschen steht er mit tiefem Mißtrauen und in offener Feindschaft gegenüber. Nach Beendigung der Arbeit verkriecht er sich am liebsten in die Zelle. Er will nichts hören und sehen. Wohl vermeidet er Konflikte mit der Hausordnung und den Mitgefangenen, aber er läßt keine Zweifel darüber aufkommen, daß er ganz auf Kampf eingestellt ist. Gegen die Justiz empfindet er Haß bis zur Weißglut. „Die erziehen sich Verbrecher, damit sie nicht brotlos werden." Er hofft auf eine „andere Zeit", droht mit ihrem Heraufkommen und will alsdann eine gründliche Abrechnung vornehmen. Eine Notwendigkeit zur inneren Auseinandersetzung mit der Straftat, was ja zugleich ein Anerkennen der Schuld bedeuten würde, lehnt er leidenschaftlich ab. Welches Gesprächsthema man auch anfängt, schon beim zweiten Satz ist er wieder zu seiner Affäre zurückgekehrt. Als ein alles beherrschender Ideenkomplex steht die Verurteilung in seinem Seelenleben und füllt ihn völlig aus. In tiefer Verbitterung, durchaus unansprechbar, zeigt er eine verhärtete, kaum noch anpassungsfähige Haltung. „Man hat mich hierher gebracht; man soll mich nun auch wieder herausbringen. Die Herren von der Anstalt wollen mich nicht, und ich will sie nicht. Ich brauche keinen." So ist er immer weiter in einen Zustand innerer Vereinsamung und Vereisung abgeglitten.

## *§ 13 Das Rätsel*

Eine weitere abgemilderte Form der passiv-negativen Reaktion ist die, daß man in der Tat ein Rätsel sieht, welches man nach mehr oder weniger energischen Versuchen einer Lösung schließlich beiseite liegt. Ein nicht lösbares Rätsel läßt wohl ein Gefühl der Unbefriedigtheit zurück, verursacht aber doch keine besonderen Nöte und Leiden. Auch diese Schau der Dinge ermöglicht es, der wirklichen inneren Auseinandersetzung mit der Schuld- und Sühnesituation aus dem Wege zu gehen.

**Fall 33,** zur Zeit der Tat 25,9 Jahre alt, Feinmechaniker, 2mal vorbestraft, ist wegen Mordes zu lebenslangem Zuchthaus verurteilt.

### *Die Tat laut Urteil*

*Zusammen mit seiner Mittäterin faßte Fall 33 den Plan, deren Zimmerwirtin zu ermorden. Nach mehreren vergeblichen Versuchen lockte er die Frau L. in die Wohnung seiner Schwiegermutter. Hier schlug die Mittäterin mit dem Beil auf den Kopf der Frau L. ein. Fall 33 würgte sie am Halse, rang sie zu Boden und hielt ihr Mund und Kehle zu, während die Mittäterin erneut mit dem Beil auf sie einschlug. Fall 33 stach sie zweimal in den Hals. Nach Tötung des Opfers zog er diesem einen Goldring vom Finger und brach zwei Goldzähne aus. Die Mittäterin und die Schwiegermutter gingen in die Wohnung der Ermordeten und nahmen zahlreiche Wäsche- und Kleidungsstücke sowie den gesamten Schmuck an sich.*

*Das psychiatrische Gutachten erklärt ihn für voll verantwortlich und versagt ihm den Schutz des § 51, 1 oder 2. Eine Geisteskrankheit, ein Zustand von Geistesschwäche oder ein organisches Nervenleiden sind bei ihm auszuschließen. Eine noch nicht ausgeheilte Syphilis hat das zentrale Nervensystem nicht in grob erkennbarer Weise geschädigt.*

*Er wird ein Psychopath mit intellektuellen, affektiven und Willensstörungen genannt. Seine psychopathischen Eigenschaften sind im späteren Leben durch schlechte Umwelteinflüsse in Erscheinung getreten. Er ist ein Schwächling, gekennzeichnet durch psychische Labilität und Ängstlichkeit.*

Fall 33 ist ein mittelgroßer, breiter Mann in sehr gutem Gesundheitszustand, Athletiker. Seine intellektuellen Fähigkeiten sind nur gering. Die Grundstimmung ist ausgeglichen, ohne größere Schwankungen.
Er ist ein Mensch, der in einem zerrütteten Elternhaus ohne Halt und Richtung aufwachsen mußte, dessen Gemeinsinn infolgedessen verkümmert blieb, stark labil, mit geringer Bindungsfähigkeit.

Nach glattem Schulverlauf, störungsfreier Absolvierung der Lehrzeit, guten Leistungen im Arbeitsdienst, fand er nach der Rückkehr aus dem Kriege Anschluß an minderwertige Elemente und wurde von ihnen völlig absorbiert. Die Kompensation der ausgestandenen Ängste erfolgte durch eine Sucht nach Vergnügungen, die „wie eine hohe Welle über ihn kam". Bis dahin als Soldat nur eine Nummer gewesen, tut es seinem Selbstwertgefühl wohl, daß man vor ihm im Lokal die Tür aufreißt und ihn ehrerbietig grüßt. „Was muß ich für ein großer Mann sein." Während der Tat und der nachfolgenden Vernehmungen kennzeichnen ihn Erregung, Unsicherheit und Ängstlichkeit. Vor der Ausführung erklärt er: „ich kriege das nicht fertig". Bei der Tat plagen ihn schwer körperliches Hitzegefühl und Stuhldrang. Das laute Singen der Mittäterin, das etwaigen Argwohn der Hausbewohner zerstreuen sollte, erfüllt ihn mit solchem Abscheu, daß er ihr nicht mehr begegnen konnte. Während der Vernehmungen zeigt er sich so erregt und ängstlich, daß er zuweilen am ganzen Körper zittert.

Nach dem Termin hat er unter schwerer Kraftanstrengung „auf Null geschaltet". Die Beziehungen zu der zweiten Ehefrau wurden gelöst. Er wollte niemand mehr in der aussichtslosen Lage an sich gebunden wissen, auch nicht durch Eifersuchtsgedanken aufgeregt werden. Deswegen ging er zunächst in die Einsamkeit. Anfängliche Versuche einer inneren Aus-

einandersetzung bleiben allerdings bald stecken. Er begnügt sich mit der Feststellung, daß er „sich selbst nicht begreift“, und will die Tat wegschieben. Sie ist für ihn etwas Rätselhaftes, das er nicht verstehen kann und das er deswegen beiseite legt. Auch seine Versuche, sich weiterzubilden aus eigener Initiative, wobei er charakterologische Studien bevorzugte, versanden bald.
Nach vierjähriger Strafhaft taucht seine erste Ehefrau mit dem Sohn aus dieser Ehe auf. Sie erklärt sich bereit, die Beziehungen zu ihm wieder aufzunehmen. Er macht sie auf seine Lage aufmerksam und stimmt zu, als sie ihr Angebot erneuert. Nun gewinnt die Haft für ihn einen neuen Aspekt. Er würde „vor Freude an die Decke springen“, wenn man ihn nach 15 Jahren begnadigen würde. Die Kraft, bis dahin durchzuhalten, traut er sich ohne weiteres zu. Mit Arbeit, Lesen, Modellieren und anderen Liebhabereien will er die Zeit überwinden.
Die Frage des Lebenskonflikts, der ihn in diese Lage gebracht hat, wird nicht aufgegriffen und produktiv verarbeitet. Ihm ist etwas Rätselhaftes begegnet. Dies Rätsel konnte er nicht lösen. Deshalb hat er es weggelegt und wendet sich freudig leichteren Aufgaben und verheißungsvolleren Dingen zu.

**Fall 34,** zur Zeit der Tat 31,5 Jahre alt, Mechaniker, 6mal vorbestraft, ist wegen Mordes zu lebenslangem Zuchthaus verurteilt.

*Die Tat laut Urteil*

*Frau St. wurde in ihrer Wohnung tot aufgefunden, im Munde einen Knebel, um den Hals eine Schnur. Sie war erstickt. Einzelheiten ließen sich wegen vorgeschrittener Fäulnis der Leiche nicht mehr feststellen. Nach dem Urteil ist die Tat auf seinen gesteigerten Geschlechtstrieb zurückzuführen. Er ist bei irgendwelchem intimem geschlechtlichem Verhalten auf Widerstand gestoßen und hat diesen gebrochen.*
*Das psychiatrische Gutachten schließt Geisteskrankheit und Geistesschwäche aus, findet aber Merkmale einer stark ausgeprägten nervösen Übererregbarkeit und Nervenschwäche. Die Voraussetzungen des § 51, 1 oder 2 sind jedoch nicht erfüllt. Es besteht kein Zweifel, daß er sich wahrscheinlich durch seine Kriegserlebnisse und Kopfverletzungen in seiner ganzen Persönlichkeitsartung und Lebenshaltung grundlegend verändert hat. In den Vordergrund tritt eine auffallende Enthemmung seines ihn immer mehr bedrängenden Trieblebens. Er scheint in den engen dörflichen Verhältnissen und dem für ihn höchst unbefriedigenden Milieu seiner Ehe in eine Art von Unerträglichkeitsaffekt und Depression hineingeglitten zu sein. Vor allem durch seine übermäßige sexuelle Betätigung ist es zu einem völligen Absinken seines Persönlichkeitsniveaus gekommen.*

Er ist ein großer, etwas untergewichtiger Mann in ausreichendem Gesundheitszustand, leptosom. Das linke Auge ist infolge Kriegsverletzung der Sehkraft beraubt, das rechte wahrscheinlich gleichfalls infolge einer Selbstbeschädigung. Nach einer inaktiv gewordenen Lungentbc ist sein Gesundheitszustand ausreichend. In seiner ganzen Haltung stellt er einen Pflegefall dar. Intellektuell zeigt er keine Ausfälle, die Grundstimmung ist oft depressiv. Bei ihm liegt eine seelische Entwicklungsstörung vor. Sein schwaches Selbstwerterleben, seine hilflose Unterstützungsbedürftigkeit nach dem Verlust der Sehkraft erfuhren eine Kompensation durch eine Hypertrophie des Geschlechtstriebes, die schließlich zum Verbrechen führte. Außerdem neigte er zu Gelegenheitsdiebstählen.

Das Urteil führt aus: „Was sich zwischen dem Angeklagten und seinem Opfer abgespielt hat, ist sein Geheimnis. Nur er selbst kann es lüften. Durch den Leichenbefund ist es nicht möglich." Auch nach vierjähriger Strafverbüßung gelten diese Ausführungen unverändert. „Ich weiß nicht, was geschehen ist" — das ist seine ständig wiederholte Stellungnahme. Zu dem Urteil steht er in Opposition. Einen Sexualmord lehnt er ab und behauptet, sich in Notwehr zudringlichen Griffen entzogen zu haben. Der Ablauf der Tat ist ihm ein Rätsel.

Als Erblindeter ist er auf die Hilfeleistung und Kameradschaft der Mitgefangenen angewiesen. Mit dieser hat er schlechte Erfahrungen gemacht. Dazu plagen ihn Schuldgefühle gegen seine Frau, die er trotz ihrer Tüchtigkeit verlassen und durch sein zügelloses Triebleben betrübt hat. Endlich steht er unter dem Druck der Isolierung und Ächtung durch seine Familie, den Vater und die Geschwister, die sich von ihm distanziert haben. Bis dahin einigermaßen ruhig, bröckelt unter dieser Belastung seine bisher leidlich ausgeglichene Grundstimmung ab, um Depressionen Platz zu machen. Mit bemerkenswerter Energie hat er Blindenschrift und Bürstenbinderei erlernt, bei der er Eifer und Geschick entwickelt. Mit Hilfe eines ihm zugebilligten Detektors füllt er die Freizeitstunden aus. Er schläft wenig, macht einen hilflosen Eindruck und ist durch sein Leiden in den geringen sozialen Möglichkeiten, die ihm das Zuchthaus gelassen hat, noch besonders reduziert.

Während im vorangegangenen Fall das nicht lösbare Rätsel ohne viel Unbehagen aus der Hand gelegt wird, verursacht es hier Pein und Not. Positiv zu bewerten sind die Schuldgefühle gegen die Frau, ebenso der Eifer bei der Arbeit trotz schwerer Beeinträchtigung seiner Leistungsfähigkeit.

**Fall 35,** zur Zeit der Taten 25,10 Jahre alt, Handwerker, 1 mal vorbestraft, ist wegen Doppelmordes zu lebenslangem Zuchthaus verurteilt.

*Die Taten laut Urteil*

*Fall 35 hatte mit Frau N. mehrfach Hamsterfahrten unternommen und sich mit ihren Kindern angefreundet. Um eine neue Hamsterfahrt zu vereinbaren, fuhr er in ihre Wohnung, fand aber nur die Kinder. Diese freuten sich über seinen Besuch. Er spielte mit ihnen und half ihnen die Schularbeiten machen. Danach schickte er die Kinder auf die Straße und untersuchte inzwischen die Speisekammer. Hierbei wurde er durch die zurückkommenden Kinder überrascht. Das an der Tür klingelnde Mädchen führte er wortlos ins Schlafzimmer und schlug mit der scharfen Seite eines Beils zweimal wuchtig von hinten auf ihren Kopf. Das Kind war sofort tot. Den alsdann klingelnden Jungen führte er wortlos in die Toilette und schlug ihn dann etwa 13mal von hinten auf den Kopf. Er ließ die Kinder liegen, packte Kartoffeln ein und nahm Geld an sich. Dann fuhr er nach Hause, aß mit seiner Ehefrau, kaufte sich Zigaretten, hielt sich zwei Tage und zwei Nächte im Walde auf und kehrte alsdann nach Hause zurück, wo er festgenommen wurde.*

*Die psychiatrischen Gutachten von 3 Sachverständigen besagen, daß Geisteskrankheit, Geistesschwäche und ein organisches Nervenleiden auszuschließen sind. Feststellbar ist eine erhöhte Erregbarkeit und Labilität seines Nervensystems, die aber seine Zurechnungsfähigkeit nicht eingeschränkt haben. Auch bei der Tat lag kein krankhafter Ausnahmezustand vor. Die Malaria tropica aus der Militärzeit hat keine schweren psychischen Störungen hinterlassen. Der Schutz des § 51, 1 oder 2 kommt also für ihn nicht in Frage.*

*Er bietet das Bild eines psychopathischen, in sozialer Hinsicht unterwertigen Defektmenschen, das sich unter guter äußerer Fassade und gewandtem Auftreten verbirgt. Seine Entwicklung ist in keiner Weise abgeschlossen und auf einer jugendlichen, infantilen Stufe stehengeblieben. Roheit und Weichheit wohnen bei ihm wie bei einem Kinde ganz unvermittelt nebeneinander und können in einem sich in Minuten vollziehenden Szenenwechsel an die Oberfläche des Seelenlebens treten.*

Fall 35 ist ein mittelgroßer, hagerer Mann in ausreichendem Ernährungszustand, leptosom mit asthenischem Einschlag. Von guter Durchschnittsintelligenz, ist er gemütsmäßig flach und resonanzarm. In der Grundstimmung ist er im wesentlichen ausgeglichen, gelegentlich heiter, selten depressiv. Er ist ein ichhafter, schwer affekt-labiler Mensch, sprunghaft, chaotisch, mit aggressiven, destruktiven Tendenzen. Bei der Tat war ihm „furchtbar heiß. Es rauschte in den Ohren, wie wenn man unter Wasser ist". Dann öffnete es sich ihm „wie ein Schleier vor den Augen". Durch den geöffneten Schleier sah er allerdings nur die Tat und ihre Folgen, aber nicht ihre Zusammenhänge. Er empfindet sie als ein Rätsel, das er auch nach sechsjähriger Strafverbüßung nicht zu lösen vermochte. „Warum geschah das?" — so fragt er. Dann schildert er ohne wesentliche Erschütterung „den ganzen Film". Affektäußerungen kann er dabei kaum vorbringen.

Während der Strafverbüßung hat er nach einem längeren Briefwechsel sich mit einem weit entfernt wohnenden Mädchen verlobt. In der Anstalt ist er auf soziale Resonanz angewiesen. Alleinsein ist ihm schwer erträglich. Dabei spricht er von dem verderblichen Einfluß der Mitgefangenen, deren

Haß, Mißgunst und übles Gerede zu ständiger Vorsicht nötigen und die Gefahr einer Infizierung bringen.

Er erlernt die französische Sprache. Daneben macht es ihm Vergnügen, Abschriften von Gedichten und ganzen Dramen, zum Teil in Goldschrift, zu fertigen. So hofft er auf den Tag der Begnadigung, für dessen beschleunigte Herbeiführung er das Argument ins Treffen führt, daß er für die Zeugung eines Kindes nicht zu alt sein dürfe.

Auffallend ist das Fehlen jeder Bedeutungsvorstellung für das Urteil. Man hat den Eindruck, als ob die Realität der über ihn verhängten Strafe gar nicht erfaßt wird. Er schmiedet Pläne für die Zeit nach der Entlassung, als ob es sich nur noch um Wochen und Monate handelt.

Den Grund für die über ihn hereingebrochene Krise und Katastrophe sucht er nicht im eigenen Ich. Sie ist ein Film, der vor ihm abrollt, ein von draußen kommendes, rätselhaftes Etwas. Damit erübrigen sich Innenschau, Abrechnung, Auseinandersetzung.

Auch in seiner Beschäftigung bleibt er in einer rein sachlichen, gleichsam Es-Sphäre. Er erlernt eine Sprache, übt dabei Regeln der Grammatik, trainiert damit schulmeisterliche Technik, schreibt Gedichte ab, ohne zu ihrem Inhalt Stellung zu nehmen. Auf diese Weise ist das Ich gar nicht in Anspruch genommen. Er bleibt von der besonderen Schwere der Taten merkwürdig unangefochten.

KAPITEL IV

# Das Fehlen jeder Leitlinie

Die bisherigen Fälle zeichneten sich insgesamt durch eine gewisse Stetigkeit der Haltung aus. Nur ein kleiner Teil war zur aktiven und positiven Bewältigung der Lebenssituation: „lebenslanges Zuchthaus" imstande. Ein größerer Teil verhielt sich kämpferisch negativ oder verharrte in mehr passiver Negation. Es folgen nunmehr die Fälle, bei denen sich eine eindeutige Leitlinie, eine klare Stellungnahme nicht mehr registrieren läßt. Die widerstreitenden Gefühle, welche von Tag zu Tag, manchmal von Stunde zu Stunde das Erscheinungsbild ändern, immer wieder neue Aspekte in der Stellungnahme zur Tat und zum Urteil machen es schwer, eine Kennzeichnung der Haltung vorzunehmen.

## *§ 14 Labilität der Stimmungslage*

**Fall 36,** zur Zeit der Tat 26,9 Jahre alt, Schlosser, mehrfach vorbestraft, ist wegen Mordes zu lebenslangem Zuchthaus verurteilt.

*Die Tat laut Urteil*

*Fall 36 war von Frau T. gegen Bezahlung als Reisebegleiter bestellt worden. Sie wollte im Westen einen großen Posten Rasiermesser einkaufen, um diese alsdann in Berlin wieder zu verkaufen. Zusammen mit seinem Mittäter begleitete er sie bis an die Zonengrenze, wo sie von dem Komplicen niedergeschlagen wurde. Sie teilten alsdann die Beute und reisten nach Berlin zurück.*

*Das spychiatrische Gutachten findet keine krankhaften Erscheinungen und versagt ihm den Schutz des § 51, 1 oder 2.*

Er ist ein hochgewachsener, kräftiger, breitschultriger Mann, Athletiker. Psychisch labil, ein Mensch fließenden Gefüges, ist er stark wechselnden Stimmungen unterworfen. Intellektuell erreicht er den Durchschnitt.
Die Dominante seines Wesens ist Unsicherheit, Übergefügigkeit, Ängstlichkeit; er ist kein asozial-krimineller Mensch.

Fall 36 steht in Opposition zu dem Urteil. Er hält es für zu hart, da er weder Tötungsabsichten gehabt habe, noch bei der Tat aktiv gewesen sei. Auch übt er Kritik an der Art des Strafvollzugs. Als sinnvoller Vollzug würde ihm erscheinen etwa Neulandgewinnung an der Nordsee oder 10 bis 20 Jahre schwere Arbeit, aus deren Erträgen die Hinterbliebenen der Opfer unterstützt werden könnten. Bei der jetzigen Strafverbüßung bleibe der Körper unbeteiligt; seelisch dagegen sei er eine Folter infolge der stark eingeschränkten Verbindung mit den Menschen, deren Anteilnahme und Mitgehen ihm das Ertragen seines Schicksals möglich mache.

Er ist sehr empfindlich, leicht verletzt und reagiert schon auf Kleinigkeiten im Anstaltsleben mit beträchtlichen Stimmungseinbrüchen. Das Durchsuchen der Zelle, das Durcheinanderwerfen der Wäsche, empfindet er als eine Demütigung, von der er sich nur schwer erholt. Der Blick auf die in der Ferne vorüberfahrende Stadtbahn verursacht ihm Qualen. Die seelische Belastung, die ein Zellengenosse mit der Schilderung seines Schicksals bringen würde, läßt ihn die Gemeinschaft unerwünscht erscheinen. Konflikten geht er aus dem Wege. Tempo, Eifer und Geschick bei der Arbeit verdienen volle Anerkennung. Nach Beendigung derselben setzt die Not ein: Auf das Studium von Büchern kann er sich nur schwer konzentrieren. So begnügt er sich damit, die Briefe der Braut, unter deren Einfluß er sich stellen will, immer wieder zu lesen. Dabei plagen ihn Heimweh und Eifersucht. Stimmungslabil, zwischen Hoffnungen und Depressionen hin- und hergerissen, gelangt er zu keiner klaren Haltung.

**Fall 37,** zur Zeit der Tat 22,8 Jahre alt, Arbeiter, nicht vorbestraft, ist wegen Mordes zu lebenslangem Zuchthaus verurteilt.

*Die Tat laut Urteil*

*Um in den Besitz von Geldmitteln zu gelangen, überfiel Fall 37 seine Wirtin. Er schlug 4—5mal mit dem Hammer auf sie ein, warf sie mit dem Rücken auf das Bett und drückte ihr mit beiden Händen die Kehle solange zu, bis sie kein Lebenszeichen mehr von sich gab. Mit zwei inzwischen erschienenen Prostituierten packte er Wäsche und Schmucksachen ein und verkaufte sie. Alle drei reisten alsdann nach dem Westen.*

*Das psychiatrische Gutachten schließt eine Geisteskrankheit, einen Zustand von Geistesschwäche oder ein organisches Nervenleiden aus. Er ist ein Defektmensch, ein ausgesprochener Mördertyp, aber ohne Anspruch auf den Schutz des § 51, 1 oder 2. Er gehört zu den entwicklungsgehemmten, infantilen Persönlichkeiten mit besonders schweren Störungen des Charakters und Trieblebens, wie man sie vor allem unter Mördern findet.*

Fall 37 ist ein großer, gut genährter Mensch mit einer nur mäßig entwickelten Muskulatur, leptosom. Auffallend ist sein ausgesprochen weichliches, fast mädchenhaftes Gesicht. Das linke Fußgelenk ist versteift, das linke Bein etwas verkürzt. Die Intelligenz ist gut. In der Stimmung wechselt Heiterkeit ab mit depressiven Phasen.

Er ist eine degenerierte Persönlichkeit, asozial, gemütsarm, triebhaft, haltlos, in einem zerrütteten Elternhaus ohne Richtung und Halt aufgewachsen. Kriegserlebnisse haben auf die Entwicklung dieses sehr unglücklich strukturierten Menschen einen katastrophalen Einfluß genommen. Er lernt Rohheit und rücksichtsloses Draufgängertum kennen. Sein Weg hatte ihn an zahllosen Leichen vorüber geführt, die schwarz, von Würmern zerfressen, in der Verwesung begriffen waren. Dadurch war die Ehrfurcht vor dem Menschenleben erstickt; er war abgestumpft. Moralisch-ethische Bindungen, soweit sie überhaupt vorhanden gewesen waren, hatten einen planmäßigen Abbau erfahren. Was übrig blieb, war ein rein zweckbedingtes Handeln. Steht ein Mensch der Erreichung eines bestimmten Zieles im Wege, dann muß er eben beseitigt werden. Was spielt das schon für eine Rolle angesichts der Scheußlichkeiten, die überall geschehen sind? Lediglich die Rentabilität des Unternehmens muß noch überdacht werden. So überlegt er beim Erwachen am Morgen des Mordtages: „Soll ich eine Zigarette rauchen oder nicht? Soll ich die Alte totschlagen oder nicht?“ Der Gedanke an die beachtlichen Vermögenswerte und die eigene Mittellosigkeit gibt den Ausschlag: „Haust der Alten eins vor den Kopf!“ Ein leises Zittern unmittelbar vor der Tat erklärt er als den Einspruch einer unbestimmten Instanz, den er aber übergeht. Während des Geschehens selber verspürt er keinerlei Hemmungen. „Obwohl die E. (das Opfer) meine Großmutter hätte sein können, empfand ich während der Ausführung der Tat keinerlei Mitleid.“ Das Ganze trägt er vor wie eine lustige Geschichte, die er immer wieder mit Lachen unterbricht.

Nach der Verhaftung läßt er sich lange Zeit passiv treiben; er „döst". Ein gewisser Aufschwung erfolgt nach Besuchen und Briefen des Vaters. Lehnte er diesen früher als „verkalkt und vermorscht" ab, so nimmt er jetzt eine starke Übertragung auf ihn vor. Dessen Klagen über die wachsenden Gebrechen des Alters und wirtschaftliche Schwierigkeiten empfindet er als „Keulenhiebe". Vor ihnen verlieren alle Unannehmlichkeiten des Anstaltslebens ihre Bedeutung. Die früher stark angefochtene Rolle des Vaters wird jetzt übersteigert.

Zuversichtlich hofft er auf spätere Begnadigung, um alsdann ihm das Alter leicht zu machen. Bis dahin will er die Zeit mit Arbeit ausfüllen, seine Gesundheit durch Sport pflegen und sich mit Lektüre sowie Disputen auch geistig rege halten. Dauergemeinschaft lehnt er ab, da sich sofort Spannungen ergeben und zwei gegen einen stehen.

Daß im sittlichen Wertleben schlimme Ausfälle vorliegen, zeigt sein ständiges Lachen. Über das Folgenschwere seines Tuns ist er sich auch nach vierjähriger Strafverbüßung noch nicht klar. Nach Phasen einer gehobenen, lustigen Stimmung heult er ohne ersichtlichen Grund eine Woche hindurch. Eine Gesinnungsänderung ist nicht erfolgt. Sein Denken ist nach wie vor zweckbestimmt. Er will sich bei verschiedenen Beamten der Anstalt „anschmusen", damit er nicht an dem Tag, wo das Gnadengesuch zu laufen beginnt, „mit ausgefransten Ärmeln" dasteht.

Auf gelegentliche Versuche, etwas Ordnung und Stabilität in seinen Erlebnisstrom zu bringen, folgen immer wieder Überschwemmungen durch wechselnde Stimmungen. Später werden allerdings Anzeichen einer beginnenden Umstruktuierung erkenntlich.

**Fall 38,** zur Zeit der Tat 37,3 Jahre alt, Kraftfahrer, ist wegen Mordes zu lebenslangem Zuchthaus verurteilt.

*Die Tat laut Urteil*

*Im Auftrage eines Heimkehrerverbandes kassierte Fall 38 bei der 68jährigen Witwe H. Beiträge. Die alte, hilflose Frau sah in ihm eine Vertrauensperson und schenkte ihm viel Vertrauen. Auch er erzählte ihr von seinen Nöten. Sie hatte großes Mitleid mit ihm. In schwermütiger Stimmung beschloß er, etwas zu unternehmen, um zu Geld zu kommen. Er nahm einen Hammer an sich. Bei seinem ziellosen Umherirren kam er an der Wohnung der Frau H. vorbei und suchte sie auf. Er sah ein dickes Portemonnaie auf dem Tisch und faßte plötzlich den Entschluß, die Frau H. zu töten. Mit dem Hammer führte er 8—10 Schläge gegen ihren Kopf, wobei er sich die linke Hand vor die Augen hielt. Danach zwängte er eine Socke in die Mundhöhle, was den totalen Verschluß der Luftröhre bewirkte. Geldbörse und Armbanduhr nahm er an sich, warf sie aber draußen ins Wasser. Er suchte verschiedene Lokale auf und kam nachts betrunken in sein Zimmer.*

*Das psychiatrische Gutachten schließt Geisteskrankheit, Geistesschwäche, Sinnestäuschungen und Bewußtseinsstörungen aus. Auch Kriegsverletzungen haben zu keiner Veränderung der Persönlichkeit im Sinne einer Hirnleistungsschwäche oder zu einer Vermehrung der abnormen Charakterkomponenten geführt. Der Schutz des § 51, 1 oder 2 steht ihm deshalb nicht zu.*

Er ist ein kleiner, schmächtiger, blasser Mann in ausreichendem Gesundheitszustand, leptosom, durch eine Kriegsverletzung am linken Bein und Hüftgelenk in der Beweglichkeit beeinträchtigt. Seine Intelligenz steht am unteren Rande des Durchschnitts, die Grundstimmung ist ernst.

Psychisch ist er ein kontaktgehemmter, stimmungslabiler Mensch von geringer Vitalkraft, mit Neigung zu depressiven Schwankungen.

Seine Tat ist die eines Asthenikers. Beim Ausführen derselben hält er sich die linke Hand vor die Augen und lugt ein wenig durch die gespreizten Finger, um den Schlag in die rechte Richtung zu lenken. Nach der Tat durcheilt er ruhelos die Straßen und wünscht sich: „Wenn mich nur einer von hinten erschießen würde."

Sie verfolgt und belastet ihn schwer. Vom Fenster seiner Zelle im Untersuchungsgefängnis sah er einen Laternenpfahl und gestand sich selber: „Du gehörst an diesem Pfahl aufgehängt zu werden." Dann verfiel er in Apathie. Ihm war alles gleich. Er unterschrieb alles, was man ihm vorlegte; er wäre bereit gewesen, auch neue Morde in beliebiger Zahl zuzugeben, wenn man es von ihm verlangt hätte. Bald erscheint er sich selber als ein Rätsel, bald schiebt er die Verantwortung auf sein Opfer, das ihn durch abfällige Äußerungen über seine Frau schwer erregt habe. Noch nach einem Jahr hat er keine abschließende Stellungnahme zu seiner Straftat gefunden. Einmal behauptet er, die Schuld sei lediglich bei den Angehörigen seiner Ehefrau zu suchen; dann wieder möchte er am liebsten zur Hinrichtung schreiten, da nur durch Hingabe des eigenen Lebens der Mord gesühnt werden könne.

Er will versuchen, eine planmäßige Lehre zu beginnen und hofft, in Gemeinschaft mit anderen sowie mit Pflege von Musik die Zeit bis zur Einreichung eines Gnadengesuches zu überbrücken.

Das Unvermögen, mit seinem Schicksal fertig zu werden, stammt aus der geringen Spannweite seines Geistes. In seinen Reden wird eine These durch eine andere aufgehoben, in seinen Stellungnahmen wird eine Ansicht durch eine entgegengesetzte abgelöst. Aus allem spricht die Unfähigkeit, mit der inneren Situation fertigzuwerden. Ob der im Gang befindliche Gärungsprozeß zu einem positiven Ergebnis führen wird, muß abgewartet werden. Angesichts seiner Charakterstruktur ist es nicht ausgeschlossen.

**Fall 39,** zur Zeit der Tat 21,3 Jahre alt, Arbeiter, 1 mal vorbestraft, ist wegen gemeinschaftlichen Raubmordes zu lebenslangem Zuchthaus verurteilt.

*Die Tat laut Urteil*

*Fall 39 überfiel mit seinem Mittäter eine 69 Jahre alte Frau, die noch wertvolle Sachen besaß. Er kniete auf dem Fußboden und hielt die Frau fest, während der Mittäter sie mit einer elektrischen Zuleitungsschnur erdrosselte und alsdann Kleidungsstücke und Schmuck an sich nahm. Beide verkauften die Sachen auf dem schwarzen Markt und teilten das Geld.*

*Ein psychiatrisches Gutachten liegt nicht vor. Das Urteil sagt: „Umstände, die die Zurechnungsfähigkeit des Angeklagten ganz oder teilweise in Frage stellen könnten, sind weder behauptet noch auch zu erkennen gewesen."*

Ein großer, breiter, kräftiger Mann, Athletiker. Intellektuell steht er noch gerade am Rande des Durchschnitts. In der Grundstimmung ist er ernst, zuweilen gedrückt und depressiv.

Er ist ein durch die häuslichen Verhältnisse über Gebühr lange in Gefügigkeit gehaltener Mensch, der es nicht lernte, eine selbständige Haltung zu entwickeln, ohne kriminelle Struktur, nicht asozial, ein Spätentwickelter.

Auch nach sechsjähriger Verbüßung hat er keinen Abstand von der Tat gewinnen können, die als ein unassimiliertes Element in seinem Seelenleben herrschend steht. Träumend sieht er die Ermordete mit ihrem weißen Haar und wacht tränenüberströmt auf. Am liebsten möchte er „die Frau aus der Erde hervorholen, tausende von Kilometern barfuß laufen, um sie wiederzubringen". Wenn „der Moralische" kommt, schwindet der Schlaf, und die Depressionen schlagen über ihm zusammen. Deshalb denkt er mit Neid an seinen hingerichteten Mittäter, der längst zur Ruhe gekommen sei, für den er die Strafe jetzt mittragen müsse.

Schuldgefühle erschweren die Beziehungen zu den Eltern. Er zögert, ihnen einen Sprechschein zu schicken, obwohl sie ihm einen Besuch anbieten. Der Gedanke, sie enttäuscht und durch die von ihm verursachten Aufregungen ihre Gesundheit untergraben zu haben, bringt ihm Qualen. Schroffe Worte, die er im Gefängnis hört, verstärken die Minderwertigkeitsgefühle. Jeden Morgen peinigt ihn der Blick auf die Gitter und erinnert ihn unbarmherzig an die Ausweglosigkeit seiner Lage. So ist er froh, als Hausreiniger viel Arbeit und mancherlei Abwechslung zu haben. Mit ihr geht parallel eine ständige innere Auseinandersetzung und ein hartes Ringen um eine positive Verarbeitung der Situation. Sein zuweilen stark angeschlagenes Selbstwertgefühl hat oft Mühe, sich wieder zu erholen. Er liegt in ständigem Kampf zwischen Depressionen und dem Versuch, Selbstdisziplin, Selbstbeherrschung, Gemessenheit und Stetigkeit zu wahren. Eine Konsolidierung und Nachreifung der Persönlichkeit ist am Werke. Angesichts seines starken Sühnebedürfnisses kann eine positive Prognose gestellt werden.

**Fall 40,** zur Zeit der Tat 20,0 Jahre alt, Schlosser, nicht vorbestraft, ist wegen Raubmordes zu lebenslangem Zuchthaus verurteilt.

*Die Tat laut Urteil*

*Die Tat von Fall 40 ist bereits bei der Tat von Fall 12 mitgeschildert. Das psychiatrische Gutachten findet keinerlei Erscheinung von Wahnideen oder einer Geistesstörung, auch keine besonderen Persönlichkeitseigentümlichkeiten. Alles hat sich fließend entwickelt. Ein Knick in der Lebenslinie fehlt. Seine Zurechnungsfähigkeit war weder aufgehoben noch erheblich vermindert. Er kann den Schutz des § 51, 1 oder 2 nicht für sich in Anspruch nehmen.*

Fall 40 ist ein mittelgroßer, breitschultriger Mann in ausreichendem Gesundheitszustand, Athletiker. Geistig schwerfällig, steht er am Rande des Schwachsinns. Die Grundstimmung ist überwiegend ernst und gedrückt. Er ist ein leicht schwachsinniger Mensch, willensschwach, ängstlich, weich, leicht beeinflußbar.

In Geständnisfreudigkeit hat er sofort nach der Verhaftung die Tat bis in alle Einzelheiten zugegeben, um sich zu entlasten. Die erwartete Erleichterung ist aber nicht eingetreten. Noch immer verfolgen ihn die Dinge. „Ich sehe den Ermordeten liegen.“ Daß er an der Vernichtung eines Menschenlebens mitgeholfen hat, erscheint ihm angesichts seiner Weichheit und Sensibilität unfaßbar. So gellt ihm der Schrei eines im Kriege tödlich getroffenen Pferdes heute noch in den Ohren. Sein Ideal ist eine kleine Schlosserei in ländlicher Einsamkeit, fernab von dem Getriebe der Großstadt. Oft schon hat er dem Toten Abbitte geleistet: „Es tut mir sehr wehe.“

Häufig stellen sich Depressionen ein. Sie halten drei bis vier Tage an. Ein Appell an die Einsicht und den Willen: „Es hat keinen Zweck, den Kopf hängen zu lassen,“ bleibt erfolglos. Oft werden sie ausgelöst durch einen Besuch der Angehörigen, durch die Ablehnung von Wünschen oder nach Freizeitveranstaltungen. Dann hält er sich vor: „Das hättest du öfter haben können.“ Aber auch abgesehen von diesen äußeren Anlässen überfallen ihn die Depressionen im Auf und Ab der Stimmung. Sie führen zu Ungeschicklichkeiten und Verletzungen bei der Arbeit. Er weint, ist schlaflos und macht einen müden, erschöpften Eindruck.

An den Komplicen denkt er ohne Haß: „Ich bin ebenso schuldig wie er.“ Halt findet er in der Anlehnung an das Elternhaus. Bleibt „Mutti“ aus, so ist er im Lebensnerv getroffen, andererseits wird er nach dem Besuch von Affekten über den Haufen geworfen. Er starrt mit traurigen Augen ins Leere und schluchzt.

Primitivreaktionen, wie sie in der Anfangszeit in Gestalt von Ausbruchsversuchen auftraten, unterblieben alsdann. Seine Führung war längere Zeit einwandfrei. Im großen und ganzen aber hat sich an dem Bild des weichlichen, willensschwachen, leicht zu beeinflussenden Menschen nichts geändert. Primitiv, intellektuell beschränkt, psychisch durchaus asthenisch, ist er der über ihn hereingebrochenen Situation in keiner Weise gewachsen. Angesichts seiner Charakterstruktur kann er keine persönliche Haltung oder Leitlinie entwickeln. Immer wieder bricht die innere Labilität und Schwankungsbereitschaft durch.

## *§ 15 Jugendneurose*

**Fall 41,** zur Zeit der Tat 21,7 Jahre alt, Schlosser, nicht vorbestraft, ist wegen Mordes zu lebenslangem Zuchthaus verurteilt.

*Die Tat laut Urteil*

*Infolge seiner engen Beziehungen zu der K., die ihn finanziell und sexuell sehr ausnützte, war Fall 41 in Schulden geraten. Nun kam er auf die Idee, dem Uhrmacher R. Uhren wegzunehmen, um durch den Verkauf derselben von seinen Schulden freizuwerden. Bei der Abholung eines reparierten Weckers steckte er sich eine Anzahl Uhren in die Taschen. Von R. zur Rede gestellt, leugnete er ab. Nach heftigem Wortwechsel nahm R. ein Beil zur Hand, mit welchem er Fall 41 nur schwach an der Schulter traf. Dieser entriß dem R. das Beil und schlug ihn mehrere Male mit demselben auf den Kopf, bis er zusammenbrach. Fall 41 nahm insgesamt etwa 30 Uhren an sich und verließ die Wohnung.*

*Das psychiatrische Gutachten schließt Geisteskrankheit, Geistesschwäche oder ein organisches Nervenleiden aus. Der § 51, 1 oder 2 komme für ihn nicht in Frage. Der Gutachter nennt ihn einen ethisch defekten, unausgeglichenen und haltlosen Psychopathen, der aber in seinem Gefühlsleben und seiner Willensbetätigung nicht krankhaft gestört sei.*

Er ist ein kleiner, schmaler, hagerer, blasser Mann, leptosom. Intellektuell gut ausgestattet, ist er in der Stimmungslage stark schwankend.
Seine Tat ist erwachsen auf dem Boden der seelischen Unfertigkeit und Unausgeglichenheit des verspätet Pubertierenden.

Fall 41 zeigt sich labil und von beträchtlicher Reagibilität. Abnorm heftig reagiert er auf Besuche von Verwandten, Veränderungen im Anstaltsleben, sogar auf den Tonfall der ihn umgebenden Menschen. Ein Zellenwechsel regt ihn so stark auf, daß er mit einem Selbstmordversuch antwortet. Bald gehoben, bald gedrückt, läßt er sich von der jeweiligen Stimmung schnell überspülen. Zur Überwindung seiner inneren Spannungen braucht er Beistand, hat aber Hemmungen, mit seinem Anliegen hervorzutreten. Dann droht er manchmal „zu platzen“ und sucht nach einem Haken, um sich zu erhängen.

Des öfteren läßt er Widersätzlichkeiten erkennen. Er versuchte zu entweichen, geriet in den Verdacht eines Metalldiebstahls, hatte mit verschiedenen

Personen des Anstaltspersonals Zusammenstöße. Es gibt Tage, wo er durchaus arbeitsunlustig ist. In der Freizeit versucht er, die Lücken in seinem Schulwissen zu schließen, sich im Lesen, Schreiben und Rechnen weiterzubilden. Die Beziehungen zu den Eltern sind ungeklärt. Er hat sich mehr und mehr in die Rolle des Außenseiters und schwarzen Schafes der Familie hineingesteigert, so daß jetzt auch ein gutgemeinter Zuspruch der Eltern auf zurückhaltende Abwehr stößt. Bei einer eventuellen Entlassung würde er es ablehnen, in das Elternhaus zurückzukehren. Zumal über seine Haltung zum Vater spricht er zurückhaltend, gereizt, ja ablehnend. Dessen überspannte Forderungen und diktatorische Art haben bei dem Sohn eine Mischung von Trotz und Insuffizienzgefühlen hervorgerufen, die auch heute noch erkenntlich ist.

Es drängt sich der Eindruck auf, daß hier typische Züge einer neurotischen Vaterprotesthaltung vorliegen. Das Unausgeglichene und Unreife seiner Vatereinstellung führt ihn zum Protest gegen alle autoritären Instanzen, die im Lehrer auf der Schule, in der Gesellschaftsordnung und zuletzt im Personal der Anstalt verkörpert sind. Die Neigung zum Querulieren sowie die zeitweilige Arbeitsunlust sind als verspätete Pubertäts-Erscheinungen verständlich. Psychotherapeutische Behandlung wäre notwendig und verheißungsvoll.

**Fall 42,** zur Zeit der Tat 19,10 Jahre alt, Fleischer, nicht vorbestraft, ist wegen Mordes zu lebenslangem Zuchthaus verurteilt.

*Die Tat laut Urteil*

*Die Tat von Fall 42 ist bereits bei der Tat von Fall 28 mitgeschildert. Über Fall 42 liegen drei psychiatrische Gutachten vor. Das erste stellt eine Haftpsychose fest und läßt den Verdacht einer Schizophrenie offen, hält ihn aber für verhandlungsfähig ohne Anspruch auf § 51, 1 oder 2. Das zweite verneint Geisteskrankheit, Geistesschwäche, Haftpsychose, hysterische Zustände und Schizophrenie. § 51, 1 oder 2 seien nicht anzuwenden. Das dritte, angesichts der Widersprüche in den beiden ersten herangezogen, verneint gleichfalls eine schizophrene Abknickung der bisherigen Entwicklungslinie, stellt lediglich eine psychopathische Fehlentwicklung fest und erklärt ihn für voll verantwortlich.*

Er ist ein mittelgroßer, kräftiger Mann, hager, muskulös, leptosom mit athletischem Einschlag. Seine durchschnittliche Intelligenz, gepaart mit Handgeschick, ermöglichte ihm einen im ganzen glatten Schulverlauf und eine gute Gesellenprüfung. Die Grundstimmung ist gedrückt, zuweilen depressiv.

Psychisch war er ein ursprünglich weicher, ängstlicher Mensch, dessen Anlehnungsbedürfnis infolge Versagens des Elternhauses in Trotz umschlug, der auf Grund der häuslichen Konstellation keine Linie entwickeln konnte und deshalb in Haltlosigkeit endete.

Fall 42 verfolgte während des Prozesses die Taktik des Schweigens. In der Hauptverhandlung erklärt er, daß er über die Mordsache nichts sagen könne. Der Sachverhalt mußte durch andere festgestellt werden. Schon bei den vorangegangenen Vernehmungen stockte er, sobald das Gespräch eine Wendung zu seiner Straftat nahm. Er sperrte sich gegen Äußerungen über Dinge, die er nicht mitteilen wollte, und verstummte bei Fragen nach der Tat schließlich ganz. In etwas gemilderter Form setzt er diese Haltung zunächst auch während der Strafverbüßung fort. Hier zeigte er anfangs eine Mischung von Mißtrauen und Schüchternheit mit deutlichen Angst- und Unsicherheitskomponenten. Er antwortet nur wenig, abgehackt, stockend, zuweilen erst nach mehrfachem Ansatz, häufig unterbrochen, einzelne Worte scharf akzentuierend, manchmal fast in Schreien übergehend. Ganz selten erscheint ein gequältes, unecht wirkendes Lächeln. Dieses ängstliche, dumpf-gedrückte Gesamtverhalten erstreckt sich über beträchtliche Zeit. Er ist unruhig, nervös, gestaut, zurückhaltend. Fast immer mit Argwohn und lauerndem Mißtrauen geladen, bittet er trotzdem inständig um Wiederholung des Besuchs. Die Tat berührt er nicht, klagt aber über die Aussichtslosigkeit seiner Lage. Alleinsein ist ihm unerträglich. Er schließt sich stark an den Zellengenossen an und setzt die Beziehungen zu ihm auch nach dessen Entlassung fort. Eine Bindung an Arbeit hat er nicht. Bei der Beschäftigung in der Küche kommen Unregelmäßigkeiten vor. Die Arbeit in der Buchbinderei verrichtet er ohne Lust und Liebe. Die Monotonie des Anstaltslebens führt zu schweren Sättigungssymptomen. Nach etwa einem halben Jahr nimmt er von einem Besuch zum anderen eine radikale Änderung seiner Haltung vor. Die stockende, abgehackte Redeweise hört auf, das lauernde Mißtrauen im Blick und in der Gesamthaltung verschwindet. Er beginnt eine umfassende Lebensbeichte. Dabei versteht er es, sich mit Präzision auszudrücken und selbst differenzierte Gefühlszustände in voller Klarheit zu schildern. Er ist von peinlicher Genauigkeit auch in nebensächlichen Dingen, berichtigt sich nach kurzem Nachdenken selbst in Kleinigkeiten. Zum ersten Male spricht er auch von der Tat. „Ich bereue, will auch kein Wiederaufnahmeverfahren.“ Nur den Versuch einer Umwandlung der lebenslänglichen in eine Zeitstrafe will er zu gegebener Zeit unternehmen.

Die Schuld sieht er in dem zerrütteten Elternhaus, das ihn ohne Anhalt ließ, sowie in der nervlichen Zerrüttung, in die er während seiner Militärzeit geraten war. Sein Schweigen im Termin erklärt er mit üblen Erfahrungen während der Vernehmungen. Da er keine Gelegenheit fand, sich zu offenbaren und in vertraulichem Gespräch auszusprechen, bezog er die Haltung des trotzigen Sichverschließens. Er kehrt dann später zu der alten Haltung der Reserviertheit zurück. Immer erst muß er eine Zone von Argwohn und Mißtrauen durchstoßen, bis er sich frei aussprechen kann.

Auffällig an ihm ist das neurotisch Verkrampfte seiner Haltung. Im Vordergrund seines Persönlichkeitsbildes steht die unbewältigte Vater-Thematik. Die Beziehungen zu ihm sind ungeklärt. Er schätzte und liebte ihn, weil er den Sohn auf seinen Handelsfahrten viel Interessantes sehen ließ; andererseits wird er immer wieder von Haßimpulsen überschwemmt, weil der Vater jegliches Familienleben zerstörte und ihn in seinem Selbstwertgefühl häufig gröblichst verletzte. Es drängt sich der Eindruck auf, daß hier noch typische Züge einer neurotischen Vaterprotesthaltung vorliegen. Von Natur aus anhänglich, liebebedürftig, oft ängstlich, findet er weder bei der stumpfen Mutter noch bei dem sprunghaften Vater Befriedigung seiner seelischen Bedürfnisse, obwohl dieser imstande war, Anlehnung zu gewähren. So entwickelt er gegen denselben eine ausgesprochene Haßliebe, die ihn zu ständigem Schwanken in der Haltung führt. Das Unausgeglichene und Unreife seiner Vatereinstellung hat alsdann einen Protest gegen alle autoritären Stellen zur Folge, wie sie in der Justiz und jetzt im Anstaltspersonal verkörpert sind. Dabei ist seine Protesthaltung gar nicht so sehr verhärtet, vielmehr wird immer wieder sein Anlehnungsbedürfnis erkenntlich. Es besteht die Hoffnung, ihm zur Lösung seiner Verkrampfung zu verhelfen und den Weg zu einer Klärung und Reifung seiner Persönlichkeit zu ebnen.

## *§ 16 Unvermögen innerer Entwicklung*

**Fall 43,** zur Zeit der Tat 20,10 Jahre alt, Handwerker, nicht vorbestraft, ist wegen Mordes zu lebenslangem Zuchthaus verurteilt.

*Die Tat von Fall 43 ist bereits bei der Tat von Fall 17 mitgeschildert.*
*Das psychiatrische Gutachten stellt fest, daß Geisteskrankheit, Geistesschwäche und ein organisches Nervenleiden nicht nachzuweisen sind. Der Schutz des § 51, 1 oder 2 ist ihm deshalb zu versagen.*

*Das Gutachten nennt ihn einen geistig minderwertigen, moralisch defekten Menschen, dessen Intelligenz unter dem Durchschnitt steht. Ihn kennzeichnen asoziale Einstellung, Hemmungslosigkeit, kriminelle Veranlagung sowie ein außergewöhnliches Maß von Gefühlsroheit und Gefühlskälte.*

Ein großer, kräftiger, breitschultriger Bursche in gutem Gesundheitszustand, Athletiker. Die geringe Begabung ließ ihn über das Hilfsschul-Niveau nicht hinauskommen. Seine Grundstimmung ist ausgeglichen, manchmal vergnügt. Er ist ein schwachsinniger, leicht erregbarer, asozialer Mensch, ichhaft, gemütsarm, triebhaft, haltlos.

Der schwere Intelligenzdefekt, gekoppelt mit Ausfällen im Sektor des Gemüts, läßt eine innere Entwicklung nicht zu. Im Vordergrund steht die Befriedigung der vitalen Bedürfnisse: essen, rauchen, schlafen. Damit ist sein Interesse erschöpft. Alles, was über leichte Unterhaltungslektüre hinausgeht, lehnt er ab. Eine Unterhaltung ist kaum möglich. Er bleibt passiv und stumpf. In seiner Zelle findet er es gemütlich.

Er bereitete einen Ausbruch vor; später warf er einen Wasserkrug aus dem Fenster, um auf diese Weise gegen die Einzelhaft zu protestieren. Auch in seinen Briefen läßt er zuweilen Aggressionen erkennen. Im übrigen löst die Strafe keinerlei Resonanz aus. Er „brummt" sie ab. Ihm selber ist es zweifelhaft, ob er nach einem etwaigen Gnadenerweis „ein guter Kerl" sein wird.

Die geringe Spannweite seines Geistes läßt es nicht zu, daß er sich mit den Begriffen: Schuld, Strafe, Sühne befaßt. Aus allen seinen Äußerungen wird höchste Primitivität offenbar. Tiefere Schichten der Persönlichkeit, aus denen moralische Betrachtungen seiner Straftat kommen könnten, sind nicht vorhanden. Er „brummt" nur und bleibt dabei ungeformt. Eine Entwicklung ist nicht zu erwarten.

**Fall 44,** zur Zeit der Tat 21,0 Jahre alt, Arbeiter, 1 mal vorbestraft, ist wegen Raubmordes zu lebenslangem Zuchthaus verurteilt.

*Die Tat laut Urteil*

*Zusammen mit seinem Mittäter hatte Fall 44 den Plan gefaßt, dessen Großvater zu berauben. Als dieser beide überraschte, versetzte Fall 44 dem alten G. zunächst einen Schlag mit einem Hackbrett, alsdann mehrere wuchtige Schläge über den Kopf mit einem Hackbeil. Einer dieser Hiebe verursachte eine 17 cm lange und 8 cm breite Halswunde, schlug die Wirbelsäule entzwei und durchtrennte das Rückenmark. Auch die anderen Schläge waren mit außerordentlicher Gewalt geführt. Einer von ihnen hatte beide Knoten des rechten Hinterarms durchschlagen, den G. schützend vor seinen Kopf gehalten hatte. Die Täter deckten den Toten mit Betten zu.*

*Fall 44 verbrachte die Nacht im gleichen Zimmer, zum Teil schlafend auf einem Stuhl. Ohne jede innere Erregung durchsuchten beide Täter die Wohnung, verschwanden am nächsten Morgen und verkauften die erbeuteten Sachen.*

*Nach dem psychiatrischen Gutachten ist Fall 44 ein zwar erbgeschädigter, asozialer, in körperlicher und geistiger Beziehung minderwertiger Defektmensch, aber weder geisteskrank noch geistesschwach. Bei ihm finden sich wohl gehäuft Entartungsmerkmale, doch wird seine Zurechnungsfähigkeit ausdrücklich bejaht.*

*Die Tat zeigt, daß dieser körperlich schwächliche, unterentwickelte, an sich durchaus passiv veranlagte und willensschwache Kriminelle sich von anderen gegebenenfalls zu schwersten Verbrechen mitreißen lassen und an ihnen in brutalster Weise aktiv beteiligen kann.*

Von Statur ist er ein kleiner, schmächtiger Bursche, in mäßigem Gesundheitszustand. In der körperlichen Entwicklung zurückgeblieben, wirkt er äußerst dürftig, ein Astheniker. Intellektuell steht er an der Grenze der Debilität. Die Grundstimmung ist ausgeglichen, unbekümmert, zuweilen heiter.

Er ist ein schwachsinniger, degenerierter Mensch, asozial, gemütsarm, triebhaft, hemmungslos.

Fall 44 erhebt keinen Widerspruch gegen die Ausführungen des Urteils. Ohne viel Mühe hat er sich in das Anstaltsleben hineingefunden. Ein Bedürfnis, sich mit seiner Tat auseinanderzusetzen, spürt er nicht. Der Gedanke an das Opfer bekümmert ihn wenig. Uninteressiert berichtet er: „Es hat nur noch ‚Oh' gemacht". Daß die Mutter zu Weihnachten allein sein muß, beschäftigt ihn wenig. Wichtig dagegen ist ihm das Weihnachtspaket. Der Anblick des nach einem Einkauf oder nach dem Eingang des Weihnachtspaketes wohlgefüllten Schrankes stimmt ihn kindlich-fröhlich. Von der Zuchthaussituation ist er kaum berührt.

Mit Arbeit, bei der er tüchtig ist, und Unterhaltungen mit anderen will er die Zeit bis zur Einreichung eines Gnadengesuches hinter sich bringen. Eine innere Entwicklung ist nicht angelaufen, bei dem fehlenden Fond seiner Persönlichkeit auch nicht zu erwarten. Verurteilung und Strafverbüßung haben den unreifen, einfältigen Menschen nicht aufzurütteln vermocht, sondern eher noch weiter ins Infantile zurückgeworfen. Pädagogische und seelsorgerliche Einwirkungen versprechen nur wenig Erfolg.

**Fall 45**, zur Zeit der Tat 23,0 Jahre alt, Arbeiter, 4mal vorbestraft, ist wegen gemeinschaftlichen Mordes zu lebenslangem Zuchthaus verurteilt.

*Die Tat laut Urteil*

*Die Tat von Fall 45 ist bereits bei der Tat von Fall 24 mitgeschildert.*

*Das psychiatrische Gutachten findet die Voraussetzung von § 51, 1 oder 2 nicht erfüllt. Die Zurechnungsfähigkeit war nicht in Frage gestellt; es lag lediglich eine Enthemmung durch Alkoholgenuß vor.*

*Er wird als charakterlich minderwertig, arbeitsunlustig und ohne Zielstrebigkeit geschildert. Die Schwierigkeiten, denen er in seiner Einordnung in die Umwelt ausgesetzt ist und welche er der Umwelt macht, sind durch sein Persönlichkeitsgefühl bedingt: Er kennt nur sich und seine Wünsche. Engstirniger Egoismus kennzeichnet ihn; keine Idee, kein Ideal trägt ihn. Er neigt nur zu primitivem Genießen.*

Fall 45 ist ein großer, schmaler, hagerer Mann, in gutem Gesundheitszustand, leptosom. Seine Grundstimmung ist gedrückt und mürrisch.

Er ist ein schwachsinniger, degenerierter Mensch, asozial, gemütlos, leicht erregbar. Fall 45 zeigte sich im Polizeigefängnis und während der Untersuchungshaft sehr renitent. Er gab flegelhafte Antworten, tobte, fragte in herausforderndem Ton, wann er endlich entlassen würde, da es sich ja nur um einen Totschlag handele. Während der Untersuchungshaft brachte er sich mehrfach Schnittwunden bei und verschluckte Fremdkörper, die operativ entfernt werden mußten. Er zerschlug das Zelleninventar und wurde aggressiv gegen das Wachtpersonal. Dann wieder pflegt er unangefochten durch innere Auseinandersetzungen sein körperliches Wohlbefinden. „Ich habe jetzt so viel zugenommen, daß ich einen kleinen Schmerbauch habe; ich esse für drei."

Die kämpferische Haltung behält er zunächst auch beim Übergang in die Strafverbüßung bei. Er ist mürrisch, gereizt, abwehrend. Dann beginnt er, zu der neuen Lage Stellung zu nehmen. Er zeigt sich aufgeschlossen, lebt sich in die Anstaltsordnung ein, packt die Arbeit an. Gegen die Wertung seiner Straftat als eines Mordes protestiert er. In der lebenslangen Strafe sieht er zunächst sogar einen Vorteil: „Das Einzige ist, daß ich kein Soldat spielen brauch'." Ihm fehlt noch die Bedeutungsvorstellung für das Urteil. Die Realität der langen Jahre, die jetzt vor ihm liegen, wird nicht erfaßt.

Seine Selbstbeschädigungen sind Aggressionen gegen sich selbst, die in Wirklichkeit die Justiz und das Gefängnis treffen sollen. Da Entladungen der Affekte nach außen nur noch schwer möglich sind, entladen sie sich gegen ihn selber.

Daß bei seiner Persönlichkeitsstruktur eine innere Entwicklung in Gang kommt, ist wenig wahrscheinlich.

Während in den bisher dargestellten drei Fällen das Unvermögen einer inneren Entwicklung seinen Grund in Debilität hatte, schließt nunmehr unsere Aufstellung mit einem Fall, bei welchem Hirntraumatik eine weitere Entwicklung abschnitt.

**Fall 46,** zur Zeit der Tat 25,0 Jahre alt, Handwerker, nicht vorbestraft, ist wegen Totschlags zu lebenslangem Zuchthaus verurteilt.

*Die Tat laut Urteil*

*Mittellos und ohne Wohnung, verabredete Fall 46 mit einem Unbekannten, „ein Ding zu drehen". Der Unbekannte nahm mit Wissen von Fall 46 einen Stein mit. Beide suchten die 72jährige Frau Sch. auf, deren Tochter dem Fall 46 bekannt war. Im Gespräch mit ihr versuchte der Mittäter ihre Lebensmittelkarten zu stehlen. Zur Rede gestellt, wurde Frau Sch. nunmehr von beiden angegriffen, gewürgt, mit einer elektrischen Zuleitungsschnur gedrosselt und mit dem Stein auf den Kopf geschlagen. Beide Täter verließen alsdann mit ihrer Beute die Wohnung. Frau Sch. starb nach einem Monat infolge einer Wundinfektion.*

*Das psychiatrische Gutachten rechnet ihn zu den Hirnverletzten. Sein gesamtes psychisches Verhalten ist mit einer an Sicherheit grenzenden Wahrscheinlichkeit durch eine organische Hirnschädigung bedingt. Er ist zwar nicht gänzlich außer-*

*stande, das Strafbare einer Handlung einzusehen; dagegen ist die Fähigkeit, nach der vorhandenen Einsicht zu handeln, in erheblichem Maße behindert. Ihm ist deshalb zwar nicht der Schutz von § 51, 1, wohl aber der von § 51, 2 zuzubilligen.*

*Wenn man die Angaben des Falles 46 über seinen Lebenslauf nach dem Unfall und seine Einstellung zu der augenblicklichen Situation überblickt, so ist unverkennbar, daß eine bemerkenswerte Gleichgültigkeit bis Wurstigkeit zum Ausdruck kommt. Es hat den Anschein, als ob er bei der Tat nicht sehr aktiv mitgewirkt haben könnte. Von einer Simulation kann keine Rede sein. Das gesamte psychische Verhalten in seiner Lahmheit und Starrheit ist durch eine organische Hirnschädigung bedingt, welche die Persönlichkeitsstruktur in dieser Weise verändert hat.*

Das Gericht hat jedoch eine Strafmilderung nach § 51 Absatz 2 abgelehnt.

Von Statur ist er ein mittelgroßer, breiter Mann mit starker Entwicklung des Knochenbaues. Seine Denkfähigkeit ist erschwert, die Stimmung situationsangemessen, zuweilen vergnügt.

Er ist ein durch ein Hirntrauma hilflos gewordener Mensch mit Schädigung des emotionalen Apparates, leichter Verblödung, ausgeschalteten Hemmungsmechanismen.

Fall 46 trägt bei dem Bericht über seine Tat eine solche Gleichgültigkeit zur Schau, als handele es sich um die Schilderung eines ihm ganz fremden Dritten. Immer wieder auftretende kleine Erinnerungslücken vermag er nach kurzer Pause zu schließen. Seine Worte werden begleitet von einem häufigen leeren Lächeln. Ohne jede affektive Regung berichtet er von dem Schicksal des verschleppten Vaters sowie der Distanzierung, die Mutter und Bruder vorgenommen haben. Seine Erfahrungen mit den Mitgefangenen waren nicht erfreulich. Eine größere Gemeinschaft ist unerträglich, weil die einen faulenzen, die anderen Zoten reißen. Da andererseits eine Einzelfreundschaft in den Verdacht homosexueller Neigungen führt, hat er sich für Alleinsein entschieden.

Mit Nachdruck betreibt er seine Ausbildung in der Schneiderei, um sich eine spätere Existenzgrundlage zu verschaffen. Die Freizeit füllt er mit Malen und Musik aus. Auf diese Weise hofft er, bis zum Termin für ein Gnadengesuch durchzuhalten oder durch die Ergreifung seines unbekannten Mittäters ein Wende seines Schicksals zu erleben. Alle seine Äußerungen klingen gleichgültig.

Seine Stumpfheit, das Fehlen affektiver Äußerungen, das leere Lächeln, finden ihre Erklärung im Hirntrauma. Er vermag wohl noch einen regen Betätigungsdrang zu entwickeln, wird aber zu Entscheidungen und selbständigem Handeln nicht fähig sein.

## Zusammenfassung

Gleichförmig sind die äußeren Umstände, unter welchen die lebenslänglichen Zuchthäusler leben. Für alle existieren dieselben vier Zellenwände, dieselbe Beschränkung der Handlungs- und Bewegungsfreiheit. Alle stehen unter der gleichen Strafe, für alle gelten die gleichen Bestimmungen, welche ihr Leben regeln. Die Außenwelt ist also für alle Lebenslänglichen durchweg dieselbe; sie ist darüber hinaus eine Außenwelt besonders eindringlicher Formen.

Dieser Monotonie und Gleichförmigkeit der äußeren Umstände steht nun aber, wie die vorangegangene Aufstellung beweist, eine große Mannigfaltigkeit der Erlebensformen gegenüber. Trotz der, verglichen mit sonstigen sozial-psychischen Situationen, enormen Gleichförmigkeit der äußeren Umstände, entwickeln sich die verschiedensten Haltungsstile. Die Wucht des Erlebnisses, für immer eingeschlossen zu sein, die Trennung vom sozialen Wir wird auf sehr mannigfache Weise verarbeitet. Die Auseinandersetzung mit den großen Fragen der Schuld oder Unschuld erfolgt in ganz verschiedener Form. Abhängig sind die unterschiedlichen Formen des Haltungsstiles

a) von der psycho-physischen Konstitution. Der in sich gekehrte, weltabgeschlossene Häftling findet einen anderen Haltungsstil als der weltaufgeschlossene, auf soziale Resonanz angewiesene. Die zähflüssige, haltreiche Persönlichkeit entwickelt einen anderen Stil als die explosive, zu Kurzschlußreaktionen neigende. Der Sthenische, Harte, Widerstandsfähige fällt schon beim ersten Besuch gegenüber dem Asthenischen, Weichen, Weinerlichen auf. Von Bedeutung ist die Lebensenergie, über welche verfügt werden kann. Vitale Personen, obwohl auch schwer getroffen, sind auf die Dauer widerstandsfähiger, gestaltender als vital-schwache, die leicht ins Hineindämmern und Sich-treibenlassen geraten.

b) Von Bedeutung sind ferner die intellektuellen Differenzierungen. Die Reife der Person, die Intelligenz, das geistige Herkommen, wirken stark prägend auf den Haltungsstil. Der Schwachsinnige, welcher die Bedeutung der Tat und der Lage nicht übersieht, führt sich anders auf als die hochdifferenzierte Persönlichkeit, welche mit ihren Gedanken ständig um die Verurteilung kreist.

c) Eine große Rolle spielt weiterhin das Lebensalter. Der bei fortgeschrittenem Alter nicht mehr peinigende Eros läßt die Lage wesentlich leichter ertragen als die Eifersuchtsgedanken, mit welchen der jüngere Gefangene voll quälenden Mißtrauens die unerreichbare Frau oder Freundin sucht, so daß er schließlich auf Null schaltet, um von diesen Nöten loszukommen.

Jugend und Alter, als biologische Phasen genommen, bestimmen mit die Widerstandskraft gegen die Anforderungen, welche ja schließlich auch körperlich mit der eingeschränkten Bewegung und dem geringen Luftwechsel gestellt werden.

d) Vor allem aber ist es die Stellungnahme zur Tat und zum Urteil, welche den Haltungsstil entscheidend prägt. Die klare Einsicht in die ethische Notwendigkeit und Gerechtigkeit der Strafe, die Bereitschaft zur Übernahme der Verantwortung und die bewußte Beugung unter den Strafvollzug haben eine ganz andere Haltung zur Folge als die völlige Negation oder die Relativierung des Delikts, die häufig mit starker Gereiztheit einhergeht. Der Häftling, welcher „Ja“ sagt zur Tat und zum Urteil, erlebt das Zuchthaus bis hin zum Raum und zur Zeit anders als der Hadernde.

# II

## Weitere kriminologische Untersuchungen an lebenslänglichen Zuchthäuslern

INHALTSÜBERSICHT

## Einleitung

Im Verlauf der psychologischen Analyse von 46 im Zellengefängnis Berlin untergebrachten Lebenslänglichen ist auch die hier vorliegende weitere Studie erwachsen. Die dabei verwendete Methode ist dargestellt in der vorangegangenen Abhandlung: „Die innere Entwicklung der lebenslänglichen Zuchthäusler nach ihrer Verurteilung", wo auch das Literaturverzeichnis nachgelesen werden kann. Hier abgehandelte Punkte sind: 1. Kretschmer-Typen; 2. Hereditäre Belastungen; 3. Umwelteinflüsse; 4. Tatmotive; 5. Vorstrafen; 6. Zeit der Tat; 7. Lebensalter und Beruf; 8. Raum und Zeit; 9. Stellung zum Mittäter; 10. Träume; 11. Charakterdiagnosen; 12. Prognosen.

Eine für das Strafrecht notwendige Trennung nach Mord und Totschlag erschien für die hier vorliegende Fragestellung entbehrlich. Lediglich bei Punkt 6 dieser Studie: „Zeit der Tat" wurde in der Auseinandersetzung mit früher aufgestellten Kurven eine Trennung der beiden Kategorien vorgenommen.

Mit Punkt 10: „Träume" wird der Versuch gemacht, tiefenpsychologische Aspekte in die Untersuchung hineinzunehmen, wobei Vergleichsmaterial in Gestalt von Träumen Hingerichteter vorliegt. Ich beziehe mich dabei auf meine Studie: „Das Todesurteil in seiner Auswirkung auf die Persönlichkeit" (2. Teil).

### *§ 1 Kretschmer-Typen*

Dr. Eyrich hat in der württembergischen Landesstrafanstalt Ludwigsburg kriminalbiologische und -psychologische Untersuchungen an 34 Mördern und Totschlägern vorgenommen. Seine Untersuchungen stammen aus dem „politisch und wirtschaftlich als einigermaßen ruhig zu bezeichnenden Jahrfünft von 1924 bis 1928". Er findet unter seinen Probanden 3,0% Pykniker, 26,0% Leptosome, 29,0% Athletiker, 9,5% Hypoplastiker, 13,0% Mischformen, 19,0% Uncharakteristische.

In der vorliegenden Untersuchung sind aus der Rubrik der Leptosomen die ausgesprochenen Astheniker herausgenommen worden, während Hypo-

plastiker und Uncharakteristische nicht verzeichnet zu werden brauchen. Die Auszählung ergibt folgendes Bild: 17,4% Pykniker, 10,8% Astheniker, 28,2% Athletiker, 21,7% Leptosome, 21,7% Mischformen.
Der Prozentsatz der Athletiker ist leicht abgesunken, während die Leptosomen schon eine beträchtlichere Abnahme zeigen. Verschmilzt man sie dagegen — wie Eyrich es tut — mit den Asthenikern, so kommt eine Steigerung auf 32,5% heraus. Unter den Mischformen tendieren vier zum asthenischen Typ, während die übrigen sechs einen athletisch-pyknischen Einschlag aufweisen.
Auffallend ist das sprunghafte Ansteigen der Pykniker, deren Anteil fast um das 6fache gewachsen ist. Von ihnen ist einer wegen Verbrechens gegen die Menschlichkeit bestraft. Bei einem zweiten entluden sich in der Tat lange aufgespeicherte Affekte, während bei allen übrigen Raubmord vorliegt. Die starke Steigerung des pyknischen Anteils erklärt sich vielleicht daraus, daß der Pykniker mit seiner oft zu beobachtenden Neigung zu einer gewissen materiellen Gesinnung, zum guten Essen und Trinken, von einer Mangelsituation besonders hart getroffen wird. Seine Anfälligkeit für kriminelle Handlungen ist alsdann größer, als man es bisher vermutete. Andernfalls bliebe nur der Schluß übrig, daß eine Bevorzugung bestimmter Delikte durch bestimmte Körperkonstitutionstypen nicht in dem Umfang vorliegt, wie wir bisher vermuteten.
Auffallend ist ferner der beträchtliche Anteil der Astheniker, von denen zwei Doppelmorde begangen haben. Es überrascht, wie diese körperlich schwächlichen, unterentwickelten, passiv veranlagten Menschen sich bei der Ausführung der Verbrechen in der brutalsten Weise aktiv betätigten. Die von Eyrich unter den Asthenikern besonders häufig festgestellten Geliebtenmörder können nicht registriert werden.

## *§ 2 Hereditäre Belastungen*

Unter den 46 Probanden befinden sich 10 = 21,8%, bei welchen keine Belastung feststellbar ist. In ebenfalls 10 Fällen = 21,8% liegen Psychosen vor, und zwar in der väterlichen Sippe in einem Fall, in der mütterlichen in 3 Fällen, in beiden Sippen in 6 Fällen. Neben den Psychosen werden außerdem Epilepsie, Kriminalität, Suicide und Trunksucht gemeldet. Psychopathien und Abwegigkeiten sind feststellbar in 15 Fällen = 32,6%, und zwar aus der väterlichen Sippe in 9 Fällen, der mütterlichen in 4 Fällen und aus beiden Sippen in 2 Fällen. Trunksucht liegt vor in 6 Fällen = 13,0%. In 5 Fällen = 10,8% sind bei unehelicher Geburt Angaben nicht mehr zu erhalten. Es ist aber wahrscheinlich, daß auch in diesen Fällen psychopathische Persönlichkeiten in der näheren Aszendenz mehrfach auftreten.

In den auf das Kriegsende folgenden Jahren waren die Grenzen des Tragbaren bei fast allen Menschen überschritten. Die Zahl der Erschöpften und Überbeanspruchten war ungeheuer. Trotzdem sind es unter den 46 Probanden nur 10 = 21,8%, die als ganz Unbelastete den erdrückenden Umwelteinflüssen erliegen. Ihnen stehen selbst nach Abzug von zu wenig fundierten 5 Fällen = 10,8% noch 31 Fälle = 67,4% mit mehr oder weniger ausgeprägten Abwegigkeiten in der Aszendenz gegenüber. Daß in diesen Fällen die Belastungen mit Psychosen, Psychopathien, Epilepsien, Trunksucht und Kriminalität ein erhebliches Wort mitsprechen, steht außer Zweifel. Es ist wohl selbstverständlich, daß die konstitutionell Labilen ungleich häufiger versagten und ins Verbrechen abglitten.

## *§ 3 Umwelteinflüsse*

Schon der früh-kindliche Lebensraum erfährt schädigende Umwelteinflüsse durch ein Elternhaus, welches Nestwärme und harmonische Lebensatmosphäre fehlen läßt. Der Entzug der Gemütsbildungseinflüsse, die unterlassene Einpflanzung moralischer Wertbegriffe führen zu einer Verkümmerung der Persönlichkeit. „Mir hat keiner gesagt: Dies ist richtig und das ist falsch." Der schwer verprügelte, verprellte Junge kann sich bis in die Mannesjahre nicht von den Folgen einer solchen gewalttätigen Behandlung freimachen. Fehlende oder gar verbrecherische Leitbilder nötigen zu einem Heranwachsen ohne Richtung und Halt. Die differente Rolle des versagenden oder fehlenden Vaters und der versagenden oder fehlenden Mutter muß Spezialuntersuchungen vorbehalten bleiben.

Die Schule dagegen hat sich im Regelfall mit Verständnis und Geduld ihrer Zöglinge angenommen. Nur in wenigen Fällen ist eine Übertragung der gegen den Vater bezogenen Protesthaltung auf den Lehrer, welcher diese durch sein Verhalten noch verstärkte, oder ein Unentwickeltbleiben intellektueller Potenzen durch Angst vor Schlägen und Blamagen feststellbar. Hänseleien der Mitschüler verstärken das zu Hause eingeprügelte Minderwertigkeitsgefühl; die hier andressierte übergroße Gefügigkeit macht widerstandslos gegen den Sog von Cliquen und Banden mit ihren Führern, so daß die Neigung zum Mitläufertum wächst.

Auch die Lehrzeit ist im wesentlichen von Schädigungen frei geblieben. Gemeldet werden einmal Gewalttätigkeiten und zweimal sexuelle Attacken. Maßlos war alsdann die seelische und körperliche Überbeanspruchung während des Krieges. Geborgenheit, Behaglichkeit, Wärme in der Familie waren abgelöst durch ein ungewisses Schicksal, Aussicht auf Gefangenschaft oder Tod.

Kameraden wurden von Granaten zerfetzt, Nahkämpfe mußten ausgefochten werden, Leichen lagen halbverbrannt oder von Würmern zerfressen unbeachtet am Wege, Trinkgelage und sexuelle Ausschreitungen waren an der Tagesordnung, die Handgranate wurde zum Hausschlüssel für verschlossene Wohnungen. Dabei ging die Achtung vor dem Besitz und dem Leben der Mitmenschen verloren. Aus dem ausgepumpten, heruntergekommenen, erschöpften Allgemeinzustand erwuchs eine gereizte, gedrückte Lebensgrundstimmung, die eine Kompensation der ständigen Gefahren durch eine hemmungslose, auf Genuß und Amüsement gerichtete Lebensgier verlangte. Der Zerfall der sozialen Ordnung, der Verlust aller Wertmaßstäbe, die Erscheinung des schwarzen Marktes mußten fast zwangsläufig auch zu einem Verlust der moralischen Orientierung führen. Das Verhältnis zum Leben, Besitz und Eigentum der Mitmenschen, wie es in Zeiten geordneter Lebensführung üblich war, bestand nicht mehr. Immer wieder wird in den Strafzumessungsgründen auf diese Tatsachen hingewiesen.

a) „In fast noch kindlichem Alter von 17 Jahren wurde er eingezogen. Ihm ist der Wertbegriff des Menschen schlechthin nicht zum Bewußtsein gekommen in einer Zeit, in der es als höchste Tugend galt, Menschenleben zu vernichten. Daß diese im Kriege empfangenen Eindrücke im Blick auf den noch jugendlichen Täter bei der Beurteilung in Betracht gezogen werden mußten, war für das Schwurgericht selbstverständliche Pflicht."

b) „Man hat völlig unreife Menschen in fast kindlichem Alter zu Kriegssoldaten gemacht und im Morden ausgebildet. Die Taten des Angeklagten sind die Folgen."

c) „Er sieht im Kriege alle die Dinge, die sich in einer eingeschlossenen Stadt abspielen: das Zerstören, Töten und das sonstige zügellose Leben. Was er hier als 17jähriger in gedrängtester, geradezu zusammengeballter Form erlebt hat, bereitete bei ihm den Boden, auf dem seine Tat überhaupt erst möglich geworden ist. Hier hat sich seine Demoralisierung vollzogen."

d) „Zu berücksichtigen ist die Tatsache, daß der Angeklagte ein Opfer der allgemeinen Verwilderung von Recht und Sitte geworden sein mag."

e) „Die Tat geschah am 24. April 1945, als sich die Geschehnisse des Krieges zur letzten Grausamkeit und Brutalität zusammenballten. Es herrschte ein Aufruhr der Gesinnung. Das Gefühl für Anständigkeit, die Achtung vor den Rechten des Nächsten, die Achtung vor dem Leben war in grauenvollem Maße gschwunden. Das Morden war gelernt, die Untaten wurden berufsmäßig ausgeübt."

Der Maßstab für die Beurteilung der Mordfälle bei und unmittelbar nach Kriegsende muß also einer gewissen Relativierung unterzogen werden. Dafür spricht auch das Absinken der schweren Kriminalität, das schon im Jahre 1948 einsetzte (vgl. § 6). In den turbulenten Zeiten eines völligen Zusammenbruches auf der geraden und geordneten Bahn des Erlaubten zu bleiben und sich frei von Verbrechen zu halten, stellt erheblich höhere Anforderungen an den Menschen als das Leben in politisch und wirtschaftlich einigermaßen ruhigen Jahren. Je länger man unter Lebensbedingungen existieren mußte, welche die primitivsten Vitalbedürfnisse nicht befriedigten, um so mehr erkalteten alle sozialen Verbundenheiten, verblaßten alle ethischen Forderungen, um einem brutal-nüchternen Zweckmäßigkeitsdenken zu weichen.

## *§ 4 Tatmotive*

Im Vordergrund stehen vorwiegend materielle Erwägungen. Raub, Ermöglichung von Raub oder Verdeckung des geschehenen Raubes sind das Motiv in 31 Fällen = 67,4%. Lebensmittel, Wäsche und Schmuck für den Handel auf dem Schwarzen Markt, Kleidungsstücke und Geld waren das erstrebte Ziel. Man wollte satt werden, gut leben, Geschenke machen, außerordentliche Ausgaben bestreiten, Anschaffungen für den geplanten eigenen Haushalt vornehmen, Untreue verdecken, Schulden begleichen, Reisen machen, die Braut erfreuen. Das Urteil stellt mehrfach fest: „Die Tat geschah, um eine Straftat von unverhältnismäßig geringerem Unrechtsgehalt zu ermöglichen." Habgier, Gewinnstreben, das Verlangen, über Nacht ein reicher Mann zu werden, sind immer wiederkehrende Motive. Hier spiegeln sich der verheerende Einfluß des Krieges, die besondere Notzeit, die Auflösung jeder sozialen Ordnung wider.

Zu diesen 31 Fällen kommen zwei andere = 4,3%, bei denen ein ähnliches Motiv in der eigennützigen, parasitären Lebensauffassung zu suchen ist. Der drohende Verlust der bisher innegehabten Schmarotzerstellung führte in beiden Fällen zur Tötung.

Während bisher also ganz primitive Impulse zur Tat führten, liegen verwickeltere seelische Störungen vor in 13 Fällen = 28,2%. Geltungssucht und Machtrausch führten zu Verbrechen im Getto sowie zur Amtsanmaßung, die ein Widerstreben nicht ertrug und Verweigerung des unrechtmäßig geforderten Gehorsams mit Erschießung beantwortete. Ins Pathologische gesteigertes Geltungsbedürfnis mit daraus resultierender ungeheurer Schuldenlast im Gefolge trieb zur Vernichtung eines Menschenlebens. Sadistische Gefühle toben sich aus im Konzentrationslager. Triebhafter Gewalttätigkeitsdrang und sadistische Begierde, einen anderen Menschen in brutaler Weise zusammenzuschlagen, führen zu einem Mord von unerhörter Grausamkeit. Seelische Mißhandlung, viele Jahre hindurch fortgesetzt, hat eine Affektstauung zur Folge, die sich eines Tages im Mord entlädt. Die als unerträglich empfundene Blamage, aus Geltungssucht geborene Schwindeleien einzugestehen, treibt zur Tötung der Freundin. Eyrich spricht von Fällen, „bei denen der Anlaß in keinem Verhältnis zu der Schwere der Tat steht und in denen die Tat den Abschluß einer psychopathischen Reaktion bildet, bei der Affektstauungen, Verdrängungen und Verschiebungen eine unheilvolle Rolle spielen." Während aber nach Eyrich diese Art von Verbrechen häufiger ist als ruhig überlegter, planmäßig durchgeführter Mord, bleibt sie hier mit 28,2% gegenüber 71,8% in der Minderheit.

## § 5 *Vorstrafen*

Holtzendorff und Wulffen sind der Ansicht, daß viele Raubmörder ihren Weg über das Eigentumsverbrechen nehmen. „Ein langsames Absteigen von Stufe zu Stufe wird sicher in fast allen Fällen zu beobachten sein." Danach ist der Mord gleichsam der Abschluß und die Krone einer längeren verbrecherischen Laufbahn. Beide räumen allerdings ein, daß es auch Fälle geben kann, „in denen durch besondere äußere oder innere Umstände ein Ausbruch der geringeren Kriminalität, die in dem Raubmörder vor seiner Tat latent vorhanden ist, nicht erfolgt oder seine Straftaten unentdeckt bleiben"; in solchen Fällen scheint es dann, als ob die verbrecherische Laufbahn sofort mit einem Mord begonnen worden sei.

Nach der Abhandlung von Dr. Gast „Die Mörder" waren in den letzten 20 Jahren vor dem ersten Weltkrieg unter den wegen Mordes Verurteilten 53,4% vorbestraft, unter Raubmördern 77%.

Eyrich fand in einer Mördergruppe einen Durchschnitt von 24 Vorstrafen. Demgegenüber ist der Blick in das Vorstrafenregister unserer Probanden überraschend. Die hohe Zahl der Nichtvorbestraften fällt dabei sofort ins Auge. Von den 46 Lebenslänglichen weisen 21 = 45,6% gar keine Vorstrafen auf, während 4 andere = 8,7% mit geringfügigen Geldstrafen belegt sind. Der naheliegende und früher mehrfach gezogene Schluß, daß in diesen Fällen die Taten im Affektrausch begangen wurden, trifft nicht zu. Nur 2 von diesen 25 Fällen sind reine Affekthandlungen; in 4 Fällen liegen psychopathische Verzerrungen vor, während bei 19 Probanden materielle Motive dominieren. Auch hier tritt die ganze Wucht und die besondere Schwere der Umwelteinflüsse während der Hungerzeit in Erscheinung. Diese Tatsache wird erhärtet durch die Statistiken der letzten Jahre. Sie beweisen, daß sich die Vorbestraften wieder stark in den Vordergrund gespielt haben.

Von den mit Gefängnis vorbestraften insgesamt 19 Probanden = 41,3% sind 8 nur einmal, 4 zweimal bestraft. In 7 Fällen liegt eine bereits tiefer eingeschliffene Kriminalität vor, die sich in 3 bis 7 Vorstrafen manifestiert.

Zuchthausstrafen sind nur in 2 Fällen = 4,4% zu registrieren. Bei dem einen Täter erfolgte nach einem ersten 1935 begangenen Totschlag, mit 15 Jahren Zuchthaus geahndet, 1950 ein zweiter Totschlag, der ihm nunmehr lebenslanges Zuchthaus einbrachte. Andreas Bjerre hält es in seiner Abhandlung „Zur Psychologie des Mordes" (Seite 66) für „so gut wie ausgeschlossen, daß ein Mensch als Mörder zweimal in seinem Leben verurteilt wird". Beim Totschläger besteht also diese Möglichkeit.
Im zweiten Fall wurde die Zuchthausstrafe wegen Verrates militärischer Geheimnisse verhängt.

Als Vorbehalt muß noch das Folgende gesagt werden: Zugrunde gelegt sind die Angaben im Strafregisterauszug. Mehrfach liegen Differenzen zwischen diesem und den eigenen Angaben vor, die nicht ganz geklärt werden konnten. Es handelt sich um Strafen, die während der Militärzeit ausgesprochen und im Regelfall in Frontbewährung umgewandelt wurden. Darunter befinden sich angeblich auch zwei Verurteilungen zu Zuchthaus, die aber nicht in das Vorstrafenregister aufgenommen worden sind.

In einem Fall konnte ein bei den ostzonalen Behörden liegendes Vorstrafenregister nicht eingesehen werden. Auch hier war eine restlose Klärung nicht möglich. Die Angaben schwanken zwischen 7 und 13 Vorstrafen. Es sind also noch kleinere Verschiebungen möglich, die aber an dem Gesamtbild kaum etwas ändern.

## *§ 6 Zeit der Tat*

Statistiken über den Zeitpunkt der Tat werden seit 1894 geführt. Die soziologische Schule erinnert an das allgemeine Unterworfensein des Menschen unter den Rhythmus der Natur. Dieser habe zur Folge, daß der Sommer mit der größeren Vitalität für alle Lebewesen ein Anschwellen der Gewaltakte, der Winter dagegen mit der Verschärfung des Kampfes ums Dasein eine Vermehrung der Betrugs- und Diebstahlsdelikte bringe. Aschaffenburg weist auf seltsame Periodizitäten hin, die sich neben den Delikten auch auf Selbstmorde, eheliche und uneheliche Geburten erstrecken. Untersuchungen darüber, ob auf aktive Phasen mit Häufung von Morden passive mit Anschwellen von Suiciden folgen, bin ich bisher nicht begegnet. Die Statistik weist aus, daß die Kurve für Morde zwei Höhepunkte hatte, einen im Sommer und einen im Winter. Daraus leitet Dr. Gast ab, daß der Mord verschiedenen psychologischen Wurzeln entspringt, nämlich sowohl der überschüssigen Kraft des Sommers als auch der wirtschaftlichen Not des Winters.

Von den 40 Morden unserer Probanden entfallen auf den Januar 7 Fälle, den Februar 2, April 9, Mai 2, Juni 6, Juli 1, August 2, September 3, Oktober 3, Dezember 5. März und November bleiben frei. Für statistische Auswertungen reicht die Zahl 40 nicht aus. Immerhin gestattet der Blick auf die besonders niedrige Mordziffer im Frühlingsmonat Mai und in den Hauptsommermonaten Juli und August vielleicht doch den Schluß, daß in unserer Übersicht von einem zweiten, sommerlichen, in überschüssiger Kraft wurzelnden Höhepunkt nicht die Rede sein kann. Überschüssige Kraft gab es in den Nachkriegsjahren nicht.

Die Kurve für Totschlag weist dagegen nach der Statistik nur einen großen Höhepunkt im Sommer auf, um alsdann im Dezember den niedrigsten Stand zu erreichen. Auch hier läßt unser Material keine Schlüsse zu. Die geringen absoluten Zahlen sind dem Spiel des Zufalls ausgesetzt. Von den 4 Totschlagsfällen entfallen je einer auf den Februar, Juni, Juli und Oktober. Die 2 Fälle der im Konzentrationslager verübten Verbrechen erstrecken sich fortlaufend auf etwa 2 Jahre.

Wenn aus dem Jahre 1945 nur ein Fall zu verzeichnen ist, so liegt der Schluß nahe, daß unter den besonderen politischen Verhältnissen und bei der Ohnmacht der Staatsgewalt Kapitalverbrechen ungesühnt blieben.

Bader bringt in seinem Buch „Soziologie der deutschen Nachkriegskriminalität“ die Zahlen der von der Berliner Anzeigestatistik verzeichneten Morde. Diese meldet für die Zeit von August bis Dezember 1945 insgesamt 296, für das Jahr 1946 trotz sinkender Tendenz 311 Fälle, so daß im Jahresdurchschnitt doch noch nahezu auf jeden Tag ein vollendeter Mord käme.

Tatsächlich sind für Taten, begangen im Jahre 1946, nur in 17 Fällen Todes- bzw. lebenslange Zuchthausstrafen ausgesprochen worden. Darunter befinden sich 16 Männer und 1 Frau. Die hierbei nicht berücksichtigte Zahl der Hingerichteten ist gering. Wieviel Kapitalverbrechen von den Besatzungsmächten abgeurteilt wurden, ist nicht bekannt.

Nach 16 Aburteilungen im Jahre 1946 und 13 im Jahre 1947 bringt das Jahr 1948 ein Absinken derselben auf 5. Die im Februar 1949 vollzogene Spaltung der Justiz hatte zur Folge, daß eine Anzahl 1948 begangener Delikte, darunter 2 Mordfälle, an die östliche Justiz abgegeben wurde. Aber auch nach Zuzählung dieser beiden Fälle bleibt das Absinken beträchtlich. Wahrscheinlich wirken sich hier die mit der Währungsreform einsetzende Besserung der wirtschaftlichen Lage und die beginnende Stabilisierung der staatlichen Ordnung aus. Wegen der Spaltung der Justiz haben auch die folgenden Zahlen keinen Vergleichswert mehr: 4 Aburteilungen im Jahre 1949 und 1 im Jahre 1950. Während 1951 frei bleibt, bringt das Jahr 1952 wiederum 1 Fall, 1953 eine Steigerung auf 3 Fälle.

## § 7 *Lebensalter und Beruf*

a) Frühere Untersuchungen zeigten, daß die Mordkriminalität zwischen 15 und 18 Jahren stark anstieg und alle anderen Vergehen übertraf. Als Motive spielten eine Rolle das Verlangen, etwas Großes zu erleben, der Drang, Schicksal zu spielen, Urheber sensationeller Geschehnisse zu sein, Nachahmungstrieb und die Vorstellung, ein furchtbares Geheimnis in der Seele zu tragen. Die Altersstufe von 16 bis 21 Jahren brachte ein erneutes Ansteigen der Mordkriminalität, die ihren Höhepunkt zwischen 21 und 25 erreichte, um alsdann schnell abzusinken.

Unser jüngster Fall ist bei der Tat 19,4 Jahre alt gewesen. Aus der Altersklasse von 19,4 bis 21,0 Jahren weist die Übersicht 9 Fälle auf, von 21 bis 25 Jahren 8 Fälle. Das Gros der Täter rekrutiert sich aus den Jahren von 25 bis 40 mit 15 Fällen und 40 bis 60 mit 13 Fällen. Nur einer hat das 60. Lebensjahr überschritten. Der früher beobachtete Abstieg der Mordkurve nach dem 25. Lebensjahr ist in das Gegenteil umgeschlagen.

Untersuchungen nach dem ersten Weltkrieg zeigten, daß sich die Jugend von den verheerenden Kriegseinflüssen verhältnismäßig schnell löste und rasch erholte, während die Mordkriminalität der Erwachsenen, die den Krieg bewußt erlebt hatten, noch längere Zeit auf großen Höhen stehen blieb. Vielleicht kann aus den obigen Zahlen die gleiche Tatsache abgelesen werden.

b) Unter den 46 Lebenslänglichen befinden sich 26 Handwerker, 11 Arbeiter, 5 Kaufleute und 4 Selbständige. Wulffen betont, daß „Menschen, die durch ihren Beruf gezwungen sind, zu töten, die Scheu verlieren, die der gewöhnliche Mensch vor der Tötungshandlung hat". Diesmal waren Angehörige aller Berufe gezwungen, während des Krieges zu töten. Trotzdem bleibt der Anteil der Kaufleute am Mord gering. Er betrug auch früher nur 72% des Durchschnitts. Freie Berufe und Beamte, die am Mord immer nur ganz geringen Anteil hatten, sind jetzt ebenfalls krisenfest geblieben.

Beobachtungen an Hirnverletzten in jüngster Zeit haben ergeben, daß ihre Kriminalität nach dem Zusammenschluß in einen Schutzverband stark abgesunken ist. Die Zugehörigkeit zu einem über wirtschaftliche Interessen und Berufsehre wachenden Kollektiv ist offenbar eine gute Verbrechensprophylaxe.

## *§ 8 Raum und Zeit*

a) Auffällig ist es, daß die Tatsache des Gebundenseins an einen Ort nur eine geringe Bedeutung hat und kaum eine besondere Rolle spielt. Wohl hat nach der Errichtung eines neuen Zuchthauses die Zelle ein freundlicheres Aussehen erhalten und läßt gewisse Züge von Behaglichkeit erkennen. Trotzdem wirken die Enge der Zellenwände und die äußere Bedrängnis auf den von außen hereinkommenden Besucher bedrückend. Vor allem aber sperren die vier Wände den Kontakt mit der Außenwelt ab und rauben die Verfügung über sich selbst. Es wäre verständlich, wenn man sie deshalb als unerträgliche Qual empfinden und haßerfüllt verwünschen würde. Das ist aber keineswegs der Fall. Die Mehrzahl der Stimmen über sie klingt durchaus freundlich. Klagen über das Bedrückende des Raumes werden in der Regel nicht laut. Die Raumenge plagt nicht. Man pflegt die Zelle, da sie doch „meine Wohnung" ist; man verschönt sie mit Bildern und Pflanzen, so daß man sie als das „Zuhause" empfindet, sogar als „gemütlich" und „behaglich". Große Fenster, die viel Licht bringen, sind dabei von Bedeutung. Ein Sonnenstrahl wird als kostbar empfunden. Der aus der Ferne vernehmbare Verkehrslärm sowie der Blick auf die vorüberhuschende Stadtbahn vermitteln ein Gefühl der Verbundenheit mit der Welt. „Das ist ein sehr erleichterndes Gefühl." Die Fülle dessen, was man in dem Raum erlebte, schafft eine Bindung an denselben. Er wird „zur Heimat". Man gewöhnt sich an jede Einzelheit, und sei es ein Schuhanzieher. Infolgedessen wird ein Wechsel der Zelle als sehr unangenehm empfunden, in einem Fall sogar mit einem Selbstmordversuch beantwortet. Der Umzug in eine neue Anstalt begegnet trotz verbesserter Baulichkeiten und wesentlich vervollkommneter hygienischer Einrichtungen fast allgemeiner Ablehnung. Lediglich der Gedanke an den Verbleib bis ans Lebensende läßt ein leichtes Gefühl der Abneigung aufkommen. Gelegentlicher Haß auf die Tür wird vertrieben dadurch, daß man sich das eigene Verschulden der jetzigen Lage klarmacht.

Nur wenige Insassen haben keine innere Beziehung zu der Zelle gewonnen. Sie ist ihnen gleichgültig geblieben. Wohl wird sie sauber gehalten, erhält aber sonst ganz bewußt keine persönliche Note. Da ist natürlich ein Wechsel leicht. Der Tausch der einen Zelle gegen eine andere, der Umzug in eine andere Anstalt bereitet keinerlei Schwierigkeiten, wird sogar wegen mancherlei Verbesserungen begrüßt. Im übrigen „sei alles gleich". Nur in 3 Fällen bringt die Zelle ihren Insassen Not und Pein. In der großen Spannung um ein Wiederaufnahmeverfahren wird die Enge des Raumes unerträglich; die Decke droht auf den Kopf zu fallen. Dem zweiten Probanden bringt das Zuschließen der Tür, das die Abtrennung vom sozialen

Leben grausam deutlich macht, körperliche Schmerzen. Im dritten Fall wird die völlige, scharfe, ressentimentgeladene Ablehnung des Urteils auf den Raum übertragen. Jede Zelle, jeder Raum wird in gleicher Weise als verhaßt empfunden.

Offenbar liegen hier regressive Tendenzen vor. Die Zelle behütet und bietet Geborgenheit angesichts einer Lebenssituation, die außerordentlich bedrohlich geworden war. Deshalb wird sie im Regelfall mit allen Fasern festgehalten; ihr Wechsel löst Mißtrauen und Furcht aus.

b) Alle Probanden sind beschäftigt. In der übergroßen Mehrzahl beweisen sie einen starken Arbeitseifer. Manche erreichen bis zu 300% des Solls. Diese Haltung ist nicht allein aus dem Bestreben zu erklären, Mittel für zusätzliche Einkäufe zu gewinnen oder für ein späteres Gnadengesuch eine gute Atmosphäre zu schaffen. Neben unbewußten, unausgesprochen bleibenden Verdrängungs- und Sühnetendenzen liegt hier zugleich ein erfolgreicher Versuch vor, mit dem Problem der Zeit fertig zu werden. Der Tag ist jetzt untergeteilt in Phasen, die bis auf die Minute genau festgelegt sind. Durch Arbeit und eine — wenn auch beschränkte — Aktivität erfährt die Zeit ihre jeweiligen Zäsuren und Gliederungen. Das während der Untersuchungshaft als besonders qualvoll empfundene passive Treiben im Strom des Geschehens hat aufgehört, das monotone Tropfen der Minuten ist dem gestaltenden Arbeitstag gewichen. Damit hat das Problem der Zeit, das am Anfang völlig unerträglich schien, ein freundlicheres Aussehen gewonnen.

Die große Mehrzahl der Gefangenen berichtet deshalb, daß die Zeit schnell vergeht. Je früher die Arbeit beginnt, um so leichter ist das Leben. Sie erschien am Anfang wie ein nicht zu übersteigender Berg. Seit der Einweisung in die Arbeit aber „fühle ich mich kurz“. Die Zeit vergeht sogar noch schneller als draußen. Weil nie ohne Arbeit gewesen, verging die Zeit „kolossal“ schnell. Sie verfliegt so „ungeheuer schnell“. daß man geradezu „erschrickt“, wenn schon wieder abends das Licht gelöscht wird. Neben den Arbeitsphasen sind der Kantineneinkauf, der Besuch, das Sonntagsessen willkommene Zäsuren. Ein Proband fühlt sich für den Kampf mit der Zeit gut trainiert durch den „Kadavergehorsam“ beim Militär, der auch eine eigene Verfügung über die Zeit nicht zuließ, ferner durch die Kriegsgefangenschaft, die gleichfalls zeitlos erschien. Der Rückblick auf die bereits verbüßten 8—10 Jahre gibt Auftrieb. Gerade zeitlose Strafe zeichne sich aus durch besonders schnelles Vergehen. Bei Zeitstrafen würde man beginnen, die einzelnen Tage im Kalender abzustreichen, was eine Verlangsamung und eine Verlängerung des Zeitablaufes bedeuten würde.

Ausdrücklich wird betont, daß bei Arbeitslosigkeit oder Krankheit auch die Zeit eine Last wird. Sonntage und Festtage sind durchaus unerwünscht. Freizeitstunden, die man nicht auszufüllen weiß, wollen kein Ende nehmen. Gibt man ihnen dagegen Inhalt mit Lernen, Lesen, Zeichnen, Basteln, so machen auch diese keine Not.

Bedeutsam ist allerdings die innere Lage und die Einstellung zur Tat. Steckt man in starken inneren Auseinandersetzungen, beginnt man mit Grübeleien, stößt man auf Dinge, mit denen man nicht fertig wird, dann gewinnt die Zeit eine andere Tönung. Sie wird schwer, vergeht langsam, man reibt sich an ihr wund. Auch die Arbeit verliert alsdann ihren Wert als Heilmittel; die Leistung sinkt ab. Ständiges Warten auf den Ausgang eines Gnadengesuches oder den Beginn eines Wiederaufnahmeverfahrens dehnt die Zeit ins Uferlose aus und macht sie unerträglich. Offene Ablehnung des Urteils, seine Wertung als die eines schweren Unrechts, machen jede Stunde zur Qual, die Nächte unendlich, das Jahr zu einer unendlichen Wüstenwanderung. Von zwei Brüdern erklärt der dem Urteil Zustimmende: „Die Zeit vergeht so schnell, als wäre ich erst gestern eingeliefert"; der Ablehnende dagegen empfindet völlig gegenteilig: „Die Zeit ist so endlos lang, als wäre ich schon hier geboren."

Jasager und Neinsager erleben Raum und Zeit entgegengesetzt.

## *§ 9 Stellung zum Mittäter*

In 8 Fällen wurde das Verbrechen von zwei Tätern begangen, in einem Fall von einem Trio. Man hatte die Tat miteinander erwogen, geplant und schließlich durchgeführt. Man wurde gemeinsam verhaftet, vernommen, vor Gericht gestellt. Das gleiche Urteil führte in dieselbe Anstalt, wo sich die Wege der ehemaligen Tatgenossen fast täglich kreuzten. Die Tat hat aber eine wesentlich veränderte Einstellung zum anderen gebracht; man sieht ihn anders. Erschien er früher als der überlegene Führer, dem man sich anvertrauen zu können glaubte, den man fürchtete, durch den man sich bedroht fühlte, so sieht man ihn jetzt mit allen seinen Schwächen. Das, was früher schon an ihm als unsympathisch empfunden wurde, seine Abgebrühtheit, die steinerne Ruhe, tritt wieder in den Vordergrund seines Charakterbildes. Affektive Abneigung allerdings besteht kaum noch. Sie ist abgebaut durch die Erkenntnis: „Ich bin ebenso schuldig wie er", oder: „Mitgefangen — mitgehangen." Man trägt nichts mehr nach, denkt ohne Zorn an den anderen, will aber nichts mehr mit ihm zu tun haben und begnügt sich mit flüchtigem Gruß. Bewußt sind die Beziehungen auf Null geschaltet. Zwei ehemalige Schulkameraden erklären übereinstimmend, daß sie zwar wegen der Tat keine Hemmungen gegen den anderen empfänden, sich ihm aber ganz entfremdet fühlten. Die in ihnen aufgebrochene Abneigung sei keine gewollte, sondern instinktiv.

In einem weiteren Paarverhältnis hatte sich der Mitläufer zu dem Haupttäter hingezogen gefühlt, weil dieser belesen war und geistreich schien. Er hatte zu ihm aufgeschaut und es für unmöglich gehalten, daß dieser sich zu einem Mord hinreißen ließ. Nach der Tat brach eine sehr starke Abneigung gegen den Komplicen in ihm auf. Während einer gemeinsamen Übernachtung auf der Flucht schlief er keinen Augenblick, weil er fürchtete, das nächste Opfer des Gewalttäters zu werden.

Bei einer Gegenüberstellung während der Vernehmungen kam es zu erregten Auseinandersetzungen, weil sich der Haupttäter auf Kosten des Mitläufers zu entlasten versuchte. Nach der Aburteilung bot ihm dieser die Hand zu gutnachbarlichem Zusammenleben, erfuhr aber damit eine schroffe Ablehnung. Obwohl beide Wand an Wand wohnen, gibt es außer gelegentlichen kurzen Begegnungen beim Sport zwischen ihnen keine Beziehungen. Sie stehen „auf Null".

Der gleiche Versuch einer übermäßigen Belastung des zögernden, inaktiven Mittäters führte zu der gleichen Erkaltung der Beziehungen bei einem anderen Mörderpaar. In der gleichen Anstalt untergebrachte Schwerverbrecher nahmen dazu Stellung und mahnten den Belasteten, dem Komplicen wegen seines unfairen Verhaltens eine Lektion zu erteilen, weil eine solche unrechtmäßige Belastung gegen die „Berufsehre" verstoße. Er lehnte ab, weil er nicht hassen könne, im vorliegenden Fall auch gar kein Recht habe zu hassen, und schließlich sich seine Stellung in der Anstalt nicht verderben wolle. Deshalb begnügt er sich, den Gruß des anderen zu erwidern, hat aber im übrigen auf „Null" geschaltet.

Ein weiteres Mörderpaar hatte sich in einem Flüchtlingslager kennengelernt. Irgendwelche inneren Beziehungen bestanden nicht; sie waren sich gar nicht sympathisch. Lediglich eine Interessengemeinschaft verband sie. Der von dem einen vorgetragene Plan der Ausraubung seines Großvaters wurde von dem anderen wegen der guten Erfolgsaussichten akzeptiert. Nach der Tat wurde der Erlös geteilt; man trennte sich. Der spätere Selbstmord des einen Partners löste in dem anderen eine starke moralische Entrüstung aus: „Wenn er mit der Absicht umging, Selbstmord zu begehen, so hätte er vorher alle Schuld auf sich allein nehmen und mich bloß als Kofferträger bezeichnen müssen. Daß er das nicht tat, war eine ganz große Gemeinheit." Das Schicksal und Ende des anderen sind ihm völlig gleichgültig.

Moralische Entrüstung bringt auch ein anderer Proband seinem Mittäter entgegen, da dieser ständig zwischen verschiedenen Frauen geschwankt habe. Wegen seiner vielen Weibergeschichten sei dieser „kein anständiger

Kerl“ mehr. Für ihn selber habe es nach der Verheiratung keine andere Frau mehr gegeben.

Hier melden sich Reste der Rolle des einst moralisch einwandfreien, sozial unauffälligen Bürgers zu Wort. Auch der Versuch einer Selbstentsühnung könnte aus dieser Haltung abgelesen werden. Die von ihm festgestellten Mängel des anderen in der moralischen Ebene zeigen ihm, daß er in der Wertreihe nicht an letzter Stelle steht.

Die Haupttäterin, der er sexuell hörig war, hatte das Mordzimmer mit wirrem Haar, gerötetem Gesicht und hoch erhobenem Beil verlassen. Dabei sang sie laut, um Geräusche zu verdecken und unverdächtig zu erscheinen. Das erfüllte den Mittäter mit Abscheu. Er konnte sie seitdem nicht ertragen, blieb allein und betrank sich. Seine früheren sexuellen Wünsche sind ertötet und in Ekel umgeschlagen. Dabei mißt er ihr keineswegs die alleinige Schuld zu, sondern fühlt sich ebenso schuldig. Er würde auch an ihrer früheren Entlassung keinen Anstoß nehmen, möchte aber unter keinen Umständen mehr ihren Weg kreuzen. Schuldgefühle empfindet er gegen die zweite Mittäterin. Er hat sie überredet, ihre Wohnung zur Verfügung zu stellen, und sie auf diese Weise mitschuldig gemacht. Sie selber ist unempfänglich gegen seine Gefühlsregungen und lehnt jede Verbindung ab.

Hier finden wir eine ähnliche Linie wie vorher. Die Verzerrtheit im Gebaren der Mittäterin läßt ihn plötzlich erschrecken über den Abgrund, in welchen er geraten ist. Er sieht an ihr Seiten, die auch ihm nicht fremd sind, die er jetzt aber entschieden abwehrt. Nun erschrickt er vor sich selbst, daß er mit ihr gemeinsame Sache gemacht hat, und distanziert sich energisch von ihr. „So schlecht bin ich denn doch nicht!“

Nur in einem Fall ist der Nullpunkt in den Beziehungen unterschritten; es besteht offene Ablehnung. Noch 9 Jahre nach der Tat werden die gegenseitigen Beschuldigungen wegen des Anteils an derselben mit aller Schärfe vorgetragen. Jeder meidet den anderen möglichst, um nicht durch ihn an die immer noch unverarbeiteten Dinge erinnert zu werden. Man geht grußlos an dem anderen vorbei, bedauert, mit ihm im gleichen Flur zu liegen, entfernte sich, als man ihn im Gottesdienst in der Nähe sitzen sah. Immer wieder wird die Neigung wach, ihn „aufs Maul zu schlagen“.

Die in den beiden vorangegangenen Fällen erkennbare Linie wird hier besonders deutlich. Jeder von den beiden empfindet den anderen als Ankläger. Sein Erscheinen erinnert an die eigene Schuld und die Abgründe im eigenen Wesen. Deshalb meidet und haßt man ihn.

Wenn man die gleichartigen Situationen der Lebenslänglichen überschaut, könnte man erwarten, daß das gleiche harte Schicksal die Entstehung von einer Art Schicksalsgemeinschaft begünstigt, daß engere Paarbildungen oder bei Kollektivhaft echte Wir-Gemeinschaften und Freundschaften entstehen. Das ist aber keineswegs der Fall. War schon das Zusammenleben vor und während der Tat im wesentlichen eine reine Interessengemeinschaft, so bleibt man auch unter dem gleichen Urteil und trotz des Zusammenlebens auf engstem Raum ein Duo, und wird kein Paar, ein Haufen, und wird keine Gemeinschaft. Der Abstand von dem anderen ist nur noch gewachsen. Nicht selten ist der Freund und Mittäter von einst zum späteren Denunzianten und Belastungszeugen geworden. Man wahrt gewisse leere Formen der Gemeinschaft, geht aber bindungslos nebeneinander her. Ein Mörder-„Paar" bedeutet lediglich eine Zahl, nie ein „Paar" in sozialpsychologischem Sinne.

## *§ 10 Träume*

Etwa 20% aller Probanden behauptet, dauernd traumlos zu sein. Es sind teils Schwachsinnige, teils solche, die sich mit der Tat, dem Urteil und dem gegenwärtigen Aufenthaltsort völlig abgefunden haben. Aber auch zwei entschiedene Leugner träumen angeblich nicht. Ihre Traumlosigkeit steht in einem seltsamen Kontrast zu der aufgeregten Kampfesstellung, die sie bewußt bezogen haben.

Kompensationsträume führen zu dem früheren Segelboot oder Motorrad. Der Träumer geht im Wald spazieren, besucht das Kino, ist mit den Angehörigen vereint. Sie haben ihn mit einem Kuß begrüßt und ihm vergeben. Er ist in seinem Beruf tätig, genießt den Frieden des Zuhause, macht weite Reisen. Fröhliche Szenen aus dem früheren Leben, Erinnerungen an den Arbeitsdienst mit seiner schönen Kameradschaft tauchen im Traum auf. Es ist alles so friedevoll; niemand schilt, niemand macht Vorhaltungen. Eine Kapelle spielt lustige Weisen.

Solche kompensatorischen Träume brechen die Eintönigkeit der Zelle und heben die Abgeschlossenheit von der Familie auf. Die sozialen Beziehungen sind wiederhergestellt, die berufliche Tätigkeit wird mit Lustgefühlen fortgesetzt. Die „balancierende Funktion des Unbewußten", von der C. G. Jung spricht, ist hier am Werk. Sie besteht darin, „daß die Gedanken, Neigungen und Tendenzen der menschlichen Persönlichkeit, welche im bewußten Leben nicht zur Geltung kommen können, in Funktion treten im Zustand des Schlafes". Hierher gehören auch die sexuellen Träume.

Als Parallelerlebnisse der Bedrohtheit klingen assoziativ auf die ins Unbewußte abgedrängten Kriegserlebnisse. „Die Russen mißhandeln mich; einer bedroht mich mit der Pistole. Ich stehe im Kampf, verliere einen Arm und ein Bein. Ich rutsche mit einem Panzer ab. Ich werde nach Rußland verschleppt. Zahlreiche Menschen werden erschossen."

Die freundlichen, heiteren Bilder der kompensatorischen Träume werden abgelöst von anderen, welche die vitale Bedrohtheit zeigen. „Man hackt mit der Sense nach mir. Aus allen Gullis in der Straße kommt Wasser, ich drohe zu ertrinken. Ein Mitgefangener wird hingerichtet, ein Boot kentert, ein Mann bricht auf dem Eise ein. Ein Stück Fleisch wird vom Körper abgeschnitten. Die Polizei verfolgt und schießt." Der Träumer stürzt von einem schwerbeladenen Lastwagen. Er muß zusehen, wie jemandem mit dem Messer die Kehle durchgeschnitten wird. Eine wilde Motorradfahrt endet mit einem Sturz in den Abgrund.

Schuldthematik klingt an in dem Traum: „Ich habe Schmutz an den Sohlen und Schuhen; ich bin ganz beschmutzt."

Geheime Ausbruchsgedanken offenbart der Traum: „Ich werfe einen Strick mit Knoten aus dem Fenster und lasse mich herunter." „Ich bin entwichen und laufe durch Ruinen. Die Polizei verfolgt mich und schießt nach mir." „Ich bin entwichen und sitze in einer Kirche. Der Pfarrer mahnt mich zur freiwilligen Rückkehr in die Anstalt und verspricht, sich für die rechtmäßige Entlassung einzusetzen."

Tiergestalten erscheinen im Traum. „Pferde rasen durch eine Koppel; sie treten mich, ich werde verletzt."

Im Sinne der Jungschen Bilder sind hier Kräfte, die weiser, energischer Lenkung bedürfen, übermächtig geworden und entziehen sich der Kontrolle. Ein gefahrvoller Sturz und eine Verletzung ist die Folge. Das Schlimmste geht aber noch einmal vorüber.

„Ein großer Hund paßt auf mich auf. Ich habe Angst, aber da ich mich ruhig verhalte, tut er mir nichts." Der Hund, für gewöhnlich ein fröhlicher, gehorsamer Diener des Menschen, ist das Sinnbild der Treue und Aufopferungsbereitschaft. Er spürt den richtigen Weg und wittert Gefahr. Hier wacht er über dem Menschen, dem er anspürt, daß er einen verderbenbringenden Weg einzuschlagen gedenkt. Er begnügt sich zunächst mit Aufpassen, ist aber offenbar bereit, sich bösen Absichten des Menschen in den Weg zu stellen. Daß dieser vor einem solchen Wesen Angst empfindet, ist kein gutes Zeichen.

„Eine große Katze faucht mich an, sie will mir die Bettdecke wegnehmen und kommt immer wieder."

Das Symbol der Katze ist die Unberechenbarkeit und der Kontrast. Eben noch behaglich schnurrend, faucht sie im nächsten Augenblick bösartig. In samtenen Pfoten stecken gefährliche Krallen.

An Katzennatur erinnernde Kontraste im eigenen Wesen haben Wirkungen ausgeübt, die sich bis ans Bett, die Sphäre der persönlichen Intimität, erstrecken. Die Wärme und Behaglichkeit des persönlichen Lebens ist jetzt bedroht. Der empfindlichen Störungen kann man nicht mehr Herr werden; sie kommen immer wieder.

Die bisher geschilderten Träume sind keineswegs auf die Lebenslänglichen beschränkt. Sie tauchen in ähnlichen Formen und Gestalten bei allen Gefangenen auf. Spezifische Mörderträume sind nur in 4 Fällen zu verzeichnen. „Ich sehe den Erschlagenen im Blut liegen; die Leute weisen mit Fingern auf mich." Ähnlich ist der zweite Traum: „Ich sehe den Ermordeten liegen. Er hat ein Loch in der Stirn; der Kopf wird immer größer." Beide Träume zeigen dem Bewußtsein des Menschen mit steigendem Nachdruck die Schrecklichkeit der Tat. Die Menschen weisen mit Fingern auf ihn. Der grauenerregende Kopf mit der tödlichen Wunde wird größer. Das ist schon etwas Beachtliches. Aber es genügt nicht, noch fehlt ganz die Note der Auseinandersetzung und erst recht die der inneren Überwindung und Befriedung. Verwandt sind auch die beiden anderen Träume, die von einem zweifachen Kinder- bzw. Elternmörder stammen: „Ich sehe den Knaben (nicht das Mädchen) im Blut liegen." „Ich sehe die Mutter (nicht den Vater) im Blut liegen; ich halte das Beil noch in der Hand." Der Knabe bzw. die Mutter standen den Mördern näher als das andere Opfer. Die sehr quälenden Träume kehrten etwa $^1/_4$ Jahr hindurch allnächtlich wieder. Vergeblich suchte der Elternmörder sich ihrer dadurch zu erwehren, daß er sich am Abend ein Licht anzündete, um das Einschlafen zu verhüten. In beiden Fällen handelt es sich um schwere Stauungserscheinungen. Der Mensch kann mit einem Erlebnis nicht fertig werden. Die Verarbeitung gelingt nicht.

Unschuldssophisterei und ein in Tagträumen bereits ausgekosteter Sieg im Wiederaufnahmeverfahren führt zu dem Traum: „Ich sehe das Gericht vor mir. Der Richter hat ein ganz verzerrtes Gesicht und fürchtet sich vor dem jetzt anhebenden Justizskandal."

Auffallend gering ist die Zahl derer, die sich träumend mit der Tat beschäftigen. Träume, die eine innere Auseinandersetzung, den Versuch einer Verarbeitung, den Beginn einer neuen Entwicklung andeuten, fehlen weithin. In der ersten Studie sind die wenigen Fälle einer bewußt positiv-aktiven Bewältigung der Situation geschildert. Offenbar berührt das Tatgeschehen auch nur in wenigen Fällen die Tiefen des Unbewußten in stärkerem Maß.

Wohl gibt es Erklärungen für das Ausbleiben von Tatträumen. Nach Jung verhält sich der Traum kompensatorisch zur jeweiligen Bewußtseinslage. Steht nun die Tat beherrschend im Vordergrund des Bewußtseins, dann hebt die Seele kompensatorisch andere Bilder herauf, um damit wieder ein Gleichgewicht herzustellen. Aber bei vielen nicht von der Tat Träumenden ist das keineswegs der Fall. Sie sind durchaus nicht von den Dingen so angegriffen, daß ihre Leidensfähigkeit erschöpft wäre und eine Art innerer Abstumpfung ein Gebot der Selbsterhaltung sei.

Man könnte an längere Latenzperioden denken. Die Schuldfrage kann abgekapselt sein wie etwa ein tuberkulöser Herd, der verkalkt ist und keine Störungen mehr verursacht, bis ein Schock die Krankheit wieder aufflackern läßt, die trügerische Ruhe der Seele zerreißt. Spätere Untersuchungen müßten hierauf das Augenmerk richten.

Wahrscheinlich bringt auch hier der Blick auf die Zeitverhältnisse die Erklärung. Der Krieg mit seiner demoralisierenden Wirkung, die Gewöhnung an das Schießen auf andere, führten zu einem Absinken des Wertes eines Menschenlebens. Ermittlungen nach dem ersten Weltkrieg haben erwiesen, daß eine veränderte Einstellung dem Leben gegenüber, eine niedrigere Bewertung desselben, alle Menschen ergriff, sogar in neutralen Staaten. Die Vernichtung eines Menschenlebens war also für viele unserer Insassen gar kein schockierendes Erlebnis mehr, das bis in letzte Tiefen der Seele drang und hier Bewegungen auslöste. Diese klang vielmehr bereits in peripheren Schichten ab. Dazu kommt der Wegfall des Druckes der Todesstrafe. Ich beziehe mich auf meine Studie: „Das Todesurteil in seiner Auswirkung auf die Persönlichkeit." Ein Blick auf die Haltung der Hingerichteten zeigt, daß neurotische Verzerrungen und Versteinerungen festgehalten wurden bis kurz vor das Ende, daß nur erst der dicht bevorstehende Tod eine Änderung der Haltung erzwingen konnte. „Appropinquante morte animus multo est divinior" urteilt Cicero: De divinatione I 63.

Erst während der langen Wochen des Wartens auf den Ausgang des Gnadengesuches vollzog sich in den Träumen eine Wandlung, die von Vergnügungsfahrten, vom Ausweichen, von der Flucht schließlich zur Akzeption der Lage und ihrer Bejahung führte. Erst die allerhärteste Belastung zwang zur inneren Revision.

## *§ 11 Persönlichkeitsdiagnosen*

a) Fehlentwicklungen auf Grund von ungünstigen häuslichen Konstellationen sind zu verzeichnen in 13 Fällen. Das überkorrekte und überstrenge Elternhaus treibt den Sohn in starke Gefügigkeit. Er wird unselbständig, lernt es nicht, sich durchzusetzen und eine selbständige Haltung zu entwickeln; in krasseren Fällen entwickelt sich das Bild eines schwer verprellten, eingeschüchterten, selbstunsicheren Menschen voll Lebensangst. Ohne eine eigene Linie steuern zu können, erliegt er schnell dem Einfluß einer stärkeren Persönlichkeit. Sein zertretenes Selbstwerterleben kann aber auch in Trotz umschlagen, aggressive Neigungen entfesseln und sich in schweren

Explosionen entladen. Die im Elternhause geforderte Unterwürfigkeit läßt das Verlangen nach einem Gegenerlebnis wach werden; die allzulange geforderte Gefügigkeit will einmal durch überforsche Haltung kompensiert werden.

Spielt dann das Schicksal einem solchen Menschen die Verfügungsgewalt über andere zu, so kann er nach einer langen Zeit sozial einwandfreien, ja wertvollen Lebens ins Verbrechen abgleiten. Dies zu harte Elternhaus ist in 7 Fällen feststellbar.

In der Verwöhntheitssituation des zu weichen Elternhauses dagegen wächst ein geltungssüchtiger, ichhafter Sohn heran, an den keine Ansprüche gestellt werden, der die Allüren des „vornehmen Mannes" entwickelt und unter Verzicht auf Arbeit ein genießerisches Dasein führen will (1 Fall). Ein neurotisch gefärbtes Elternhaus mit ständigen Mahnungen, leise zu sein, Rücksicht zu nehmen, sich isoliert zu halten, wirkt lähmend auf das Kontakt- und Antriebsvermögen des Sohnes. Er wird ein schüchterner, zurückhaltender, ängstlicher Mensch, der eine Sonderlingshaltung bezieht und auf Belastungen mit einer Panikreaktion antwortet (2 Fälle). Der Ausfall der Mutter durch den Tod legte den Grund zu einer schweren seelischen Entwicklungsstörung, in deren Verlauf die Überkompensation des schwachen Selbstwerterlebens in ein Verbrechen führt (1 Fall). In dem völlig versagenden Elternhaus, wo Saufereien und Schlägereien an der Tagesordnung sind, findet das Kind nirgends Halt und Richtung. Es kann keine Gefühlsbildungen entwickeln. Moralische Wertbegriffe werden nicht eingepflanzt. Die Bindungsfähigkeit verkümmert, das Bahnende des Vorbilds fehlt. Das Kind endet in Haltlosigkeit, obwohl Ansätze zu einer positiven Entwicklung anlagemäßig vorhanden sind (1 Fall).

Nicht bloß das Elternhaus, sondern auch der Ehestand kann solche Schäden verursachen. Tiefe Enttäuschungen, nach dem Selbstmord der Frau wiederholt erfahren in einem zweiten Ehestand, zertrümmern den ursprünglich vorhandenen Gemeinschaftssinn und lassen offene Asozialität aufkommen. Anfängliche Teilnahmslosigkeit, danach Zynismus und schließlich Brutalität wurden zur Schutzhaltung.

b) Unfertigkeit und Unausgeglichenheit des verspätet Pubertierenden und Spätentwicklers begegnet uns in 3 Fällen. Dabei steht in zwei Fällen die unbewältigte Vater-Thematik im Vordergrund, wobei die Oppositionsstellung gegen die Autorität des Vaters auf alle autoritären Stellen übertragen wird.

c) Hirntraumatische Wesensänderungen sind vor sich gegangen in 2 Fällen. Sie haben zu einer Schädigung des emotionalen Apparates und zu einem stärkeren Abbau der Hemmungsmechanismen geführt.

d) Ein nicht konstitutionell, sondern latent Krimineller, der in normalen Zeiten Affekt und Trieb zu zügeln vermochte, erlag in der Hungerzeit dem anomalen Eßtrieb. Er ist nach Seelig „Lehrbuch der Kriminologie“ ein Mitglied der „kriminellen Reservearmee“.

e) Den Übergang zu der großen Gruppe der Anlage-Defekten bringen 4 Fälle, bei denen hinter Anlageschäden noch ein brauchbarer menschlicher Kern erkenntlich wird, der aber in versagenden Elternhäusern nicht gepflegt und entwickelt wurde.

f) In 23 Fällen liegen die Schäden vorwiegend im Konstitutionellen. Das Verstandes-, Willens- und Gefühlsleben weist Ausfälle auf. Einordnungsfähigkeit und Gemeinschaftssinn fehlen. Bindungsfähigkeit an einen Beruf oder an Menschen ist nicht vorhanden. Affektlabilität, leichte Erregbarkeit und Sprunghaftigkeit gefährden. Geltungssucht, Pseudologismus und Narzißmus schaffen den Fassaden-Menschen ohne Fond. Der Phantast und Theatermann hat keine Beziehung zu wahren Werten und wird zum Hochstapler. Fehlende Ich-Integration hält den Menschen in ständiger Abhängigkeit vom anderen. Mangel an persönlichen Qualitäten kennzeichnet den verschwommenen, flachen, richtungslosen Menschen. Er ist ohne Profil, Haltung und Tiefgang, ein Prototyp des entseelten Massenmenschen von heute. Destruktive, aggressive Tendenzen eines schwer labilen, chaotischen Menschen prädestinieren geradezu zum Mord. Die einzelnen, in jedem Fall verschieden starken Minus-Varianten können die mannigfachsten Verbindungen eingehen und damit ihre destruktive Kraft steigern. Schwachsinn, gekoppelt mit Asozialität, Gemütlosigkeit, leichter Erregbarkeit und Triebhaftigkeit machen z. B. den Menschen zu einem reinen Triebwesen, das eine schwere Bedrohung der Gemeinschaft bedeutet.

## *§ 12 Prognosen*

a) Wo seelische Entwicklungsstörungen zum Mord geführt haben, kann fast überall eine positive Prognose gestellt werden. In einigen Fällen ist allerdings die Verkrampfung so stark, die neurotische Haltung so tief eingeschliffen, daß der Vollzug der Strafe ergänzt werden müßte durch eine psychotherapeutische Behandlung. Fraglich ist die Prognose noch bei dem Probanden, der in der Verwöhntheitssituation des zu weichen Elternhauses ein geltungssüchtiger, ichhafter Mensch wurde und der auf die Verurteilung zunächst mit einer verschlossenen Trotzhaltung antwortete. Ob die jetzt zu beobachtende wachsende Zugänglichkeit und aufkommende Freude an schöpferischer Tätigkeit den Schluß auf den Beginn einer neuen Entwicklung zulassen, kann noch nicht entschieden werden.

Negativ beurteilt werden muß der Mann, der an seinen beiden Ehen scheiterte. Die von ihm bezogene Schutzhaltung der Selbstsicherheit und Überlegenheit, mit der er seine innere Unsicherheit verdeckt, konnte bisher nicht erschüttert werden. Ob und wie weit sich seine Vereisung noch auftauen läßt, ist nicht zu übersehen. Zur Zeit ist die Prognose negativ.

b) Dem Spätentwickler und den beiden retardiert Pubertierenden kann eine positive Prognose gestellt werden, wobei allerdings zumindest in einem Falle psychotherapeutische Nachhilfe unerläßlich erscheint.

c) Von den beiden Hirntraumatikern gehört der schwerere Fall in die Geborgenheit einer charitativen Verwahrung in irgendwelcher Form. Auch der zweite weniger schwere Fall bleibt eine schutzbedürftige Persönlichkeit. Wenn er aber einen ihn umsorgenden Menschen und einen seiner verminderten Arbeitsfähigkeit Rechnung tragenden Arbeitsplatz fände, könnte man ihm eine günstige Prognose stellen.

d) Der latent Kriminelle, der in normalen Zeiten Affekt und Trieb zu zügeln vermochte, wird nach Rückkehr normaler Zeiten voraussichtlich wieder ordentlich funktionieren.

e) Für die 4 Fälle, bei denen Anlage und Umweltschäden etwa gleich groß sind, bildet jetzt nach dem Versagen des Elternhauses die Anstalt das neue Milieu. Unter ihrem Einfluß ist der noch brauchbare Kern deutlich sichtbar geworden. Während in einem Fall, falls das Milieu gesund bleibt, bereits eine günstige Prognose gestellt werden kann, soll diese in den 3 anderen Fällen noch offen bleiben.

f) Negativ bleibt die Prognose überall da, wo konstitutionelle Mängel vorliegen. Die schweren Anlagedefekte haben bei der übergroßen Mehrzahl solcher Insassen auch nach zum Teil 10jähriger Verbüßung eine innere Entwicklung nicht aufkommen lassen. Nur in ganz seltenen Fällen erschien nach Explorationsgesprächen ein Schimmer von Einsicht und Besinnung. Auch die in einem Fall mit Nachdruck betriebene Anreicherung mit religiösem Wissen hat bisher zu keiner durchgreifenden Wesensänderung geführt.

Nach dem Stand vom 1. April 1955 sind zu bewerten

| | | |
|---|---|---|
| a) positiv | = | 17 Fälle, |
| b) negativ | = | 24 Fälle, |
| c) noch fraglich | = | 4 Fälle, |
| d) als Verwahrfall | = | 1 Fall. |

Es ist selbstverständlich, daß die Prognosen immer wiederholter Nachprüfung bedürfen.

# Zusammenfassung

Auffallend ist die Steigerung des pyknischen Anteils an der Mordkriminalität, der um das 6fache angewachsen ist. Wenn spätere Untersuchungen wieder ein Absinken der Pykniker auf den früher üblichen Stand zeigen, so wird schon hier der besondere Einfluß der Hungerzeit erkenntlich.

Die Belastung hereditärer Art in 67,4% der Fälle beweist, daß wir diesen Aspekt auch in unseren wieder beginnenden kriminologischen Untersuchungen nicht vernachlässigen dürfen.

Die demoralisierende Wirkung des Krieges tritt ebenso kraß in die Erscheinung wie nach dem ersten Weltkrieg. Wenn die nach früheren Untersuchungen in der Mehrzahl befindlichen Motive, welche aus Affektstauungen, Verdrängungen und psychopathischen Reaktionen stammen, jetzt um mehr als die Hälfte hinter denen des nackten Gewinnstrebens zurückbleiben, so schimmert auch hinter diesen Zahlen der Hintergrund der schlimmen Nachkriegsjahre hindurch.

Die hohe Zahl der Nichtvorbestraften weist in die gleiche Richtung. Wenn in der Mordkurve der sonst übliche sommerliche Höhepunkt fehlt, wenn die hohe Mordziffer von 1946 und 1947 nach der Währungsreform absinkt, so sind das Beweise für den verderblichen Einfluß des Nachkriegsmilieus, in welchem es starker menschlicher Qualitäten bedurfte, um krisenfest zu bleiben.

Bei der positiven Einstellung zu Raum und Zeit darf nicht übersehen werden, daß sich alle Insassen noch in jenem Stadium befinden, in welchem (nach Liepmann) die Hoffnung auf spätere Begnadigung vor dem Zusammenbruch bewahrt. Eine künftige Änderung dieser Einstellung ist möglich.

Das Fehlen von Freundschaften und Schicksalsgemeinschaften während der Strafverbüßung überrascht nicht. Wir-Gemeinschaften und Paar-Bindungen entstehen kaum in Zwangssituationen. Nur dort, wo innere Freiheit gewahrt bleibt, wo Distanzierung und Hingabe zugleich möglich sind, entwickeln sich die dynamisch wirksamen Gebilde der Wir-Gemeinschaft oder des Paares. Im Zuchthaus dagegen stoßen wir im Regelfalle nur auf äußere Zwangsgebilde, die gewisse leere Formen der Gemeinschaft wahren müssen, aber dynamisch völlig bindungslos sind.

Wie das Explorationsgespräch, so zeigt auch die Traumwelt nur in seltenen Fällen den Versuch einer inneren Auseinandersetzung. Weder Latenzperioden noch etwaige Abkapselungen reichen als Erklärungsversuche aus. Wahrscheinlich stehen wir auch hier vor der demoralisierenden Wirkung des Krieges.

Ein Blick in die Persönlichkeitsdiagnosen und Prognosen schließlich bestätigt die Ausführungen von Liepmann, nach welchen die Lebensläng-

lichen kein fester Typus sind. Differenzierungen und Klassifizierungen werden sofort erkenntlich.
Das Resultat der Untersuchungen von Dr. Gast lautet: „Es gibt keinen Typus des Mörders, es gibt keine für die meisten Mörder typische Eigenschaft; es bestehen die größten Verschiedenheiten.“ Dieses Ergebnis wird bejaht. Wenn er aber alsdann als eine für Mörder typische Tatsache die hohe Selbstmordziffer ansieht und daraus den Schluß zieht, daß „in vielen Mördern ein Gefühl für das Ungeheuerliche ihrer Tat dämmert, ein Gefühl, das sie dann an sich selbst verzweifeln läßt und als letzte Konsequenz den Selbstmord gebietet“, so kann das aus unseren Beobachtungen nicht bestätigt werden.

*

Die weitere Entwicklung nach dem Stand vom 1. April 1955 bis zur Drucklegung dieser Zeilen zeigt immer deutlicher, daß in vielen Fällen Verführbarkeit, Oberflächlichkeit, Gemütsarmut, Bindungsunfähigkeit, Haltlosigkeit keine im Wesen unlöslich verankerten Eigenschaften, sondern nur vorübergehend eingenommene Verhaltensweisen sind, die offenbar zum Teil entwicklungsmäßig bedingt waren und sich als wandlungsfähig erweisen. Auffällig ist die Diskrepanz zwischen den früheren Schul- und jetzigen Intelligenzleistungen. Die Zahl der positiven Fälle ist im Wachstum begriffen.

# III

## Wandlungen der weiblichen Kriminalität

INHALTSÜBERSICHT

# Einleitung

a) Problemstellung, Methode der Untersuchung und typologische Fragen sind in der Studie: „Die innere Entwicklung der lebenslänglichen Zuchthäusler nach ihrer Verurteilung“ abgehandelt, auf die ich Bezug nehme. Die dort erwähnten 11 unter lebenslanger Zuchthausstrafe stehenden Frauen bilden den Mittelpunkt der folgenden Arbeit, die sich in ihrem Aufbau an die vorangegangenen Abhandlungen anschließt.

b) Umfangreich ist die Literatur über die weibliche Kriminalität, und zahlreich sind die Gründe, welche für die geringere Straffälligkeit der Frau aufgeführt werden.

Der Belgier Quetelet sieht in einem Gefühl von Schwäche den Grund für ihre Bevorzugung von Verbrechen gegen Sachen und für den Griff zum Gift, falls einmal ein Angriff auf eine Person erfolgt. Die von Valentini vertretene Ansicht, daß der Frau eine höhere Moral zukomme, wird von andern Autoren bezweifelt und abgelehnt. Einen erhöhten Schutz gegen das Abgleiten in die Kriminalität glaubt der Italiener Colajanni in ihren — gemessen am Manne — leichteren Lebensbedingungen zu finden. Demgegenüber stellt Lombroso wieder die körperliche Schwäche, verbunden mit einem Mangel an Energie und Planmäßigkeit, in den Vordergrund. Er sieht in der Dirne das weibliche Gegenstück zum Verbrecher, was zumal von Aschaffenburg wieder abgelehnt wird. Dieser weist darauf hin, daß bei dem Giftmord als der typisch weiblichen Methode des Mordes der Zeitpunkt des Entschlusses zur Tat von dem der Ausführung entfernt liege. Es müssen schon ein langer, anhaltender Daueraffekt und eine ausführliche Überlegung vorliegen.

Wulffen hält die im Wesen der Frau begründete „Passivität“ für einen „guten Talisman gegen die Kriminalität“, deren Triebfeder neben der Lügenhaftigkeit vor allem die Sexualität sei.

Auch von Koppenfels glaubt einen Mangel an Aktivität im guten wie im bösen Sinne feststellen zu können, der häufig gepaart sei mit dem Fehlen eines strengen Rechtsgefühls. Das weibliche Handeln habe etwas Unklares, Unlogisches an sich; entschlossene Tat sei nur in Ausnahmefällen anzutreffen.

Eine Fülle von z. T. verschiedenen, z. T. mehr oder minder gleichen Anschauungen könnte hier noch verzeichnet werden.
Dr. Gast berichtet in seinem Buch: „Die Mörder“, daß von 1892 bis 1901 Vergiftungen in 62,3% aller Fälle durch Frauen begangen wurden. Von 15 untersuchten Frauen benutzten nur 2 das Beil, von 4 Männern dagegen 3. Er stellt fest, daß die Frau an Raubmord und Lustmord fast gar nicht beteiligt sei, und daß ihre Opfer meistens unter den Angehörigen gesucht werden müßten, wo sie sich bewegten, und wo es Konfliktstoffe gab, nämlich den Kindern oder Enkelkindern, dem Gatten, der Verlobten oder Gattin des Geliebten. Die häufig festgestellte Rücksichtslosigkeit, Brutalität und Gemeinheit seien vielleicht als eine Kompensation der körperlichen Unterlegenheit zu verstehen.
Umfassendes Material bringt die Studie: „50 Jahre Frauenkriminalität 1882—1932“, verfaßt von Dr. Krug im Bayer. Statistischen Landesamt (München 1937). Angesichts der innerhalb unserer sozialen Ordnung so wichtigen Stellung der Frau als Hausfrau und Mutter verdient sie als asozial handelndes Subjekt höchste Beachtung. Vor dem ersten Weltkrieg macht ihr Abgleiten das Steigen und Fallen der gesamten Kriminalität in verkleinertem Maßstab mit. Die Zunahme vor demselben fällt hauptsächlich dem männlichen Rechtsbrecher zur Last. Als die Frau im Kriege den Mann im Zivilleben ersetzte, trat sie auch an seine Stelle in der Betätigung asozialer Handlungen. Auf 100 verurteilte Männer trafen verurteilte Frauen 1910: 19; 1913: 19; 1915: 36; 1917: 54. In der Zeit des Währungsverfalls wurde antisoziales Verhalten gleichsam zur Notwehr. Danach folgt ein allmählicher Rückzug der Frau aus der Kriminalität. Auf 100 verurteilte Männer entfallen 1924: 20 und 1925 erscheint wieder die Zahl 19. Seit 1924 betätigte sich erneut mehr der zu allen Zeiten kriminelle Mensch, auch in der Frauenwelt.
Es werden alsdann die Entwicklung und der Verlauf der einzelnen Delikte von 1892 bis 1932 abgehandelt. Auf die Ausführungen über Mord und Totschlag wird später besonders Bezug genommen.
Nach einer Abhandlung der Rückfallskriminalität und der besonderen Rückfallsdelikte (Abtreibung und Kuppelei) werden nunmehr die allgemeinen und besonderen Ursachen der Frauenkriminalität untersucht. Unter diesen steht an erster Stelle das Alter. Hier tritt in Erscheinung die Verjüngung der kriminellen Frau. Seit 1928 ist der kriminelle Mann gealtert, die kriminelle Frau dagegen jünger geworden. Der Grund für die letzte Erscheinung wird in der selbständigeren Stellung und dem früheren Eintritt in das berufstätige Leben gesucht. Die Gleichstellung mit dem Mann erweist sich also für die berufstätige Frau als ein „Danaer-Geschenk“. Umfangreiches Zahlenmaterial zeigt alsdann, wie nicht nur das Alter über-

haupt, sondern das Alter in Verbindung mit dem Geschlecht die psychischen und physischen Voraussetzungen für bestimmte Delikte fördert.

Als zweiter und vielleicht wirksamster Verbrechensfaktor wird der Familienstand bezeichnet. Hier ist auffallend bei fast allen Delikten die starke Belastung der Witwen und Geschiedenen, welche in sämtlichen Altersklassen die relativ kriminellste Gruppe darstellen. Als Gründe werden festgestellt die häufig schlechte soziale Lage der Witwen und die oft anzutreffende moralische Haltlosigkeit, um nicht zu sagen Charakterlosigkeit und Minderwertigkeit zumal der schuldhaft Geschiedenen. Umstritten ist die Frage, ob die Ehe bessernd oder verschlechternd wirkt. Während für den Mann eine außerordentlich günstige Wirkung der Ehe auf seine Kriminalität festgestellt werden konnte, wurde für die andere Seite die harte Folgerung von einem Autor (Prinzing) gezogen: „Die Ehe erhöht die Kriminalität der Frau". Endgültig kann nur im Einzelfall erwiesen werden, ob der Familienstand ein maßgeblicher Faktor für die Straftat war.

Als dritte Ursache für die Gestaltung der Kriminalität wird der Beruf genannt. Die individuelle Neigung und Veranlagung, welche die Berufswahl beeinflußt, kann auch für die Kriminalität maßgebend sein. Dieser innerliche Zusammenhang ist allerdings schwer erfaßbar. Daß die gesteigerte berufliche Tätigkeit der Frau ungünstig wirkt, ist statistisch nie einwandfrei belegt. Ob sie leichter als der Mann der durch den Beruf gegebenen Gefahr erliegt, ist nicht erwiesen. Doch drückt der Beruf auch der Frauenkriminalität den Stempel auf und nähert sie in ihren asozialen Handlungen dem Manne. Nachweisbar bleibt aber immer noch eine frauliche Note auch bei dem Delikt, sei es durch Umgehung der Gewalt, sei es durch Anwendung von Lüge und Verstellung, sei es durch eine gewisse Sorglosigkeit, Unachtsamkeit oder Gleichgültigkeit.

Exners Satz, daß Kriegskriminalität wirtschaftliche Kriminalität ist, bestätigt sich voll auch für die Frau. Allerdings scheint es, daß sie Notlagen leichter erträgt und sich eher einzuschränken weiß als der Mann.

Hoch ist die Zahl der straffälligen Frauen ohne oder mit nur mangelhafter Schulbildung. Freilich hält intellektuelle Bildung keineswegs von Straftaten ab, sondern führt höchstens zu verfeinerten Formen derselben. Verderblich war der Einfluß des Krieges auf die ethische Bildung, die eine wirksamere Verbrechens-Prophylaxe darstellt als intellektuelles Wissen.

Im Blick auf die lokale Umwelt muß festgestellt werden, daß der Mann durch das Stadtleben stärker gefährdet ist als die Frau, deren Leben sich auch hier wie auf dem Lande in geschützteren Kreisen abspielt.

Auch staatliche Umwelt beeinflußt die Kriminalität der Frau, die lebhaft auf Krieg und Revolution reagiert.

Weit auseinander gehen die Anschauungen in der Frage, welchen Einfluß die Sexualität auf die Frauenkriminalität hat. Lombroso und Wulffen weisen ihr eine überragende Bedeutung zu. Das Problem ist durch die Statistik nicht lösbar, da die physischen und psychischen Eigenschaften des Geschlechts für sie nicht faßbar sind. Letzter Grund der Verfehlungsmöglichkeiten in der Mutter-Aufgabe z. B. ist das Geschlecht. Auch die Kuppelei entspringt dem Hang der Frau, sich innerhalb der Sexualsphäre zu betätigen. Delikte gegen die Person begeht die Frau eher als der Mann aus sexuellen Motiven. Bei Beleidigungen handelt es sich meist um solche sexueller Art. Schließlich können auch physiologische Gründe Anreiz zum Verbrechen geben. Hierher gehören Straftaten, die unter dem Einfluß von Pubertät, Menses, Schwangerschaft und Klimakterium verübt werden.

Alkohol als stimulus zum Verbrechen scheidet bei der Frau nahezu völlig aus. Fast immer sind es religionslose Menschen, die vor dem Strafrichter stehen. Auch Film, Presse und Theater üben Einflüsse aus, denen grade die Frau leicht erliegt.

Im Vorwort der inhaltsreichen Abhandlung heißt es: „Wie ein roter Faden zieht sich durch die Arbeit immer wieder das gleiche Ergebnis: Je mehr die Frau in ihrer Stellung dem Manne sich nähert und ihn ersetzt, desto eher begeht sie dieselben asozialen Handlungen wie der Mann."

Schließlich wird im Schlußwort das Fazit gezogen: Zwar fällt die Teilnahme der Frau an der Kriminalität, aber als Gegengewicht findet sich eine Zunahme der schweren Kriminalität. Nicht eine bessere Moral kommt ihr zu, sondern ihre geistige wie körperliche Konstitution bewahrt sie vielfach vor dem Verbrechen. Selbst dann, wenn sie zu aktivem Handeln gezwungen ist, vermag sie nicht ihre besondere Veranlagung zu unterdrücken. Die Frau trägt in sich nicht das Gebot des Handelns, sondern des Duldens. Nur in einem Punkt wird sie aktiv, wenn sexuelle Momente und Beweggründe sie treiben. Auf diesem Gebiet fühlt sie sich sicher und zu allem befugt. Wenn die Frau einmal tatsächlich bewußt kriminelle Handlungen begeht, dann findet sie den Weg nicht mehr so leicht zurück; darin liegt ihre „Tenazität", sie muß dann handeln. Keine Folgen können sie abhalten, irgendwelche Beziehungen abzubrechen. Das ist ihre angebliche Gründlichkeit, die eigentlich nur Einseitigkeit ist, und die sich in einer Uninteressiertheit für ferner liegende Dinge und in deren Unkenntnis offenbart.

Über die Entwicklung in der Zeit nach dem 2. Weltkrieg berichtet ausführlich Professor Bader in seinem Buch „Soziologie der Deutschen Nachkriegskriminalität" (Tübingen 1949).

Als kennzeichnend für die Nachkriegsverhältnisse sieht Bader den Mord durch bewaffnete Banden an, dem sich der an Kriminal- und Polizeibeamten anschließt. Die menschenleeren Ruinenfelder locken zu Raub-

und Sexualmorden, ebenso wie das waldige Niemandsland an den Zonengrenzen. Zu Morden im Milieu des Schwarzmarktes treten solche in Verkehrsmitteln und auf Autostraßen. Auffällige Mordtaten an nahen Verwandten und Freunden werden aus der Gier nach Sachwerten begangen. Dagegen fehlt der Mord mit politischem Hintergrund und aus politischem Haß. Auch die religiöse und rassische Unduldsamkeit hat sich ausgetobt.
In einer Übersicht für die Jahre 1946 und 1947, die Diebstahl, Unterschlagung und Raub umfaßt, weist Bader nach, daß nach wie vor der Anteil der Männer in fast allen Sparten der Verbrechenserscheinungen um ein vielfaches höher ist als die Beteiligung der Frau. Freilich wuchs auch deren kriminelle Gefährdung dadurch, daß sie weit über das gewohnte und zuträgliche Maß mit den negativen Seiten des Lebens in Berührung trat. Die exorbitante Steigerung des weiblichen Witwentums und der Ehescheidungen ergibt automatisch eine Zunahme der weiblichen Kriminalität.
Zahlenmäßig liegen nach Bader wenig schlüssige Belege für die Steigerung der Gesamtkriminalität der Frau vor, wohl aber feste Anhaltspunkte für die Verschiebung des Verhältnisses bei den einzelnen Delikten. Aus ihnen wird ersichtlich eine beträchtlich gesteigerte Aggression der Frau, die sich in stärkerer Beteiligung an Gewaltdelikten zeigt. So standen 1947 in Bayern 16 von Männern begangenen Morden 11 von Frauen verübte gegenüber.
In Primitivierung, verbunden mit Verrohung, glaubt Bader ein Charakteristikum der Nachkriegsverbrechen auch bei den Frauen sehen zu können. Bei zahlreichen Verbrechensarten ist eine Annäherung zwischen beiden Geschlechtern eingetreten.
Aus der Berufstätigkeit der Kriminellen lassen sich in noch geringerem Maß Schlüsse ziehen als früher, da ein großer Teil der deutschen Nachkriegsbevölkerung infolge der Durcheinanderwürfelung seinen Beruf verloren hat.
Daß die städtische Kriminalität der Nachkriegszeit stärker als die des Landes ist, kann festgetsellt werden, obwohl zusammenfassende Beobachtungen nur erst vereinzelt vorliegen.

KAPITEL I

# Haltungsstile

## *§ 1 Sühnebedürfnis*

**Fall 1,** zur Zeit der Taten 21,11 und 23 Jahre alt, nicht vorbestraft, wurde wegen Mordes in 2 Fällen 2mal zum Tode verurteilt. Beide Todesurteile erfuhren im Gnadenwege eine Umwandlung in 2 lebenslange Zuchthausstrafen.

*Die Taten laut Urteil*

*Fall 1 verkehrte öfters bei den Eheleuten D., die sie gut leiden mochten. Von ihren Hamsterfahrten brachte sie Gemüse mit und erhielt dafür Kaffee. Als Fall 1 einmal mit Frau D. allein war, die ihr ein Kleid zeigte, trat sie plötzlich an die D. heran, warf sie auf eine Couch und würgte sie mit beiden Händen. Als die D. kein Lebenszeichen mehr gab, deckte Fall 1 sie zu, zog ihr die Schuhe aus und stellte sie vor die Couch, um den Eindruck zu erwecken, die D. habe sich zur Ruhe gelegt. Fall 1 durchsuchte nun alle Schränke, verpackte Wäsche, Kleidung sowie Schmuck und steckte eine größere Summe Bargeld ein. Sie traf sich abends in ihrer Wohnung mit ihrem geschiedenen Mann, kaufte sich in den nächsten Tagen ein Kleid, einen Hut und anderes, besuchte allein oder mit ihrem Mann Tanzlokale und machte höhere Zechen.*

*Die 76 Jahre alte Frau R. war an einer langsam verlaufenden Erstickung gestorben. Sachen der Frau R. wurden bei Fall 1 gefunden. Ihr anfängliches Geständnis widerrief sie später und schob den Mord auf einen anderen. Das Schwurgericht hielt jedoch das Geständnis des Falles 1 für wahr. Frau R. besaß Bettwäsche und Federbetten, welche Fall 1 dringend brauchte. Außerdem liegt eine starke Parallelität dieses Falles zum Fall D. vor.*

*Das psychiatrische Gutachten erklärt, daß bei beiden Morden die Bedingungen des § 51, 1 oder 2 nicht zutreffen. Ihre Abwegigkeiten auf charakterlichem Gebiet besitzen keinen Krankheitswert, weder in der Stärke der Ausprägung noch in der Richtung der Entfaltung.*

*Die Taten sind gekennzeichnet durch Grausamkeit und unweibliche Gewalttätigkeit. Sie erscheinen zunächst absolut persönlichkeitsfremd. Das Tatmotiv einer Bereicherung und Hebung des Standards könnte normalpsychologisch erklärlich sein, dagegen die Art der Tatausführung zunächst nicht. Bei dem Versuch, in die Tiefen der Persönlichkeit zu dringen, zeigt sich nach dem Gutachten bald geistige Leere und gefühlsmäßige Flachheit, die sich eindrucksvoll offenbaren in Interessenrichtungen, Freizeitgestaltung, Einstellung zu Elternhaus und Ehemann. Zwar liegen gewisse liebenswürdige, frauliche Wesenszüge vor, aber keine echte, weibliche Gemütstiefe und kein Einfühlungsvermögen für die Umgebung. Das Gutachten nennt sie eine infantile, geistig primitive, wenig gefühlswarme Persönlichkeit ohne höhere menschliche Qualitäten, von flachem charakterlichem Niveau. Sie war aber verstandesmäßig fähig zu der Erkenntnis, daß Gewaltanwendung strafbar ist, konnte auch dieser Erkenntnis gemäß handeln.*

Fall 1 ist eine große, schlankwüchsige Frau mit starker, dunkler Kopfbehaarung, Asthenikerin. Intellektuell durchaus befriedigend ausgerüstet, besitzt sie einen weit gespannten Interessenkreis. Affektiv lebhaft ansprechbar, kann sie sich über kleine Freundlichkeiten ebenso freuen, wie über ihre Tat entsetzt sein. Die Grundstimmung ist ernst.

Als einziges Kind war sie viel sich selbst überlassen. Wegen Berufsarbeit beider Eltern in Pflegestellen untergebracht, konnte sie die Familiengemeinschaft nur am Sonntag vormittags genießen. In der Schule verschenkte sie

„alles Mögliche und Unmögliche, damit die Kinder zu mir kamen; denn sonst war ich immer ganz allein". Der Vater, an den sie sehr stark fixiert war, kam ihr „wie ein fremder Mann" vor, als er sich nach der Scheidung von der Mutter wieder verheiratete. Bei dem Zusammenwohnen mit den Schwiegereltern während ihres späteren eigenen Ehestandes galt sie bald als „zu viel". Die Schwiegermutter setzte die Scheidung durch. Mit der Bereitschaftserklärung des Mannes, bei eigener Wohnung wieder zu ihr zu ziehen, war ein sehr starker Anreiz zur Gewinnung materieller Güter gegeben, der sie in die Kriminalität drängte. „Dafür war mir keine Sache zu schwer."

Für Fall 1 sind pathologische Kategorien nicht zu finden. Sie ist nicht kriminell, nicht asozial, nicht gemütsarm. Von Hausbewohnern und dem früheren Ehemann wird sie hilfsbereit, gefällig, offen, ehrlich, herzensgut genannt. Der rote Faden, der sich durch ihr Leben zieht, ist das Verlangen nach Geborgenheit bei einem väterlichen, Schutz gegen die Unbilden des Lebens bietenden Menschen. Daher stammt ihre überstarke Bindung an den Vater, der sie nach Scheidung der Eltern-Ehe durch erneute Heirat gleichsam verrät. Daher stammt auch das Bestreben, den Mann wiederzugewinnen, den sie durch Scheidung verloren hatte. Über die Ödipus-Thematik nicht hinausgekommen, ist sie zu allem fähig, um Geborgenheit zu finden.

Nach einem kurzen Versuch, den Verdacht auf einen anderen abzulenken, damit die Strafe geringer werde und der Mann milder urteile, bekennt sie sich zur Tat: „Ich habe es gemacht. Ich wollte doch meinen Mann wieder kriegen, ich wollte doch zu einer Wohnung kommen. Ich habe nächtelang nachgedacht, wie ich zu einer Wohnung komme. Dann habe ich es eben gemacht."

Der Entschluß zur Tat kam erst im letzten Augenblick des Zusammenseins mit dem Opfer. Gedanken an eine eventuelle Gegenwehr desselben stellten sich nicht ein. „Ich habe nur daran gedacht, daß es niemand hören darf." Vom Tode des Opfers hat sie sich nicht überzeugt, „weil ich Angst hatte. Ich traute mich nicht mehr rein (in das Mordzimmer). Ich war nicht fähig. Ich habe gedacht: Wenn ich gekriegt werde, dann muß ich eben büßen."

Im 2. Fall widerrief sie ihr anfängliches Geständnis und bezichtigte einen anderen. Nach der Tat hatte sie sich neu eingekleidet, „damit mich mein Mann lieber hat".

Während der polizeilichen Vernehmungen und der psychiatrischen Untersuchungen zeigte sie inneres Widerstreben, oppositionelle Haltung, Verschlossenheit, setzte der Erforschung der psychologischen Zusammenhänge den größten Widerstand entgegen und flüchtete schließlich in absolutes Schweigen.

Dieses Wegschieben der Dinge und Verdrängen der unangenehmen Gedankengänge hält an bis nach der Aburteilung. Auch nach den beiden Todesurteilen bleibt sie zunächst ruhig. Diese Ruhe erklärt sie aus dem Fehlen jeglicher religiöser Vorstellungen von Weiterleben und Gericht. Daß daneben aber auch von Affektstupor gesprochen werden kann, deuten wilde Angstträume an, in welchen sie sich auf das Schafott geschleppt sieht. Dann weicht die unnatürliche Ruhe. Sie gerät in eine schwere Krise, die ein beträchtliches Absinken des Körpergewichts zur Folge hat. Grauen vor sich selbst und vor der Tat schüttelt sie. Sie glaubt, die Schatten der Vergangenheit nie loszuwerden. Der November als der Totenmonat wird der schlimmste im Jahr. Auch die entschiedene Zuwendung zum Religiösen vermag die Finsternis nicht immer zu bannen.

Ein ausgesprochenes Sühnebedürfnis kommt auf: „Man müßte mehr leiden in der Anstalt. Man müßte härter angepackt werden. Der Vollzug ist zu milde. Die Menschen sind zu gut. Das erweckt brennendes Schamgefühl." Zum ersten Explorationsgespräch erscheint sie mit allen Anzeichen größter Angst. Bei einem Gespräch über neutrale Dinge bricht sie plötzlich in Tränen aus. Sie habe erwartet, über ihre Taten in strenger Weise vernommen zu werden, was sie auch durchaus verdient habe. Unter Verzicht auf Beschönigungen ist sie bereit, bei allen Schwierigkeiten in den Beziehungen zu den Mitmenschen die Schuld in sich selber zu suchen. Schamgefühl macht es ihr unmöglich, die Tat den Angehörigen zu schildern.

Dann beginnt ein neues Planen. Sie begrenzt die Strafe zunächst auf 18 Jahre. Das klinge leichter als 20 Jahre. Nach 10 Jahren gedenkt sie mit dem Einkauf von Wäsche zu beginnen, um nicht bei einer eventuellen Entlassung der Fürsorge zur Last zu fallen. Jedem, der sie in Dienst zu nehmen gedenkt, will sie ohne Aufforderung ihre Vergangenheit schildern.

Fleißig und ruhig bei der Arbeit, war sie zunächst am liebsten allein, wurde aber allmählich aufgeschlossener. Die Freizeit benutzt sie, sich durch Lesen und Musizieren weiterzubilden.

Ihr war das Zuchthaus zunächst Bergung und Zuflucht, wo sie sich schamvoll verstecken konnte. Selbst hier noch verkroch sie sich zusätzlich in ein Schneckenhaus. Jetzt ist sie auf dem Wege zu neuer Aktivität. Bedrückt fühlt sie sich nach wie vor durch Freundlichkeit. „Mir geht es nicht gut, weil es mir zu gut geht!"

### § 2 *Selbstdisziplin*

**Fall 2,** zur Zeit der Tat 33,7 Jahre alt, nicht vorbestraft, ist wegen Mordes zu lebenslangem Zuchthaus verurteilt.

*Die Tat laut Urteil*

*Fall 2 lebte mit ihrem Geliebten N. zusammen. Beide befanden sich in schlechten wirtschaftlichen Verhältnissen und faßten den Plan, die dem Fall 2 bekannte Frau O. zu überfallen. Unter Vortäuschung eines freundschaftlichen Besuches führten sie sich bei ihr ein. Im Verlauf der Unterhaltung schlug N. die O. nieder und würgte sie. Fall 2 war dabei, kniete auf die Überfallene, hielt ihre Beine fest und reichte dem N. die außer einem Bleirohr mitgebrachte Schnur. Er verknotete die Schnur und erdrosselte auf diese Weise das Opfer. Beide verpackten die Beute und verkauften die Wertsachen.*

*Das psychiatrische Gutachten verneint das Fehlen der Einsichtfähigkeit für das Strafbare der Handlung bzw. der Fähigkeit, nach dieser Einsicht zu handeln. Die Voraussetzungen des § 51, 1 oder 2, lagen nicht vor. Charakterliche Eigentümlichkeiten bestehen ohne Zweifel, so daß ihre Persönlichkeit mitunter geradezu zwiespältig erscheint. Auf der einen Seite steht sie als tüchtige Geschäftsfrau und besorgte Mutter da, während sie andererseits bedenkenlos Handlungen begeht, die sich konträr zu ihrer sonstigen solid-bürgerlichen Einstellung verhalten. Die Eigentümlichkeiten ihres Charakters sind offenbar schon von Kindheit an vorhanden gewesen. Kriminelle Entgleisungen sind nur dadurch verhindert worden, daß sie immer an jemand eine Stütze hatte: Eltern, Vormund und Ehemann.*

*Daß sie sich an N. klammerte und an ihm hing, bedeutet nicht sexuelle Hörigkeit. Die Gründe für das Begehen von strafbaren Handlungen zusammen mit ihm sind in anderen Ursachen zu suchen. Beide brauchten Geld.*

Die Täterin ist eine mittelgroße, zierliche, beträchtlich untergewichtige Frau in ausreichendem Gesundheitszustand, leptosam. Intellektuell ist sie gut ausgestattet, auch gefühlsmäßig stark ansprechbar. Die Grundstimmung schwankt von Gleichmut über traurige Verstimmungszustände bis zu gelegentlichen schweren Depressionen.

Ihre Tat erwuchs nicht auf dem Boden schwerer krimineller Struktur. Fall 2 ist vielmehr eine in der seelischen Entwicklung gestörte und gehemmte Persönlichkeit mit einem aufgestauten, im Elternhaus und Ehestand unbefriedigt gebliebenen Bedürfnis nach Verständnis und Geborgenheit. Von daher ging sie Bindungen ein an einen unqualifizierten Menschen. Um ihn nicht zu verlieren, begleitet sie ihn bis in kriminelle Kreise und wird schließlich zur Mittäterin.

Aus ihrer überstarken Bindung an den Komplicen macht sie kein Hehl. In fast schwärmerisch verklärtem Ton schildert sie das Werden und Wachsen ihrer Beziehungen zu diesem Partner, dessen stattliche Figur und liebenswürdiges Wesen sie vom ersten Augenblick an gefesselt hätten. Sie entwickelte eine besonders heftige Zuneigung, setzte großes Vertrauen in ihn und glaubte, daß nach dem von ihr nicht verschuldeten Scheitern des ersten Ehestandes nunmehr an seiner Seite ein Leben der Erfüllung und Geborgenheit beginnen werde. Er wurde für sie unentbehrlich. Während der Ausführung der Tat empfindet sie Angst, er könne durch Abwehrbewegungen des Opfers Schaden erleiden. Zu Beginn der Vernehmungen nimmt sie die ganze Schuld auf sich selbst, um ihn zu entlasten. Seine Flucht vor der Verantwortung durch Selbstmord in der Nacht vor dem Termin brachte ihr einen schweren Schock.

Schon während der Ausführung der Tat meldet sich innerer Widerstand. Sie rennt aus dem Zimmer mit der Absicht, sich vom Balkon zu stürzen. Dort saß ein kleines, verstörtes Kaninchen, das sie an ihren ebenso ängstlich wartenden Jungen erinnerte. Deshalb ging sie zurück. „In mir waren die verschiedensten Gedanken. Was sollte ich tun? Sollte ich runterlaufen und ihn anzeigen? Ich konnte ihn nicht im Stich lassen oder verraten. Nach der Tat bekam ich einen Nervenanfall, wo ich meine Glieder nicht mehr vor Zittern beherrschen konnte.“ Das Bild des sterbenden Opfers verfolgte sie. „Ich verstehe nicht, daß man nicht irrsinnig wird. Richter und Staatsanwalt können wohl mit ihren Paragraphen Strafen aussprechen, aber gerichtet hat man sich allein. Kein Schlaf kommt, wo man nicht das Bild vor Augen hat.“

Zwischen Verbrechen und Verhaftung lagen 2 Jahre, die sie wegen des seelischen Druckes der Tat und der durch sie bedingten Belastung in den Beziehungen zu dem Partner als eine Hölle empfand. Das Urteil bejaht sie als juristisch einwandfrei. Den Mord habe sie allerdings weder gewollt noch ausgeführt.

Ihr zertretenes Selbstwertgefühl nötigt sie zu der Bitte an den früheren Ehemann: „Sage dem Jungen nicht, warum ich hier bin, erziehe ihn nicht zur Verachtung seiner Mutter.“ Der Sohn, um den sie sich nach der Ehescheidung gewissenhaft gekümmert hatte, und der bis zuletzt eine große Zuneigung zu der Mutter empfand, bleibt nun das letzte und einzige Liebesobjekt. „Es ist die größte Strafe für mich, den Jungen nicht mehr zu haben. Ich bleibe immer seine Mutti und er mein Bester.“ Ihre letzte Bitte an den früheren Ehemann lautet deshalb: „Ersetze dem Jungen meine Liebe, damit nicht auch er einmal auf ewiger Suche nach Liebe in schlechte Hände fällt.“ Auf die Kunde, daß diesem in häßlicher Weise der Aufenthaltsort der Mutter mitgeteilt worden sei, reagiert sie mit einem heftigen Schock. Sie schreit nachts gellend auf, ist tränenüberströmt und bedarf des beruhigenden Zuspruchs.

Wegen unerlaubter Korrespondenz mit einem Gefangenen wird sie mit 3 Tagen Arrest bestraft. „Ich habe geschrieben, da ich sehr verzweifelt war. Ich wollte einen kleinen Lichtblick haben. Ich bereue es sehr.“

Im übrigen ist sie unauffällig, höflich, bescheiden, freundlich und aufgeschlossen. In fleißiger Arbeit, Bemühungen um Weiterbildung und eifriger Pflege ihres religiösen Lebens findet sie ihr Gleichgewicht. Wohl klagt sie

immer wieder über die schlimmen Erinnerungen und die Schatten der Vergangenheit, die sie nicht los werden kann. Doch gelingt es ihr jedes Mal, zu Selbstbeherrschung und Gemessenheit zurückzufinden.
In ihr sind positive Kräfte wirksam: Selbstdisziplin, Selbstkritik, Religiosität, Fleiß, Verantwortungsgefühl für den Sohn, Fortbildungswille. Die Strafverbüßung ist ihr ein Anstoß zu Selbstbesinnung und neuer Lebensorientierung geworden.

## *§ 3 Beibehaltung der bisherigen Leitlinie*

a) **Fall 3,** zur Zeit der Tat 42,10 Jahre alt, 5 mal geringfügig vorbestraft, wurde wegen gemeinschaftlichen Mordes zu lebenslangem Zuchthaus verurteilt.

*Die Tat laut Urteil*

*Von einem Zechgelage zusammen mit der Mittäterin G. betrunken zurückkehrend, findet sie den gleichfalls betrunkenen Ehemann auf der Couch schlafend vor. Sie faßt den Entschluß, ihn zu beseitigen und drängt die G. mit aufmunternden Worten zur Tat. Diese zieht sich die Hochzeitshandschuhe des Opfers an, schlägt mit der Axt auf den Kopf des schlafenden Mannes ein und fügt einen zweiten Schlag hinzu, als er noch Lebenszeichen von sich gab. Nur die G. hat zugeschlagen; nur ihre Kleidung war bespritzt. Beide sind aber des Mordes schuldig. Die G. hat die Schläge geführt. Der Tatbeitrag des Falles 3 besteht darin, daß sie Handschuhe zur Verfügung gestellt hat, psychische Unterstützung leistete, zur Tat drängte und das Zuschlagen veranlaßte.*
*Das psychiatrische Gutachten verneint die Voraussetzung des § 51, 1 oder 2, empfiehlt aber Berücksichtigung der Persönlichkeitssituation, in der sie sich befand. Mit ihrem verfehlten Ehestand war seit Monaten ein Gefahrenmoment gegeben. Trotz der sicherlich bestehenden Affektspannung und trotz des Alkoholgenusses liegt keine reine Affekthandlung vor. Es fehlt das Elementare einer plötzlichen, jähen Entladung; die Stellungnahme der Gesamtpersönlichkeit wurde nicht umgangen. Eine Umwandlung derselben durch einen pathologischen Prozeß lag nicht vor. Es trat nur etwas ans Tageslicht, was bei höherem Lebenspegelstand in der Tiefe der Seele schlummerte.*

Hier handelt es sich um eine mittelgroße, breite, kräftige Frau in bestem Gesundheitszustand, leptosom mit Annäherung an den pyknischen Typ. Von guter Intelligenz, strömt ihre ganze Haltung Energie und Zielstrebigkeit aus.
Fall 3 ist keine degenerierte, asoziale Persönlichkeit. Als ein lebenstüchtiger Mensch und eine fähige Geschäftsfrau besaß sie eine innere Beziehung zu ihrem Betrieb und brachte nach dem Zusammenbruch die Kraft zu einem Neuaufbau auf. Nicht eine kriminelle Struktur, sondern eine verfahrene Lebenssituation, vor allem eine untragbare Ehekonstellation sind die Ur-

sache der Tat, die aus dem Rahmen der Lebenslinie herausfällt. Chronische, sich ständig summierende Affekte erreichen schließlich einen Kulminationspunkt und entladen sich.
Schon während der Untersuchungshaft bezieht sie die Haltung der ruhigen, fleißigen Arbeiterin, die sich ohne Schwierigkeiten einordnet. Sie verhärtet sich nicht und verzichtet auf Ausflüchte. Die gleiche Haltung setzt sie in der Strafverbüßung fort. Auch hier hat sie keinerlei Einordnungsschwierigkeiten; auch hier packt sie jede ihr aufgetragene Arbeit mit Geschick und Energie an.
Ihr Haltungsstil war immer stark gekennzeichnet durch eine kaufmännisch nüchterne Einstellung. Die Tochter aus ihrer ersten Ehe hat sie gleichsam von ihrem Konto abgeschrieben, nicht etwa, weil sie gegen diese affektiv eingestellt war, sondern weil sie das Kind bei Verwandten des Mannes wohl untergebracht und versorgt wußte. Sie war zu lebenspraktisch, um sich in ihren Unternehmungen mit ihm zu belasten. Geschäftliche Interessen ließen sie zur Eheschließung mit einem nach seiner Struktur ihr völlig fremden Menschen schreiten; die gleiche kaufmännische nüchterne Einstellung stand der Scheidung hindernd im Wege. Geschäftliche Überlegungen machten schließlich die Mittäterin zu ihrem verlängerten Arm.
Wie sie eine tüchtige Geschäftsfrau war, auch ihren Haushalt gut meisterte, so setzt sie die gleiche Haltung in der Anstalt fort und erweist sich ebenfalls als tüchtig und zuverlässig.
Not bereitet ihr die Einstellung der ehemaligen Freundin und späteren Mittäterin mit ihren versteckten Angriffen und gehässigen Äußerungen. Sie reagiert nicht bösartig, versucht, ihre Erregung zu meistern und auf Distanz zu bleiben.
Die Einsicht in die Notwendigkeit der Bestrafung hat eine im ganzen ruhige und ausgeglichene Haltung zur Folge: „Ich muß sühnen."
Der Gedanke an das Opfer steht allerdings an zweiter Stelle; vordergründig ist die Erkenntnis, daß auch diese Rechnung beglichen werden muß. Die Strafverbüßung ist für sie nicht so sehr eine Forderung der Ethik, als vielmehr die Bezahlung eines Geschäftes, das sich in diesem Fall als eine Fehlspekulation erwiesen hat. Ihre früher gesteuerte Leitlinie bestimmt auch den jetzigen Haltungsstil.

b) **Fall 4,** zur Zeit der Tat 26,2 Jahre alt, 5 mal vorbestraft, ist wegen Mordes zu lebenslangem Zuchthaus verurteilt.

*Die Tat laut Urteil*

*In harter Bedrängnis durch viele Gläubiger kam dem Fall 4 der Gedanke, die Zimmerwirtin E. zu beseitigen, um Geld zu bekommen. Unter der Vorgabe, Miete zahlen zu wollen, lockt sie die Frau E. zu sich, drückt ihr den Hals zu, schneidet von einer Wäscheleine 1,5 Meter ab, bildet daraus eine Schlinge, legt sie um den Hals der Toten und schleift sie in deren Zimmer. Dann sucht sie nach Geld, durchwühlt alles, packt eine Anzahl Sachen zusammen, läuft planlos durch die Straßen, besucht Lokale, kehrt in die Wohnung zurück und bringt die Sachen am nächsten Morgen zu ihrer Tante.*

*Das psychiatrische Gutachten verneint Geisteskrankheit, Geistesschwäche sowie ein organisches Nervenleiden und findet an ihr keinerlei Auffälligkeiten. Es lagen weder eine Trübung des Bewußtseins noch ein krankhafter Ausnahmezustand vor. Die Voraussetzungen des § 51, 1 oder 2 sind bei ihr nicht gegeben.*

Sie ist eine große, schlanke Gestalt mit hoher Stirn, schmalem Gesicht, dichtem schwarzem Haar, gut proportioniert, Athletikerin mit etwas pyknischem Einschlag. Intellektuell ist sie gut ausgerüstet; ihre gefühlsmäßigen Bindungen an die Mitmenschen dagegen waren immer nur locker und oberflächlich.

In Fall 4 begegnet uns eine erblich belastete, degenerierte Persönlichkeit mit asozialen Neigungen, triebhafter Vagabundensucht, Geltungsbedürfnis, gemütsarm. Lebhaft schildert sie die Erwägungen vor der Tat: „Es sollte sich nicht bei mir im Zimmer abspielen, nicht wegen der Spuren; es war mir unbehaglich, in einem Raum fortzuleben, in dem sich das zugetragen hatte. Ich wollte die Abendstunden wählen; denn ich wollte möglichst nicht sehen, was geschah."

Auch die Augenblicke unmittelbar vor und bei der Tat vermag sie plastisch zu schildern: „Ich nun in meinem Zimmer nervös auf- und abgerannt. Nervös ist überhaupt kein Ausdruck. Ich wußte, Frau E. (das Opfer) konnte jeden Moment zu mir kommen, und ich wußte weiter: Es mußte jetzt geschehen. Ich stand vor der letzten Möglichkeit, meine Absichten durchzuführen. Da habe ich ihr dann unwillkürlich an den Hals gegriffen." Auf die Idee, die Tat könnte entdeckt werden, kam sie absolut nicht.

Nicht minder deutlich beschreibt sie die nervösen und vegetativen Erscheinungen, welche sich im Anschluß an die Tat einstellten. „In diesen Momenten hat man keine Zeitberechnung."

Ihr wurde zum Erbrechen schlecht; sie rauchte 3 bis 4 Zigaretten, durchwühlte mit der Zigarette im Mund oder in der Hand alle Behältnisse, wobei sie den Klavierdeckel hochhob und auch im Bett nachschaute, aber nur eine geringe Summe fand (26,— DM). Unter den Armen und an den Schultern schwitzte sie so stark, daß sie eine andere Bluse anziehen mußte. Anschließend kam sie nicht mehr von der Toilette herunter, da sie ein Durchfallsgefühl hatte. Es ekelte sie vor sich selbst, sie konnte es im Zimmer nicht mehr aushalten. Bei strömendem Regen lief sie durch die Straßen und hatte das Gefühl: „Es kommt jemand hinter mir her." Dann versuchte sie etwas zu essen; aber alles schmeckte bitter. Schließlich kehrte sie in ihr

Zimmer zurück, war die ganze Nacht auf, hatte den Drang, hin und her zu laufen, wühlte herum, rauchte, trank Kaffee, war endlich völlig apathisch: „Es schaltete einfach nicht mehr." Auch am nächsten Tag war sie noch stark erregt. Dann aber setzte eine schnelle Erholung von der Schockwirkung ein. Am Tag der Verhaftung trifft man sie singend beim Stopfen von Strümpfen.

Im Untersuchungsgefängnis macht sie einen guten Eindruck, sie beschönigt nichts und ist sich über ihre Situation im Klaren. Zu der Tat hat sie allerdings wenig Beziehung. Ohne affektive Bewegung stellt sie fest, daß diese selbstverständlich eine Sühne verlange. Deshalb nehme sie zunächst einmal 10 Jahre „freiwillig" auf sich, ohne mit einem Gnadengesuch hervorzutreten. Sie preist sich glücklich, daß sie nicht die Erinnerung an eine blutüberströmte Leiche mit sich zu schleppen brauche.

Von einer späteren Begnadigung ist sie fest überzeugt, da sonst das Leben keinen Sinn habe und die Todesstrafe humaner sei.

Im Verkehr mit den Mitgefangenen meidet sie Schwierigkeiten; mit einer Zellennachbarin ist sie eine etwas engere Freundschaft eingegangen.

Das viele Lachen bei den Äußerungen über die Tat und ihre Folgen zeigt die Lücke, die in der Sphäre des Moralischen und der Gemütswelt klafft. Ihr konstitutionell bedingter Mangel an persönlichen Qualitäten läßt schmerzhafte Leidens- und Schuldgefühle nicht aufkommen. Da die Tiefen-Dimensionen verkümmert sind, bleibt eine innere Auseinandersetzung aus. Die äußere Form ihres Lebens ist anders geworden; innerlich ist die gleiche geblieben.

c) **Fall 5,** zur Zeit der Tat 53,7 Jahre alt, nicht vorbestraft, ist wegen Mordes zu lebenslangem Zuchthaus verurteilt.

*Die Tat laut Urteil*

*Fall 5 überredet in einer Kneipe den M. zu einem Raub bei Frau K. Sie versprach dem M. für den Fall, daß er es allein nicht schaffe, ihm zu helfen, wobei auch der Ausdruck „Erwürgen" fiel. Mit Schnaps und Zigaretten führten sich die beiden bei Frau K. ein. Im Verlauf des Trinkgelages entwickelten sich Intimitäten zwischen Frau K. und M.; beide schliefen ein. Inzwischen packte Fall 5 Sachen aus der Wohnung der Frau K. zusammen und steckte eine große Summe Geld ein. Die wieder aufgewachte Frau K. stellte sie darauf zur Rede und nahm die Sachen zurück. Fall 5 feuerte den M. an, nun endlich „zuzulangen". Nach einem steckengebliebenen Versuch setzte sie ihre Aufmunterungen fort. M. drückte nun mit dem Daumen so lange auf die Kehle der Frau K., bis sie sich nicht mehr rührte. Beide packten alsdann alle wertvollen Sachen zusammen, brachten sie in die Wohnung von Fall 5 und verkauften die Beute.*

*Das psychiatrische Gutachten findet keine Anhaltspunkte zu einer Diskussion der Voraussetzungen des § 51, 1 oder 2. Den Abwegigkeiten seelischer und nervöser*

*Art kann kein Krankheitswert beigemessen werden. Weder eine stark ausgeprägte psychopathische Veranlagung noch eine wesentliche alkoholische Beeinflussung sind in Betracht zu ziehen. Die intellektuelle Einsichtsfähigkeit für das Unerlaubte einer solchen Tat und die Fähigkeit, die erforderlichen Hemmungen einzuschalten, waren nicht herabgesetzt. Sinnestäuschungen, Wahnideen, Zwangsdenken, Bewußtseinstrübung wurden nicht beobachtet.*

*Auffällig ist die Tatsache, daß sie schon von Jugend auf einem genußreichen, bequemen Leben zustrebte, ohne Einsatz eigener Arbeit und Pflichterfüllung. Nach der Ehescheidung ist ein langsames, aber stetiges Absinken in sozialer Hinsicht mit deutlichem Verfall der moralisch-ethischen Empfindungen und Wertungen an ihr zu beobachten. Zu einer solchen Nivellierung des Charakters hat der Alkohol im Laufe der Jahre erheblich beigetragen. Bei ihr folgte eine Alkoholwirkung auf die andere, regelmäßig und täglich. Dazu kam die leidenschaftliche Sucht des Rauchens, die allein, wenn auch nicht zu einer Charakterdepravation, so doch im Lauf der Zeit zu einer Steigerung der nervösen Erregbarkeit und gemütlichen Spannungen führte. Heute ist Fall 5 eine willensschwache, gefühlsarme, egozentrische Persönlichkeit degenerativer Prägung, deren Mangel an moralisch-ethischen Qualitäten, menschlichen und fraulichen Bindungen selbst auf den forensischen Psychiater erschreckend wirkt. Auffallend ist das Fehlen einer seelischen Resonanz sowie eine stark egoistische Haltung. Alle höheren ethischen Empfindungsqualitäten fehlen.*

Sie ist eine mittelgroße, etwas grob wirkende, übergewichtige Gestalt, mit grauer Gesichtsfarbe, Pyknikerin.
Charakterlich ist sie eine degenerierte Persönlichkeit, ichhaft, berechnend, gefühlsarm, ohne Fond. Sie spielte immer die Rolle der grande dame, der jedoch die Herzensbildung fehlte.
Die Dominante ihres Wesens ist das Berechnende. Ihr ganzes Leben hindurch ist sie den bequemen Weg gegangen. Zwei Verlobungen passen nicht in das soziale Milieu, in welchem sie stand. Schon hier wird der Verdacht wach, daß eine Spekulation auf eine „gute Partie" und damit auf ein bequemes Leben vorliegt. Die spätere Eheschließung mit einem schwerreichen Rechtsanwalt unter Verzicht auf Kinder aus Gründen der Bequemlichkeit verdichtet diese Vermutung. Ihr Leben sowohl im Ehestande als auch später nach Lösung der Ehe zeigt eine Schmarotzer-Linie. Sie hat nie ernste Arbeit geleistet, sondern genießerisch mit Rauchen und Trinken ihre Tage zugebracht. Der Mann wurde für sie zum Ausbeutungsobjekt vom Ehemann an bis zu dem von ihr gedungenen Mittäter.
Die Dominante ihres Wesens, das Berechnende, tritt deutlich in Erscheinung sowohl bei der Tat als auch bei der späteren Ableugnung. Irgend ein tieferer seelischer Konflikt liegt nicht vor. Das Unternehmen ist lediglich ein gut vorbereitetes, sorgsam durchgerechnetes Geschäft. Die Schuld bucht sie auf das Konto des Mittäters. Gefühlsmäßig ist sie in keiner Weise berührt. Infolgedessen zeigt sie während der Vernehmungen eine stets

indifferente Stimmung, erscheint von allem vollkommen unberührt, antwortet ohne gefühlsmäßige Anteilnahme, bietet den Eindruck völliger Gleichgültigkeit. Das Urteil lehnt sie ab. Ihre Verfehlung bestehe lediglich darin, daß sie die Angelegenheit nicht zur Anzeige gebracht und Sachen verkauft habe. Für diese „Dummheit" hätten 3—4 Jahre ausgereicht. Die bisher verbüßten 9 Jahre bezeichnet sie als einen an ihr begangenen Mord. Aber sie habe mit diesen Dingen abgeschlossen und könne sich darüber nicht mehr aufregen.

In der Anstalt schafft sie immer wieder Schwierigkeiten durch ihre Rauchsucht. Sie tauscht Lebensmittel gegen Tabak, läßt ihn sich von Mitgefangenen besorgen, fordert alle Mitinsassen auf, ihr auf irgend eine Weise Rauchwaren zu verschaffen. „Wenn sie nichts zu rauchen hat, ist sie nicht zu genießen."

Ihre Beziehungen zu den Mitgefangenen sind nicht frei von Konflikten. Sie verdächtigt andere, hat Streit, schikaniert, gerät sogar in eine Schlägerei. Infolge Erkrankung wird sie arbeitsunfähig. Auf dem Krankenlager liegend, zeigt sie sich in der Unterredung merkwürdig unberührt. Selbst in dieser Lage noch läßt sie Spuren von der einstigen Haltung der grande dame erkennen. In gewandter, flüssiger Darstellung spricht sie von manchen Episoden ihres Lebens, zuletzt auch von der Straftat, ohne die geringste affektive Bewegung erkennen zu lassen. Die Stimmungslage ist nach wie vor indifferent. Sie wirkt ausgesprochen affektlahm. Weder Freude über die ihr im Krankenhaus erwiesene Teilnahme noch Trauer über ihre gedrückte Lage kommen auf. Das Gesicht ist ausdruckslos. Irgendwelche gefühlsmäßige Bindung besteht nicht.

Anzeichen einer Umstrukturierung sind nie in Erscheinung getreten, wahrscheinlich auch in Zukunft nicht zu erwarten.

## *§ 4 Relativierung des Sachverhalts*

a) **Fall 6,** zur Zeit der Tat 29,9 Jahre alt, 4mal vorbestraft, wurde wegen Mordes zu lebenslangem Zuchthaus verurteilt.

*Die Tat laut Urteil*

*Fall 6 hatte ihrem Bräutigam erzählt, daß die Tante gestorben sei. Dadurch sei sie Alleinerbin einer Wohnung und eines Grundstücks geworden. Gleichzeitig hatte sie der Tante und der Mutter erzählt, daß sie demnächst heiraten werde. Die Tante, welche Trauzeuge sein sollte, kaufte sich dazu ein neues Kleid. Als der vermeintliche Hochzeitstag herankam, der zur Entdeckung ihrer Unwahrheiten führen mußte, verdichtete sich in ihr der schon mehrfach erwogene Gedanke, die Tante zu töten. Als sie mit ihr das Haus verlassen wollte, um angeblich zur Trauung zu schreiten, schlägt sie diese mit der stumpfen Seite eines Beils nieder. Die Sterbende macht noch eine*

*Abwehrbewegung mit der rechten Hand. Darauf schlägt Fall 6 mit der Schneide des Beils 20 bis 30 mal zu, zerhackt die Weichteile des Gesichts, zertrümmert Ober- und Unterkiefer sowie die Nase und trennt die zum Schutze erhobene rechte Hand beinahe vom Unterarm ab. Sie säubert alles, legt die Leiche unter die Matratze des Bettes und packt Betten darüber, so daß von außen nichts zu sehen ist. Darauf fährt sie zum Stelldichein mit dem Bräutigam, den sie auch in die Wohnung mitnimmt.*

*Das psychiatrische Gntachten stellt in völlig eindeutiger Form fest, daß eine organische Geistesschwachheit, aber auch eine Bewußtseinstrübung vorübergehender Art zur Zeit der Tat nicht vorgelegen habe. Es fehlen alle typischen Kennzeichen, die für Spaltungsirresein charakteristisch sind, ebenso alle Anzeichen einer epileptischen Charakterdegeneration. Einengung oder Trübung des Bewußtseins, Sinnestäuschungen, Wahnideen, Zwangsdenken liegen nicht vor. Die Tat ist auch keine Affekthandlung, da die Ermordung schon länger erwogen war. Ihrer psychopathischen Veranlagung kann kein Krankheitswert zugemessen werden. Ein seelischer Ausnahmezustand, der zu den Bestimmungen des § 51, 1 oder 2 führen könnte, liegt nicht vor.*

*Im Verstandesleben steht sie an der oberen Grenze des Durchschnitts, im Charakter besitzt sie noch nicht die volle Reife ihres Lebensalters. Trotz ihrer 30 Jahre zeigt sie noch infantile Wesenszüge. Es dominieren absolut egoistische Tendenzen, Mangel an Stetigkeit und Tiefe des Gefühls und Willens. Bei ihr liegt ein erheblicher Grad von konstitutionell-bedingter Verkümmerung des Gefühlslebens vor, die einen ungeeigneten Resonanzboden für Erziehungsmaßnahmen schuf. Da die Mutter wenig gefühlswarm war, verstärkte sich die in der Anlage verankerte Neigung zu einer egozentrischen Lebenseinstellung. Fall 6 zählt zu der Gruppe der gemütsarmen Psychopathen leicht hysterischen Einschlags mit kleinem geistigem Format, weniger in der Sphäre der Intelligenz als vielmehr auf der charakterlichen Seite.*

Sie ist eine mittelgroße, regelmäßig und kräftig gebaute Frau in bestem Gesundheitszustand, Athletikerin.

Bei ihr liegt eine seelische Entwicklungsstörung vor, die herausgeboren ist aus einer in der Kindheit unerfüllt gebliebenen Sehnsucht nach Geborgenheit. Ein ständig moralisierendes Milieu im Elternhaus und Verwandtenkreis löste alsdann eine schwere Trotzhaltung aus.

In der Schule hat sie Kontakt entwickelt, an Arbeitsstellen längere Zeit ohne Konflikte ausgehalten, ichhafte Wünsche nie geäußert, Bescheidenheit in ihren Ansprüchen gezeigt. Ansätze zu gefühlsmäßigen Bindungen an andere waren vorhanden, konnten aber bei der Eigenart des Elternhauses nicht entfaltet werden. Situationsbedingte Lügereien, die kein durchgehender Charakterzug sind, führen sie schließlich in einen Irrgarten, aus dem sie keinen Ausweg mehr findet. So schreitet sie zur Tat, deren massive Art der Ausführung die Erkenntnis der Ausweglosigkeit ihrer Lage und die elementare Überflutung durch Impulse der Angst zeigt.

Die Untersuchungshaft war noch erträglich. Sie durfte eigene Kleidung tragen und genoß die bürgerliche Anrede. Schon jetzt beschreitet sie den Weg der Absonderung von den anderen, der ihr versteckte und offene Feindschaft der Mitinsassen einbringt, welche sich über die scheinbare Überheblichkeit der „Gräfin" entrüsten. Bei dem Termin war „der Hals wie zugeschnürt". Sie konnte kein Wort herausbringen, obgleich sie merkte, daß sie durch ihr Schweigen ihre Position verschlechterte. Die Zähne blieben aufeinandergepreßt, von den verkrampften Fingern liefen Schweißtropfen.

Das Urteil akzeptiert sie nicht. Von Affekten, ausgelöst durch Schimpfworte und Tätlichkeiten des Opfers völlig überschwemmt, habe sie jede klare Überlegung verloren. Es handele sich um eine Affekttat, die nur mit 15 Jahren Zuchthaus geahndet werden könne. So geht sie also den Weg der Relativierung des Sachverhalts durch Abwälzung eines Teiles der Schuld auf die Getötete.

Die Diffamierung durch die Zuchthausstrafe bringt eine schwere Krise. Sie nimmt einen vollständigen Rückzug vor und geht in strenge Isolierung. Auf Beziehungen zu Mitgefangenen oder gar Freundschaften verzichtet sie. Wird sie von anderen angesprochen, so lehnt sie dankend ab mit dem Hinweis darauf, daß sie mit sich selber vollauf beschäftigt sei. Sie nimmt nicht am Spaziergang teil. Vom Kommen des Frühlings will sie nicht Notiz nehmen, die Sonne nicht sehen, weil sonst die Zelle ganz unerträglich werde. An Gemeinschaftsveranstaltungen nimmt sie nicht teil; sie läßt sich während derselben einschließen. Bei einer Fahrt im offenen Auto zur zahnärztlichen Behandlung sieht sie sich interessiert die Menschen und die Geschäfte in den Straßen an. Dabei überfällt sie Angst; sie ist zum Schluß froh, wieder in der Anstalt „zuhause" sein zu können.

Jedes Jahr gegen Ende Oktober gerät sie in ein Tief. Sie klagt sich an, daß ihr das geschehen konnte. Leid und Angst schlagen über ihr zusammen. Sie weint und schreit. Das Tief hält 4 Tage an. Dann löst es sich auf; sie spürt nunmehr den Drang, aufzustehen und sich wieder zu betätigen.
In den Abendstunden nach dem Einschluß unterhält sie sich mit der Getöteten in Form eines Wachtraums. Sie spürt das tiefe Bedürfnis, sich mit ihr auseinanderzusetzen und will ihr klarmachen, warum das alles geschehen ist.

Es freut sie, wenn Beamtinnen kleine Wertgegenstände unverschlossen liegen lassen; diese behütet sie mit besonderer Sorgfalt. Über solchen Vertrauenserweis kann sie kindlich fröhlich und stolz sein. Ihr unterernährtes Selbstbewußtsein zieht begierig aus solchem Erlebnis Nahrung.

Bei ihren Schilderungen überstürzen sich die Worte, die von lebhafter Mimik und Gestik begleitet werden. Die Grundstimmung ist stark wechselnd; sie wirkt unruhig, nervös, gestaut.

Immer wieder wird sie von Haßimpulsen gegen den Vater überschwemmt, der jegliches Familienleben zerstörte und ihre Jugend beschattete. Aus dieser Situation erwuchs ihre schnelle Bereitschaft zu trotzigem Aufbegehren, das sich in verbissenes Schweigen wandeln konnte. Diese Haltung überträgt sie alsdann auf andere autoritäre Stellen, wie die Justiz und das Anstaltspersonal. Aber auch das Anlehnungsbedürfnis und die in der Kindheit unerfüllt gebliebene Geborgenheitssehnsucht brechen sich Bahn. Sie zeigen sich in der lebhaften positiven Übertragung auf den Explorator: „Wenn Sie doch mein Vater gewesen wären", und in der flehentlichen Bitte an eine Beamtin, sie einmal Mutter nennen zu dürfen.

Es erscheint nicht ganz unmöglich, bei entsprechender therapeutischer Führung ihre Affektgeladenheit zu verringern oder abzutragen, ihr zur Lösung der Verkrampfung zu verhelfen und den Weg zu einer Klärung der Persönlichkeit zu ebnen.

b) **Fall 7,** zur Zeit der Tat 55 Jahre alt, dreimal vorbestraft, wurde wegen gemeinschaftlichen Mordes zu lebenslangem Zuchthaus verurteilt.

*Die Tat laut Urteil*

*Die Tat von Fall 7 ist bereits bei der Tat von Fall 3 mitgeschildert.*

*Das psychiatrische Gutachten sieht die Voraussetzungen des § 51, 1 oder 2 nicht erfüllt, weist aber auf die abnorme Persönlichkeit sowie auf die enthemmende Wirkung von Alkohol hin.*

*Sie ist eine primitive Frau ohne jegliches Streben nach höheren Interessen, geht in ihrem engen Ich auf und gehörte nie zu den besonders wertvollen Menschen. Unzureichende Milieueinflüsse vermehrten die ungünstigen Charakterveranlagungen und bedingten eine nur geringe Entwicklung sozial-ethischer Werte. Aber schon anlagemäßig bestand ein Mangel an Gefühlswerten mit Tiefe und Differenzierung. Sie ist gekennzeichnet durch dumpfes, triebhaftes Verhalten ohne Stellungnahme vom Intellekt her. Ihr Denken ist oberflächlich. Wohl besaß sie eine Neigung zum Trinken, war aber keine chronische Alkoholikerin. Eine Senkung des Persönlichkeitsniveaus durch Alkoholeinwirkung liegt nicht vor. Angesichts ihrer Kühle und Ichbezogenheit sowie mangelnder Ehrfurcht vor anderen Menschen fällt die Tat nicht aus dem Rahmen ihrer Persönlichkeit.*

Es handelt sich um eine mittelgroße, kräftige Frau in mäßigem Gesundheitszustand, Pyknikerin.

Fall 7 ist unehelich geboren, mußte Mutterliebe entbehren und ohne Nestwärme aufwachsen. In wechselnden Pflegestellen sah man sie nur als Arbeitskraft an. Ethisch-moralische Werte wurden nicht eingepflanzt, das

Gemütsleben erfuhr keine Pflege. Asoziale Strebungen aber kamen nirgends zum Vorschein. Sie ist ein leicht debiler, primitiver Mensch, ohne kriminelle Struktur, durch Kindheitserlebnisse in allzu große Gefügigkeit getrieben; deshalb erliegt sie in primitiver Hilflosigkeit den aufreizenden Worten der Mittäterin.

Schon während der Untersuchungshaft bezieht sie die Haltung mürrischer Abwehr. „Drängeln Sie mir doch nicht so sehr. Ick laß mir nicht beschuldigen. Ick sag gar nichts mehr." Den im Urteil festgelegten Tatbestand, wonach sie allein die tödlichen Schläge geführt habe, akzeptiert sie nicht. Sie habe das Opfer nur betäubt; die Tötung dagegen sei durch die Mittäterin erfolgt.

Während der Strafverbüßung lebt sie sich immer mehr in diese subjektive Schau der Dinge hinein. Die nächste Folge ihrer Haltung ist eine immer stärker werdende Abneigung gegen die ehemalige Freundin und Mittäterin. Es kostet sie beträchtliche Mühe, dieser in der Anstalt freundlich zu begegnen und einige Worte mit ihr zu wechseln. Am liebsten würde sie diese zur Rede stellen und „unter die Füße nehmen"; doch fürchtet sie die dadurch heraufbeschworene Arreststrafe.

Als weitere Folge ihrer Grundhaltung ist eine wachsende Gereiztheit eingetreten, welche den Umgang mit Beamten und Mitgefangenen erschwert. Bisher ist es ihr allerdings gelungen, Konflikte mit der Anstaltsordnung zu vermeiden und befriedigende Arbeitsleistungen vorzuweisen.

Zuweilen schlägt ihre Gereiztheit um in Depressionen. Dann will sie von Menschen nichts mehr wissen und sich in der Zelle einschließen lassen. Was sie nun noch an Liebe und mütterlichen Instinkten aufzubringen vermag, gilt der Katze, der sie Leckerbissen aus ihrer eigenen Mahlzeit zuschiebt, und den Pflanzen, die sie mit größter Sorgfalt pflegt und gegen jeden Luftzug schützt.

In Gesprächen kehrt sie auf das ihr ganzes Sinnen beherrschende Thema immer wieder zurück. Sie bietet das Bild eines seelisch schwer verletzten Menschen, der nicht zur Ruhe kommen kann. Dieser eine Vorstellungsinhalt von dem großen Unrecht, das ihr widerfahren sei, füllt sie völlig aus.

Die Relativierung des Sachverhalts durch Abwälzung des Hauptteils der Schuld auf die Mittäterin verhindert eine Innenschau und innere Abrechnung; aber auch die geringe Spannweite ihres Geistes trägt zu dem Unvermögen bei, mit der inneren Situation fertig zu werden.

c) **Fall 8,** zur Zeit der Tat 30,3 Jahre alt, nicht vorbestraft, ist wegen Mordes zu lebenslangem Zuchthaus verurteilt.

*Die Tat laut Urteil*

*Zusammen mit dem Mittäter B. faßte Fall 8 den Plan, ihre Zimmerwirtin zu berauben. Nach mehreren vergeblichen Versuchen lockten beide das Opfer in die Wohnung der Schwiegermutter des B. Hier schlug Fall 8 mit dem Beil auf den Kopf des Opfers ein. B. würgte es am Halse, rang es zu Boden und hielt ihm Mund und Kehle zu. Nach der Tat fuhren Fall 8 und die Schwiegermutter des B. in die Wohnung der Getöteten, nahmen Wäsche und Kleidungsstücke und deren gesamten Schmuck an sich.*

*Das psychiatrische Gutachten erklärt, daß sich bei ihr „nicht mit Sicherheit eine Voraussetzung für die Anwendung des § 51, 1 oder 2 auffinden lasse". Zeichen für eine ererbte Syphilis waren nicht festzustellen.*

*Nach einer erworbenen und behandelten Syphilis waren die Reaktionen von Blut und Rückenmarkflüssigkeit zum Schluß einwandfrei negativ. Am Zentralnervensystem und den inneren Organen ergaben sich keine Anhaltspunkte für ein organisches Leiden oder eine organisch-bedingte Geisteskrankheit. Zur Zeit der Tat lag auch keine Bewußtseinsstörung vor.*

*Fall 8 ist von väterlicher Seite her belastet mit psychopathischen Eigenschaften. Hervorstechende negative Züge sind: Haltlosigkeit, Beeinflußbarkeit, Leichtverführbarkeit, Willensschwäche, Überwiegen der Triebhaftigkeit. Die disharmonische Ehe der Eltern und materielle Not warfen früh Schatten auf die Kinderzeit. Die Not der Kriegs- und Nachkriegsjahre vertiefte das Genußstreben. Ohne stärkeren inneren Widerstand verfiel sie dem Einfluß der Straße. Alle diese außer der Person liegenden Faktoren machen neben der inneren seelischen Struktur das Zustandekommen der Tat psychologisch verständlich.*

Diese Täterin ist eine kleine, kräftige Frau mit starkem Knochenbau und gut entwickelter Muskulatur, Athletikerin.

Bei ihr liegt eine schwere seelische Entwicklungsstörung vor mit einer massiv kindhaft gebliebenen Einstellung zur Welt und zu den Menschen. Diese ist gekennzeichnet einmal durch ein schrankenloses Habenwollen von Betreuung, Genuß und Besitz, das schließlich zur Tat führte; sodann durch Flucht vor schwierigen Situationen und Proteste gegen sie. Schroffe Ambivalenz in der Einstellung zur Mutter, — auf Lobeshymnen folgen Haßtiraden — mangelnde Liebesfähigkeit — ihr Ehestand scheiterte schnell, um ihr Kind kümmerte sie sich wenig — die Schwankungen zwischen ängstlichem Suchen nach Anlehnung und dreister Aggression, das Verkennen und Verschönen der Realität von heute — sie spricht von baldiger Entlassung und malt sich kommende Freuden in der Freiheit aus —, zeigen kraß ihre infantile Haltung und Reifestörung.

Während der Untersuchungshaft muß sie zur Behandlung einer Haftpsychose mit aggressiven Akten in eine Heilstätte eingewiesen werden. Hier wichen die Zeichen von Pseudodemenz bald. Es kam ein verstörtes Wesen zum Vorschein, das unter der Erkenntnis der Tat und in der Sorge um die Zukunft seelisch zusammengebrochen war. Angst- und Verzweiflungsausbrüche ebbten langsam ab, so daß sie dem Fortgang des Gerichtsverfahrens gewachsen schien und in die Untersuchungshaftanstalt zurücktransportiert wurde. Nach 7 Wochen wurde eine erneute Einlieferung in die Heilanstalt nötig. Es lagen Symptome einer Schizophrenie vor, die aber schnell wieder abklangen. Die Heil- und Pflegeanstalt konnte sich zu dieser Diagnose nicht entschließen, ließ aber die Möglichkeit des Ausbruchs einer Krankheit im weiteren Verlauf offen.

Fall 8 bejaht ihre Schuld, beanstandet aber das ihr im Urteil unterlegte Motiv der Habgier. Den Grund sucht sie in Milieuschäden, die sie bei der Urteilsfindung zu wenig berücksichtigt sieht. Dabei verrennt sie sich immer stärker in die Vorstellung, daß ihr Unrecht geschehen sei. Die Oppositionsstellung gegen das Urteil stürzt sie in einen Zustand schwerer innerer Rast- und Ruhelosigkeit. Durch zahlreiche Eingaben an die verschiedensten Behörden zuweilen in dreister Form versucht sie, eine Änderung ihrer Lage herbeizuführen. Sie will in ein Arbeitshaus überführt oder in eine westdeutsche Anstalt verlegt werden; sie möchte in eine Heilanstalt eingewiesen werden, Urlaub haben, einen Wechsel des Arbeitsplatzes vornehmen, einen Gnadenerweis beantragen, eine Zeitschrift für ihren Fall interessieren, sich mündlich bei Behörden aussprechen, lehnt eine Schutzfreundschaft ab, da sich „das Zutrauen nicht einstellt". Für Belehrungen erweist sie sich unzugänglich, bleibt aber immer korrekt und freundlich.

War die Haftpsychose ein Ausdruck kernhafter Angst vor einer Lage, der sie sich nicht gewachsen fühlte, so sind die zahlreichen Eingaben Proteste gegen die ihr unerträglich erscheinende Situation. Wo diese dreiste Züge annehmen, machen sich in ihnen Oppositions- und Ablösungsbestrebungen von Autoritäten geltend.

In gleicher Linie liegt die positive Übertragung, die sie auf den Anstaltsarzt und Explorator vorgenommen hat. Bedeuten die Haftpsychose und die Eingaben den Versuch einer Flucht aus einer ihr untragbar erscheinenden Situation, so sucht sie hier Geborgenheit.

Dann setzt eine Entspannung und Beruhigung ein. Zwar lehnt sie das Motiv der Habgier nach wie vor ab; aber sie erklärt sich bereit zur Sühne. Dankbar erkennt sie an, was sie in der Anstalt an Freundlichkeit und Förderung erfahren hat.

Im ganzen freilich dauert die Labilität der inneren Lage an. Bald will sie mit niemand zusammen sein; bald ist sie froh, angesprochen zu werden, weil Angstgefühle aufkommen. Sie verfällt in Grübeleien, bei denen sie mit verschränkten Armen vor sich hinstarrt; dann wieder verharrt sie in langem Weinen. Immer erneut bricht die innere Labilität und Schwankungsbereitschaft durch. Die weitere Entwicklung ist undurchsichtig.

## § 5 Negation des Deliktes

**Fall 9,** zur Zeit der Tat 47,7 Jahre alt, nicht vorbestraft, wurde wegen Mordes zu lebenslangem Zuchthaus verurteilt.

*Die Tat laut Urteil*

*Die Tat von Fall 9 ist bereits bei der von Fall 8 mitgeschildert.*
*Das psychiatrische Gutachten schließt Geisteskrankheit, Geistesschwäche und ein organisches Nervenleiden aus. Sie zeigt auch keine Merkmale erhöhter nervöser Erregbarkeit. Der Schutz des § 51, 1 oder 2 kann ihr nicht zugebilligt werden.*
*Fall 9 ist keine psychopathische Persönlichkeit. Ihr Lebensgang war einwandfrei und sozial. Lebenskrisen oder besondere seelische Belastung sind ihr bis zum Umsturz und Verlust des Ehemannes erspart geblieben. Ihr Leben war von Arbeit ausgefüllt, ihre Ehe harmonisch, der Lebensstandard gut. Schlechte Charaktereigenschaften sind nicht bekannt geworden. Sie hatte keine Gelegenheit, ihre seelische Widerstandskraft und moralische Gefühlswerte in Lebenskrisen zu beweisen und zu trainieren. Das wirkte sich ungünstig aus nach dem Verlust des Ehemannes. Zu berücksichtigen ist ihre starke Beeinflußbarkeit und moralische Urteilsschwäche, das Absinken der Persönlichkeit in den letzten Jahren, der unheilvolle Einfluß des Schwiegersohns, ohne den diese Frau niemals fähig gewesen wäre, eine Rolle bei dem Verbrechen zu spielen, das ihrer Persönlichkeit im Grunde völlig fremd ist.*

Wenn auch ohne Einwirkung auf das Opfer zum Zweck der Tötung, war sie doch an der Tat beteiligt durch Bereitstellung der Wohnung, Erörterung des Planes, Duldung der Entschlüsse der Mittäter und passives Verhalten.
Sie ist eine mittelgroße, breite, kräftige Frau, Pyknikerin. Von nur geringem Wissen, ist sie intellektuell gerade noch durchschnittlich ausgerüstet, gefühlsmäßig stark an ihre Familie gebunden. Die Grundstimmung ist ernst, ohne wesentliche Schwankungen.
Fall 9 ist keine kalt berechnende Frau, die auf Grund schwerer asozialkrimineller Struktur zur Tat geschritten wäre, sondern ein gefügiger, passiver Mensch, der wegen seiner weichen Struktur überfahren wurde und geschehen ließ, was andere taten. Ihr über kleinbürgerliches Milieu nicht hinausgewachsener enger Horizont ließ sie die schwerwiegenden Folgen einer solchen Passivität nicht übersehen.
Die geringe Spannweite ihres Geistes und ihre Überblicksbeschränktheit lassen es nicht zu, daß sie den Umfang ihrer Schuld überschaut. Sie empfindet ihre Beteiligung an der Tat als unbedeutend gegenüber dem Anteil der beiden Haupttäter. Daß sie in gleicher Höhe wie diese bestraft wurde, erscheint ihr als ein grobes Unrecht. So gleitet sie ab in eine Haltung des Trotzes und der Verbitterung: „Die ganze Justiz ist veraltet und muß überholt werden. Weil man kein Geld hat, wird man wie ein Stück Vieh verschachert.“ Sie fordert die Mittäterin auf, durch Übernahme der ganzen

Schuld ihre Entlastung herbeizuführen und beantragt Urlaub, da sie doch „völlig schuldlos sei".

Von Aggressionen gegen Beamte oder die Ordnung der Anstalt allerdings hält sie sich fern. Sie ist aufgeschlossen, freundlich, natürlich und spricht sich ohne Hemmungen aus. Bei der Arbeit zeigt sie sich fleißig und gewissenhaft. Im weiteren Verlauf kommen jedoch Klatschhaftigkeit und Spuren eines Begnadigungswahnes auf.

Nach wie vor steht die Verurteilung als ein unassimiliertes Moment in ihrem Seelenleben. Dieser eine Vorstellungsinhalt von dem schweren Unrecht, das ihr widerfahren sei, füllt sie ganz aus. Am liebsten möchte sie dann von niemandem mehr angesprochen werden.

Bei dieser Einstellung besteht die Notwendigkeit einer Auseinandersetzung mit dem Problem von Schuld und Strafe nicht. Die Strafverbüßung treibt sie in immer größere Verbitterung. Blinde Negation kennzeichnet ihre Haltung.

## *§ 6 Wir-Insuffizienz*

**Fall 10,** zur Zeit der Taten 35,7 Jahre alt, nicht vorbestraft, ist wegen Mordes in 2 Fällen jedesmal zu lebenslangem Zuchthaus verurteilt.

*Die Taten laut Urteil*

1. *Fall 10 tauschte bei S. einen kleineren Betrag Ost- gegen Westgeld ein und bestellte ihn zu einem weiteren Geldgeschäft in ihre Wohnung. Dort stellte sie fest, daß er viel Geld mit sich führte. Sie trat von hinten an S. heran, warf ihm eine Leine mit Schlaufe über den Kopf und zog fest zu. Er sprang auf, stieß den vor ihm stehenden Tisch von sich, fiel hin und riß Fall 10 mit sich zu Boden. Sie hielt hierbei den Strick fest in der Hand, ohne locker zu lassen. Er wurde ohnmächtig; sie verknotete die Leine fest, setzte sich in einen Sessel und wartete in Ruhe seinen Tod ab, den sie durch Pulsfühlen feststellte. Alsdann nahm sie sein Geld an sich, zerstückelte die Leiche mit einem Küchenmesser der Wirtin, verpackte die Teile in einen Koffer und Rucksack und fuhr damit zu einer ihr passend erscheinenden Ruine, wo sie beides entleerte. Dann fuhr sie zurück, trug in einem zweiten Rucksack den Torso in eine andere Ruine und legte ihn auf eine Zementplatte. Die Sachen des Toten verkaufte sie, eine Armbanduhr trug sie zunächst selber und ließ sie alsdann versetzen.*
2. *Fall 10 verhandelte mit Frau M. wegen einer Schreibmaschine, die ein Weihnachtsgeschenk werden sollte. Frau M. brachte die Schreibmaschine am 2. Weihnachtstag zu Fall 10. Diese konnte jedoch die vereinbarte Anzahlung nicht leisten und veranlaßte die M., am Abend wieder zu kommen. Nach deren Erscheinen warf sie der am Radio drehenden, nichts ahnenden Frau M. eine Wäscheleine mit Schlinge von hinten über den Kopf und zog zu. Frau M. verlor sofort das Bewußtsein. Fall 10 verknotete die Schnur, wartete den Tod ab und schleifte die Leiche unter eine Couch. Einen Tag später holte sie dieselbe wieder hervor, zerlegte sie gleichfalls mit einem Küchenmesser und beseitigte die Teile, die sie wiederum in Ruinen warf.*

*Das psychiatrische Gutachten verneint Geisteskrankheit und Geistesschwäche. Auch ein organisches Nervenleiden mußte ausgeschlossen werden. Der Schutz des § 51 konnte ihr generell weder mit seinem Absatz 1 noch mit Absatz 2 zugebilligt werden. Morphium- und Pervitinmißbrauch, 4 Jahre lang fortgesetzt, hatte wohl beim Absinken des Persönlichkeitsniveaus eine Rolle gespielt. Eine eigentliche Morphiumsucht lag jedoch nicht vor. Die Zurechnungsfähigkeit war nicht vermindert, eine Bewußtseinstrübung nicht feststellbar.*

*Fall 10 ist eine abartige, psychopathische Persönlichkeit mit so komplizierter, vielgestaltiger, disharmonischer Anlage, mit so verschiedenen, zum Teil völlig konträren Charaktereigenschaften und Verhaltungsweisen, daß man sie einem bestimmten Psychopathentyp nicht zurechnen kann. Widersprechende Gefühlsäußerungen, Weiches und Hartes liegen nebeneinander und wechseln unvermittelt. Sie ist ein ausgesprochener Augenblicksmensch, in den Reaktionen ohne Hemmungen, unberechenbar und gefährlich. Die psychopathischen Charakterzüge traten nach 1945 immer mehr an die Oberfläche. Sie zeigt kalte, egoistische, aggressive Tendenzen und eine völlig fremdartig wirkende Gemütskälte. Ungewöhnliche Unaufrichtigkeit und psychopathische Lügenhaftigkeit nehmen pseudologistischen Charakter an. Die hysterische Persönlichkeitsanlage zeigt sich in Ausweichreaktionen von Ohnmachten und Selbstmordversuchen. Jahrelanger Rauschgiftmißbrauch führte zu einem weiteren Absinken ihres ethischen und ästhetischen Niveaus. Die höheren ethischen Gefühlswerte wurden dadurch weitgehend abgebaut, sie lebte nur noch der Befriedigung ihrer egoistischen Wünsche und Triebe. Zur Zeit der Morde befand sie sich in großen Geldschwierigkeiten. Die letzte Motivation ist enthemmte Erotik. Ein ganzes Motivbündel ist am Werk. Die Aufhellung der letzten psychologischen Hintergründe ist bei ihrer Undurchsichtigkeit überhaupt nicht möglich.*

Sie war eine mittelgroße, gut genährte Frau mit kräftigem Knochenbau und straffer Muskulatur, vorwiegend athletischer Typ, ist dann aber durch eine schwere Erkrankung in ihrer Vitalität stark geschwächt und wird jetzt als leptosom bezeichnet.

Fall 10 ist eine Psychopathin, lebensschwach in der Totalität ihrer Persönlichkeit. Sie besitzt eine disharmonische, schwer labile, chaotische Charakteranlage mit aggressiven Tendenzen und ausgesprochen hysterischen Zügen. Die Radikalität des Hungers nach Geliebtwerden trieb sie zu den Taten, die ihr als das letzte Mittel erschienen, einen Mann an sich gefesselt zu halten, dessen Verlust von ihr als eine Katastrophe empfunden worden wäre.

Alsbald nach der Verhaftung macht sie einen ernsthaften Selbstmordversuch. Bei den dann beginnenden Untersuchungen möchte sie lieber erst „die furchtbare Sache" behandelt wissen statt kleinerer Diebstähle, die man ihr vorhielt. „Das andere ist doch so unwichtig." Sie legt in beiden Mordfällen ein Geständnis ab, will aber nicht, daß dieser Punkt nun noch einmal berührt wird. Im weiteren Verlauf der Verhandlungen wird sie aufgefor-

dert, die Dinge noch einmal zu schildern. Sie lehnt ab: „Ich verweigere jede Antwort; ich sage es nicht noch einmal, weil ich es nicht kann.“ Nach energischen Vorhaltungen schildert sie alsdann den Tathergang, lehnt sich aber immer wieder auf: „Ich habe die Fragerei satt.“
Am Schluß der ersten Vernehmungen beantragt sie: „Ich will die Todesstrafe, nicht lebenslanges Zuchthaus.“ Während der Untersuchungshaft zeigt sie jedoch eine wachsende kühle Distanz zu ihren Straftaten, lehnt Erörterungen über sie ab, hüllt sie in geheimnisvolles Dunkel, läßt offen, ob sie dieselben überhaupt begangen hat, bemerkt, daß sie noch viel vom Leben erwartet. Bei der Hauptverhandlung schließlich gibt sie ihren Mann als Mörder an, wobei sie den Tathergang unverändert läßt. Sie habe nur Handreichungen geleistet.

Auch heute lehnt sie die Tötungen ab. Diese seien von ihrem Mann vorgenommen, und zwar die eine (an dem Mann) aus Eifersucht, die andere (an der Frau), um Geldmittel für eine Auswanderung zu bekommen. „Ich bin für Verbrechen, die ich begangen haben soll, zu zweimal lebenslangem Zuchthaus verurteilt.“

Wie sie sich gegen die Vernehmungen sperrt, weil ihr die damit verbundenen seelischen Belastungen unerträglich sind, so nimmt sie schließlich eine völlige Auslöschung des ihr untragbar erscheinenden Tatkomplexes in ihrem Inneren vor. Ein schwerer Sturz, über dessen Ursache sie schweigt, eine Ohnmacht auf der Zelle sind ebenso wie der frühere Selbstmordversuch gleichfalls als Ausweichreaktionen zu werten.

Damit geht Hand in Hand eine zunehmende Verkapselung. Sie pflegt keinen Verkehr mit Mitgefangenen, hat eine Abneigung, sich zu Vorführungen zu melden, verläßt kaum die Zelle, verweigert Tage hindurch das Mittagessen. „Ich lehne Hilfe nicht nur ab, sondern weise sie zurück.“ Verhaltene Aggressionstriebe, wie sie hier erkenntlich werden, entladen sich ein andermal deutlicher im Zerschlagen von Fensterscheiben.

Nur ganz selten lockert sich die Starrheit ihrer Haltung. Sie spricht mit Liebe von der Mutter und wartet mit Inbrunst auf deren Besuch. Stolz ist sie darauf, daß sie als einzige von den Geschwistern es zur Krankenschwester gebracht habe. Einer ihr sympathischen Beamtin offenbart sie sich. Nach erfolgter Schilderung ihrer Angelegenheit bittet sie diese, ihr die Hand zu reichen und zu Weihnachten eine Minute an sie zu denken.

Bei einer Bitte, eine geplante bunte Stunde nicht im Kirchenraum abzuhalten, vermag sie sich sogar mit den Mitgefangenen zu identifizieren: „Wir alle hier sind schuldig, straffällig geworden, weil wir draußen vor nichts mehr Achtung und Ehrfurcht empfunden haben.“ Mit allem Fleiß pflegt sie ihr religiöses Leben. Hier findet sie einen gewissen Gegenpol.

Hier ist die Ebene, auf der ihre durch die Taten herbeigeführte soziale Vernichtung aufgehoben erscheint.

Nach solchen ganz seltenen, vorübergehenden Aufhellungen kehrt sie zu der Haltung der Verkapselung zurück. Sie verhängt ständig den Spion ihrer Zelle, weil ihr nicht bloß das ansprechende Wort, sondern sogar schon der Blick der Mitmenschen eine Plage bedeutet; sie trägt eine mürrische Abwehr zur Schau und heißt selbst die wenigen Menschen weitergehen, die ihr tragbar erscheinen, und mit denen sie in aufgelockerten Stunden Kontakt pflegt. An der Mauer ihrer mürrisch abweisenden Haltung muß dann jeder Zuspruch, jedes freundliche Wort abprallen. Sie zeigt eine in keiner Weise mehr anpassungsfähige Haltung und bietet das seltene Bild einer schweren Wir-Insuffizienz.

Ständige Gewichtsabnahme macht eine ärztliche Untersuchung nötig, die sie verweigert. In der alsdann zum Ausbruch kommenden schweren Erkrankung erkennt sie eine Strafe, nicht dagegen im Anstaltsaufenthalt. Die Krankheit übernimmt nun die Straf- und Sühnefunktion, welche sie der Justiz aberkennt.

## *§ 7 Unvermögen innerer Entwicklung*

**Fall 11,** zur Zeit der Tat 21,3 Jahre alt, zweimal vorbestraft, wurde wegen Mordes zu lebenslangem Zuchthaus verurteilt.

*Die Tat laut Urteil*

*Fall 11 erhielt von der mit ihr im gleichen Hause wohnenden Frau H. Milchpulver zum Verkauf auf dem schwarzen Markt. Der Sohn der Frau H. mußte zur Kontrolle mitgehen. Fall 11 kaufte für den Erlös aus dem Milchpulver Schrippen und Zigaretten, gab dem Kind einige ab und verzehrte den Rest selber. Danach lief sie mit ihm aus schlechtem Gewissen planlos in den Straßen umher. Auf einer Brücke über einen Kanal angekommen, stieß sie es ins Wasser, wo es ertrank. Der Mutter erklärte sie, sie habe den Jungen mit dem Geld nach Hause geschickt; mit ihr zusammen erstattete sie eine Vermißtenanzeige beim Polizeirevier und übernachtete dann bei ihr. Aus Furcht vor Verhaftung verschwand sie am nächsten Morgen und ließ sich von einem Mann in die Wohnung mitnehmen, dem sie alsdann die Brieftasche stahl. Als sie dessen Papiere auf dem schwarzen Markt verkaufen wollte, wurde sie verhaftet.*

*Das psychiatrische Gutachten kommt zu dem Ergebnis, daß im Zeitpunkt der Tat die Voraussetzungen des § 51, 1 oder 2 nicht vorgelegen haben.*

*Als haltlose, psychopathische Persönlichkeit mit ausgesprochen asozialen Neigungen und unterdurchschnittlicher Begabung entbehrt sie jeglicher moralischer und ethischer Hemmungen. Diese Veranlagung wurde durch eine unzweckmäßige Erziehung, durch das Fehlen des Elternhauses oder eines entsprechenden Haltes niemals erfolgreich im Sinne einer Besserung beeinflußt. Denn bei derartigen Persönlichkeiten kann nur Erziehung und Zwang zwar niemals den Grundcharakter ändern, aber doch ein Abgleiten auf kriminelle Bahnen verhindern. Bei ihr liegt wohl ein Abweichen von der*

*Norm, aber kein Ausschluß strafrechtlicher Verantwortlichkeit vor. Die psychologisch kaum nachfühlbare Tat ist nur durch das Fehlen jeglicher gefühlsmäßiger Resonanz und Hemmungen zu erklären. Da ihr der Junge als Mitwisser unbequem war, entledigte sie sich seiner ohne Überlegung und ohne sich Rechenschaft abzulegen. Eine angebliche frühere Gehirnerschütterung hat zu keiner Charakterveränderung geführt.* Sie ist eine mittelgroße, schmale, beträchtlich untergewichtige Person in mäßigem Gesundheitszustand, Asthenikerin. Auffallend ist die fliehende Stirn sowie ein hoher steiler Gaumen. Die Sprache ist stark nasal.

Fall 11 bietet das Bild einer schwachsinnigen, primitiven Persönlichkeit, gefühlsarm, mit geringem Resonanzboden und mit beträchtlichen asozialen Neigungen.

Während der Vernehmungen zeigte sie sich gleichgültig und teilnahmslos. Auch nicht die geringste gefühlsmäßige Einstellung zu der Tat wurde erkenntlich. Ein Gefühl des Bedauerns oder eine Regung der Reue kamen nicht auf. Die Affektlage war in keiner Weise der Schwere der Tat angepaßt. Sie blieb stets gleichbleibend ruhig und unbeteiligt.

Angesichts ihrer Charakterstruktur ist diese Haltung nicht verwunderlich. Bei einem Gespräch über die Tat erscheint sie nach wie vor unbeteiligt. Zuweilen muß sie lachen, da ihr „etwas Komisches" eingefallen sei. Nötigt man sie zu Urteilen, so weicht sie aus: „Das weiß ich nicht."

Bei ihrer Debilität wird sie von den Mitinsassen nicht ernst genommen. Man behandelt sie wie einen Clown, dessen Sprünge belustigen. Die einzige von ihr in der Anstalt eingegangene Bindung ist sexuell getönt. Ein inneres Verhältnis zur Arbeit besteht nicht. Tragbare Leistungen werden nur mühsam erzielt.

Zeitweilige aggressive Tendenzen entladen sich in Streitereien mit Mitgefangenen, die zuweilen zu Schlägereien und Würgeversuchen ausarten, sowie im Zerschlagen von Fensterscheiben. Die Grundstimmung wechselt über die ganze Skala vom Heiteren zum Depressiven.

Unruhig, nervös, zerfahren, kreisen ihre Gedanken ständig um den Termin für ein Gnadengesuch. Alle ihre Fragen konzentrieren sich auf diesen einen Punkt. „Ich lebe in der Hoffnung, daß ich erhört werde. So hart könnte doch der liebe Gott nicht sein und einen niemals mehr aus diesem Haus lassen."

Die geringe Spannweite ihres Geistes läßt es nicht zu, daß sie sich mit den Begriffen Schuld, Strafe, Sühne befaßt. Aus allen ihren Äußerungen wird größte Primitivität erkenntlich. Tiefere Schichten der Persönlichkeit, aus denen moralische Betrachtungen über die Straftat kommen könnten, sind nicht vorhanden. Eine innere Entwicklung ist deshalb nicht angelaufen, bei dem fehlenden Fond ihrer Persönlichkeit auch für die Zukunft kaum zu erwarten.

KAPITEL II

# Weitere kriminologische Untersuchungen

## § 8 *Kretschmer-Typen*

Von den 11 Fällen gehören je 3 = 27,27% zum pyknischen, athletischen und leptosomen Typ. Die restlichen 2 = 18,18% sind Asthenikerinnen. Von den Athletikerinnen zeigen 2 pyknische Einschläge. Wir dürfen deshalb das pyknische Element an die Spitze stellen, ein Novum in den bisherigen Untersuchungen. Vergleichbares Material speziell für die Frauenkriminalität steht nicht zur Verfügung. Ein Vergleich mit den männlichen Mördern zeigt, daß in der weiblichen Schwerkriminalität das Ansteigen des pyknischen Anteils noch stärker ist. 17,4% Pyknikern unter den Männern stehen 27,27% unter den Frauen gegenüber. In 2 Fällen handelt es sich um weiche, gefügige Menschen, die fremdem Einfluß erlagen, im 3. dagegen begegnet uns eine ichhafte, kalt berechnende, gefühlsarme Persönlichkeit, die immer ein genießerisches Leben geführt hat und auch in der Mangelsituation nach 1945 nicht gewillt war, auf dasselbe zu verzichten.

Bei den Asthenikerinnen überrascht die auch bei den Männern festzustellende Tatsache, daß diese körperlich schwächlichen, unterentwickelten Menschen sich bei der Ausführung der Taten in sehr aktiver Weise betätigen. In einem Fall liegt Doppelmord vor.

## § 9 *Heredität*

Unter den 11 Probanden befinden sich 6 = 54,5%, bei welchen keine Belastung feststellbar ist. In 4 Fällen = 36,4% konnten abwegige Persönlichkeiten in der Aszendenz festgestellt werden, und zwar in je 2 Fällen Belastungen in der väterlichen und in beiden Sippen. Gemeldet werden Psychose, Kriminalität, Trunksucht und Verwahrlosung. In einem Fall = 9,1% sind bei unehelicher Geburt Angaben nicht mehr zu erhalten.

Im Vergleich mit den entsprechenden Zahlen aus der männlichen Kriminalität fällt auf die ungleich höhere Beteiligung der Unbelasteten. Während deren Anteil unter den Männern 21,8% ausmacht, beträgt er hier 54,5%. Die Neigung der Frau, Umwelteinflüssen nachzugehen, ist offenbar größer als die des Mannes.

## § 10 *Umwelteinflüsse*

Schädigende Umwelteinflüsse lassen sich bis in die frühe Kindheit zurückverfolgen. Fehlende Nestwärme und Liebesentzug führen zu Verkümmerungen. Das Kind ist sich selbst überlassen, wird bei Nachbarn untergebracht, lockt mit Geschenken andere Kinder an sich, um dem Druck der Einsamkeit zu entgehen. Es weiß nicht, wem es sich bei der Scheidung der Eltern anschließen soll; denn es fürchtet sich in gleicher Weise vor dem Stiefvater und der Stiefmutter, die nun in Aussicht stehen.

Das unehelich geborene Kind wandert von einer Pflegestelle zur anderen; es muß Schläge und Unfreundlichkeiten erdulden, auch über die Kraft arbeiten. Ein Gefühl des Geborgenseins kann es nicht entwickeln.

Der Vater fiel im Kriege. Während in einem Fall der Stiefvater ohne größere Schwierigkeiten akzeptiert wird, entwickelt ein zweiter eine immer größer werdende Protesthaltung gegen den „Freund" der Mutter, der von den anderen Geschwistern bedenkenlos als „Vater" hingenommen wurde. Bei leidenschaftlicher Liebe zur Mutter erwächst nun ein Gefühl von Eifersucht auf ihn, das sich schließlich zu offener Feindschaft und „furchtbarem Haß" auswuchs. Neurotische Ambivalenz gegenüber der Mutter, verbunden mit Ressentiments bis Haß gegen deren Freund als dem Räuber der Mutter führen alsdann zu einer längeren Phase, in der jede, besonders die sexuell gefärbte Berührung mit dem anderen Geschlecht gemieden wird. Ein böses Gesicht, eine strenge Frisur, eine ernste Haltung waren der Schutz gegen etwaige Annäherungsversuche.

In einem dritten Fall schließlich wächst ein durchaus positives Verhältnis zum Stiefvater, der sorgfältige Pflege bis zu seinem Ende erfährt, während das Erscheinen des zweiten Stiefvaters sofort einen offenen Konflikt hervorruft.

Zu Fehlentwicklungen, die noch in den Erwachsenenjahren störend wirken, führen ebenso drakonische Strenge wie auf der anderen Seite maßlose Verwöhnung.

Ein traumatisches Erlebnis hatte eine Probandin als Kind von 10 oder 12 Jahren. In der Dämmerung vom Spielen heraufkommend, sah sie plötzlich vor der Wohnungstür der Eltern den Nachbarn mit einem Tuch über dem Kopf und weit ausgebreiteten Armen stehen. Von Angst und Schrekken versteinert, konnte sie nicht laufen, stürzte infolgedessen die Treppe hinunter, erbrach Blut, bekam Fieber und wurde auf ein längeres Krankenlager gestreckt.

Schwere Enttäuschungen im Ehestand vergrößern gefährlich das schon in der Kindheit entstandene Vakuum in der Seele.

Raumenge und sofortige Opposition der Schwiegereltern führen zu schnellem Zerbrechen des Ehestandes und zerstören damit die heiß erstrebte Geborgenheit.

Direkte Kriegseinwirkungen sind nur in einem Fall zu melden. Eine Probandin war als Luftwaffenhelferin eingesetzt. Aus Angst floh sie und wurde zum Strafeinsatz an eine andere Stelle versetzt, wo eine Verschüttung einen längeren Lazarettaufenthalt nötig machte. Luftkrieg, Nöte der Ernährung, der Bekleidung und Wohnung bringen allen die gleiche Belastung.

In 2 Fällen sind größere Umweltschäden nicht ersichtlich. Beide Probandinnen hatten einen guten Start ins Leben.

## § 11 *Tatmotive*

Als Motive werden genannt: Gier nach leichter Beute, um das Lotterleben weiterführen zu können, hemmungslose und triebhafte Eigensucht, Sucht nach Gewinn, Ermöglichung von Raub, Verdeckung einer anderen Straftat und Habgier. In 6 Fällen = 54,5% sind diese Beweggründe festgestellt.

Neben den vordergründigen Motiven sind allerdings sekundär noch andere Komponenten erkenntlich: Haß gegen die launenhafte, eigensinnige Wirtin, die ein senil-penetrantes Anlehnungs- und Mitteilungsbedürfnis hatte, besonders heftige Zuneigung zu dem Mittäter, mit dem sie sich auf Gedeih und Verderb verbunden fühlte, der als Hölle empfundene Aufenthalt in der Wohnung der Wirtin, die wie eine Wiederholung und Vergröberung der bösen Mutter erscheint, sowie endlich Angst vor einem Überfall durch die Mittäter. Auch Bader warnt vor eingründiger (monokausaler) Betrachtungsweise. Diese Beobachtungen leiten bereits über zu der 2. Gruppe der Motive. bei denen verwickeltere seelische Tatbestände vorliegen. Sie umfaßt 5 Fälle = 45,5%.

An der Spitze steht ein Fall, bei welchem nach den Ausführungen des Urteils 2 Motive gekoppelt sind: Das Streben nach Wiederherstellung der Ehe und das nach hübscher Garderobe sowie Genuß. Beide Motive gingen Hand in Hand und überschnitten sich.

Es folgt ein Fall, bei welchem eine verfahrene Lebenssituation, insbesondere eine untragbare Ehekonstellation die Tat heraufbeschwor. Abscheu und Ekel vor dem Mann waren die Beweggründe, wobei die primitive Mittäterin den aufreizenden Worten der Initiatorin erlag.

Im 4. Fall bejaht das Urteil einen „niedrigen Beweggrund", der definiert wird als „das Mißverhältnis zwischen den Folgen der Tat und dem, was die Angeklagte durch die Tötung erreichen wollte". Es sei schwer, einen wirklich stichhaltigen Grund für die Tat zu finden. „Ein paar Lügen bleiben übrig, deren Geringfügigkeit mit dem Wort Angeberei bezeichnet werden kann." Hinter den Lügen steht allerdings auch Angst um den Verlust des Geliebten.

Der letzte Fall schließlich läßt ein ganzes Motivbündel erkennen. Entfesselte Erotik, Radikalität des Hungers nach Geliebtwerden, Aggressionstrieb, sekundär auch das Bestreben, sich Vermögenswerte anzueignen, wirken zusammen und lösen die Taten aus, die als das letzte Mittel erschienen, eine Liebesbindung aufrechtzuerhalten.

Die Fälle, bei denen nach Eyrich „der Anlaß in keinem Verhältnis zu der Schwere der Tat steht und in denen die Tat den Abschluß einer psychopathischen Reaktion bildet, bei der Affektstauungen, Verdrängungen und Verschiebungen eine unheilvolle Rolle spielen", sind hier, gemessen an der männlichen Kriminalität, von 28,2% auf 45,5% gestiegen, erreichen allerdings auch damit noch nicht die von Eyrich beobachtete Höhe, dessen Ermittlungen aus einem ruhigen Jahrfünft stammen.

## *§ 12 Die Vorstrafen*

Die Kurve der Vorstrafen verläuft bei beiden Geschlechtern sehr ähnlich. Bei den Männern schritten als Nichtvorbestrafte zum Mord 21 = 45,6%, mit Einschluß der mit geringfügigen Geldstrafen Belegten 25 = 54,3%, bei den Frauen 6 = 54,5%. Dementsprechend gleichen sich auch die Zahlen der Vorbestraften: 45,7% bei den Männern, 45,5% bei den Frauen. Von diesen sind 2 geringfügig vorbetraft, während in den 3 restlichen Fällen eine stärker ausgeprägte, tiefer eingeschliffene Kriminalität vorliegt; in einem der 3 Fälle muß dabei neben 3 Gefängnisstrafen 1 Verurteilung zu 2 Jahren Zuchthaus (wegen Wehrkraftzersetzung) registriert werden.

Die geringe Zahl der Fälle läßt verallgemeinernde Schlüsse nicht zu. Obige Zahlen erinnern allerdings an Heindls Behauptung, daß nur wenige echte Verbrechernaturen zu Mördern werden. Auch das Bayerische Statistische Landesamt hat festgestellt, daß sich wenig Vorbestrafte unter den Mörderinnen befinden.

## *§ 13 Zeit der Tat und Art der Ausführung*

Die Mordkurve wies nach früheren Statistiken zwei Höhepunkte auf, einen sommerlichen, durch die im Frühling aufbrechende Vitalität erklärt, und einen winterlichen, der in der wirtschaftlichen Not seine Erklärung fand.

Einen Beitrag zu der Frage, ob und eventuell in welcher Richtung sich diese Kurve verschoben hat, kann die vorliegende Abhandlung wegen der zu kleinen Zahl nicht leisten. Deshalb wird lediglich registriert, daß im Januar, Februar, Juli, August und November keine Morde geschehen sind, daß im März, Mai, Juni, September und Dezember je 1 Täterin zur Ausführung des Verbrechens schritt, im April dagegen 6.

Die Verteilung auf die einzelnen Jahre bietet ein von der männlichen Kriminalität sehr verschiedenes Bild. Während hier die Jahre 1946 und 1947 Höhepunkte bringen und 1948 ein Absinken erfolgt, geht die Entwicklung auf der weiblichen Seite den entgegengesetzten Weg. Nach je einem Fall in den Jahren 1946 und 1947 schnellt die Zahl 1948 auf 4 empor, um 1949 und 1950 wieder auf je einen Fall zurückzusinken. 1951 und 1952 bleiben frei, während 1953 wieder 3 Fälle bringt. Sämtliche 4 Taten von 1948 sind noch vor der Währungsreform erfolgt.

Alle Kriminalpsychologen älterer Schulen waren sich darüber einig, daß der Giftmord eine typisch weibliche Methode des Mordes darstellt. Ich wiederhole die von Dr. Gast getroffenen Feststellungen, nach welchen von 1892—1901 Vergiftungen in 62,3% der Fälle von Frauen begangen wurden, und daß von 15 untersuchten Frauen nur 2 das Beil benutzten, während sie sonst zu Lysol oder Gas griffen. Von 4 Männern dagegen benutzten 3 das Beil. War doch die Giftmörderin früher das Symbol der Mörderin schlechthin.

Das Bild hat sich von Grund auf gewandelt. Von unsern Probandinnen benutzten 2 das Beil, 1 die Axt, 1 die mit einer Schlinge versehene Wäscheleine, 1 stieß das Opfer ins Wasser, 2 würgten es mit den Händen, während 4 nicht direkt Ausführende waren. Von diesen reichte eine die Schnur zum Erdrosseln und hielt das Opfer fest, die zweite drängte mit aufreizenden Worten zur Tat und veranlaßte damit dieselbe, die dritte hatte die Idee des Unternehmens ersonnen sowie die Durchführung betrieben, während der Beitrag der vierten in der Bereitstellung der Wohnung, der Erörterung des Planes, einer Duldung der Entschlüsse der Mittäter und in passivem Verhalten bestand.

Weder Gift noch Gas wurden benutzt. Die Ausführung hat sich den Methoden der Männer genähert, bei denen zu Axt und Beil noch Stemmeisen, Hammer und Zange treten. In einzelnen Fällen entwickelt die Frau überraschende Körperkräfte und einen Mut, der sich zu frappierender Tollkühnheit steigerte.

Die von manchen Kriminalpsychologen festgestellte Rücksichtslosigkeit und Brutalität bei der Ausführung kann bestätigt werden. So schlägt eine Täterin mit der Schneide des Beiles 20- bis 30mal zu und zerfetzt das Opfer in ungewöhnlicher Weise, eine andere tritt laut singend mit hocherhobenem Beil aus dem Mordzimmer. Vermerkt werden soll in diesem Zusammenhang auch die Tatsache, daß kein Fall von Totschlag zu verzeichnen ist; sämtliche Verurteilungen sind wegen Mordes erfolgt.

Daß die Opfer meistens Angehörige waren, „wo man sich bewegte und wo es Konfliktstoffe gab“, trifft nur noch für 2 Fälle zu.

## *§ 14 Lebensalter, Beruf, Familienstand*

a) Die weibliche Kurve des Mordes zeigte immer einen merkwürdigen Verlauf. Sie setzte mit hohen Ziffern ein. In 25 untersuchten Jahren waren von den Tätern zwischen 12 und 15 Jahren 30 männlichen und 35 weiblichen Geschlechts, obwohl die weibliche Gesamtkriminalität nur etwa ein Fünftel der männlichen betrug. Eine restlose Erklärung für diesen ganz abnormen Verlauf konnte nicht gefunden werden, wenn auch die frühere Reife des Mädchens eine wichtige Rolle spielt. Auffallend war weiter die Höhe der Morde zwischen 15 und 18 Jahren, wobei wahrscheinlich die Beseitigung von unehelichen Kindern eine Rolle spielte. Die Kurve erreichte nicht die Höhe wie beim Mann, klang aber langsamer ab.

Unsere jüngste Probandin war bei der Tat 21,3 Jahre alt, die älteste 55. Das Jahrzehnt von 20 bis 30 Jahren umfaßt 4 Fälle, das von 30 bis 40 Jahren 3 Fälle; je 2 Täterinnen waren über 40 und über 50 Jahre alt.

Aus der früher besonders gefährdeten Zeitspanne zwischen 15 und 18 Jahren ist kein Fall zu melden. Das Bayerische Statistische Landesamt stellt fest: „Der Schwerpunkt der Mord- und Totschlagskriminalität liegt bei der Frau in der weiten Altersspanne von 18 bis 30 Jahren.“

Diese Altersspanne kann also noch weiter gefaßt werden. Die gleiche Übersicht stellt fest: „Nach dem Kriege finden sich neben den 30- bis 40jährigen Frauen die meisten Verurteilten bei den über 40 Jahre alten Frauen, es wird sich dabei häufig um Morde aus Verzweiflung handeln, um die Kinder vor weiterer Not zu bewahren.“ Bestätigungen für diese Vermutung liegen aus unserm Beobachtungsmaterial nicht vor.

b) Die oben erwähnte Abhandlung kommt zu dem Schluß: „Der Beruf drückt auch der Frauenkriminalität seinen Stempel auf. Nicht nur erhöhte Berufstätigkeit, sondern die Art des Berufes ist entscheidend.“ Berufskenntnisse können beim Verbrechen verwandt werden. Daneben aber kann auch eine gewisse individuelle Neigung und Veranlagung, welche die Berufswahl beeinflußt, nicht nur für den Beruf, sondern auch für die Kriminalität ausschlaggebend sein.

Von unseren 11 Probandinnen waren 2 als Ehefrauen in ihrem Haushalt tätig, 7 hatten vagierende Tätigkeit, unterbrochen von Arbeitslosigkeit; in den beiden letzten Fällen dagegen lag eine ausgesprochene Bindung an den Beruf vor: das Geschäft und die Krankenpflege.

Der nüchterne Geschäftssinn, unentbehrlich für die Geschäftsführung, hatte durch seine Kalkulationen die Situation herbeigeführt, in welcher die Tat geschah. Im andern Fall hatten Berufskenntnisse bei der Tat und der Beseitigung ihrer Folgen Verwendung gefunden. Auch war infolge der häufigen Berührung mit Verstorbenen ein Erschrecken vor dem Anblick der Getöteten nicht mehr aufgekommen.

c) Auffallend ist nach den bayerischen Untersuchungen der hohe Anteil der Witwen und Geschiedenen. Diese sind durchweg am stärksten belastet neben anderen Verbrechen auch bei Mord und Totschlag. Als Grund wird angesehen die schlechte soziale Lage, aber auch — zumal bei schuldig Geschiedenen — eine vorhandene moralische Haltlosigkeit und Minderwertigkeit. Unter unseren 11 Probandinnen sind 8 Geschiedene, 2 Ledige und nur 1, deren Ehestand intakt geblieben ist.

Nach Dr. Gast ist allerdings der Familienstand für die Psychologie des Mörders nicht verwendbar. Auch die bayerische Statistik warnt: „Allzu große Erwartungen darf man auf die Gliederung nach dem Familienstand nicht setzen. Endgültig kann nur im Einzelfall erwiesen werden, ob er der oder wenigstens ein mit maßgeblicher Faktor für die Straftat war."

## *§ 15 Raum und Zeit*

a) Einige unserer Probandinnen haben ihren Raum mit Geschick und Geschmack freundlich ausgestaltet. Bilder, Pflanzen, Decken, eine kleine Büchersammlung, religiöse Embleme entkleiden die Zelle ihres düsteren Charakters und verleihen ihr ein freundliches Aussehen. So wird denn verschiedentlich mit einladender Geste erklärt: „Das ist mein Zimmer." Während man draußen auf Schritt und Tritt gehorchen muß, kann hier ein Gefühl von Freiheit aufkommen. Deshalb wird auch der Einschluß willkommen geheißen. Jetzt kann niemand mehr mit Befehlen kommen. Man hat auch Ruhe vor dem Geschwätz und den Klagen der Mitgefangenen. In den folgenden Stunden ist man Herr über sich selbst und kann sich in die frühere Unabhängigkeit zurückversetzt fühlen, deren Verlust als das Bitterste an dem ganzen Gefängnisaufenthalt empfunden wird. Die Zelle ist „mein Reich", in welchem man mit relativer Selbständigkeit schalten und walten kann. Sie ist der „Zufluchtsort" geworden, der ein Gefühl von Geborgenheit verleiht. Die Gitter stören nicht, erhöhen eher das Gefühl der Geborgenheit, da sie einen Einbruch der feindlichen Welt verhüten.

Werden hier Regressionstendenzen, Gefühle von Bedrohtheit und Schutzbedürfnis erkenntlich, so verleiht das Bestreben, wieder aktiv am Leben teilzunehmen, der Zelle einen anderen Aspekt. Sie bleibt gleichgültig, trotz schöner Ausstattung fremd, ja gar zuwider. Die Gitter werden als unerträglich empfunden, das Einschließen stört aufs empfindlichste.

Die eigenen schwankenden Stimmungen werden auf den Raum übertragen. Bald ist er willkommen, weil er Alleinsein ermöglicht und Schutz gewährt; bald ist er verhaßt, weil er von andern trennt und durch seine Enge bedrückend wirkt.

b) Schwer ist das Problem der Zeit. Vor der Mehrzahl der Insassen steht es wie ein unübersteigbarer Berg, der jede Aussicht versperrt, erdrückend wirkt und ein Gefühl der Hoffnungslosigkeit hervorruft. Eine Probandin empfindet 10 Jahre Anstaltsaufenthalt wie 30 Jahre draußen; eine andere glaubt, schon mehr als ein halbes Jahrhundert eingeschlossen zu sein. Die Zeit kriecht in quälender Langsamkeit dahin und ist „ganz schlimm"; sie ist „wie Ewigkeit". Der Tag nimmt gar kein Ende; die Minuten tropfen in aufregender Monotonie. Das Fehlen des Zieles belastet eine Probandin so stark, daß ihr die Todesstrafe humaner erscheint als die Strafe ohne Ende. Eine andere hat sich dieses fehlende Ziel selber geschaffen und in das endlose Band der Zeit Zäsuren und Gliederungen eingebaut. Sie begrenzt die lebenslange Strafe vorläufig auf 18 Jahre. Das klinge leichter als 20 Jahre, wie auch bei der Frage nach dem Alter z. B. die Ziffer 39 einen freundlicheren Klang habe als die Zahl 40. Nach Verbüßung von 10 Jahren will sie mit dem Einkauf von Wäsche beginnen, um bestimmte Ziele zu haben und auch später einmal nicht der Fürsorge zur Last zu fallen. Erfolge die Entlassung zu dem selbstgewählten Termin wider Erwarten nicht, so gebe der Rückblick auf die dann verbüßten 18 Jahre Auftrieb und Mut zu einer neuen Zäsur.

Für 2 Probandinnen ist die Art der Beschäftigung bedeutsam für den Verlauf der Zeit, die bei guter Arbeit „leidlich" schnell vergeht. Nur eine empfindet ihren Druck gar nicht: „Sie fliegt schneller dahin als draußen; im Nu ist es Mittag, und im Nu ist der Abend da."

## *§ 16 Stellung zum Mittäter*

In 2 Fällen wurde das Verbrechen von 2 Tätern begangen, in einem dritten Fall von einem Trio.

Eine eng an ihren männlichen Mittäter fixierte Probandin erlitt einen schweren Schock, als sie von dessen Selbstmord in der Nacht vor dem Termin Kunde bekam.

In den beiden anderen Fällen begegnen sich die ehemaligen Tatgenossen jeden Tag in der Anstalt. Außer gelegentlichen oberflächlichen Begrüßungen besteht aber keinerlei Verbindung; vielmehr ist ein latenter Spannungszustand erkenntnlich, der hin und wieder zu kleinen Aggressionen führt. Die eine Partnerin in diesen Paar-Verhältnissen ist jedesmal eine weiche, gefügige, passive Frau, die von der Mittäterin überfahren wurde. Jetzt stehen die Folgen der eigenen Passivität klar vor Augen. Nun ist das tiefe Erschrecken darüber lebendig geworden, daß man mit einer solchen Frau gemeinsame Sache gemacht hat. Die energische Distanz von ihr soll zeigen: „So schlecht wie sie bin ich denn doch nicht."

## § 17 *Träume*

„Die balancierende Funktion des Unbewußten" (C. G. Jung) ist am Werk und stellt freundliche Bilder vor die Seele, welche die Abgeschlossenheit und Eintönigkeit aufheben. Schöne Reisen werden gemacht, bald mit der Bahn, bald mit dem Auto. Ein Spaziergang im Walde erfrischt und erfreut. Auf einer im satten Grün prangenden Wiese kann man inmitten der schönsten Blumen ausruhen. In fröhlicher Geselligkeit ist man mit den Angehörigen vereint. Positiv zu werten ist es, wenn zwei Träumerinnen am Schluß ihrer Ausflugsreisen die Notwendigkeit einer Rückkehr in die Anstalt spüren.

Ein Gefühl von Unsicherheit und Ungewißheit wird erkenntlich in dem Traum: „Ich sitze in einem Zug; aber ich weiß nicht, wohin er fährt." Richtung und Ziel sind also verlorengegangen. In einem andern Fall wird der Zug überhaupt nicht mehr erreicht. Eine Weiterentwicklung, ein Fortkommen ist unmöglich geworden. Man muß an Ort und Stelle bleiben.

Schuldthematik klingt an in dem Traum: „Ich durchschreite eine häßliche Pfütze. Dabei werde ich durch Spritzer beschmutzt."

„Ein weißes Boot mit blendend weißen Segeln trägt mich über einen ganz klaren, stillen See. Ich sitze in einem von Schimmeln gezogenen Wagen und fahre einen schönen Weg zwischen Wiesen und vielen Blumen entlang. Viele Leute begegnen mir und winken freundlich."

Die stark betonte, in beiden Träumen immer wiederkehrende blendend weiße Farbe ohne jede Trübung symbolisiert die Reinheit und Unbeflecktheit. Stürme haben sich abgetobt; der See ist ganz ruhig und still geworden. Die Natur prangt in Schönheit, die soziale Diffamierung ist aufgehoben. In aller Freundlichkeit winken die Mitmenschen Grüße zu. Ausgesprochene Wunschträume begegnen uns hier.

Der zurückgelassene Sohn, den die Mutter mit allen Fasern ihres Herzens liebt, erscheint am Gitterfenster, um sich trösten zu lassen. Mit vielen Worten redet der durch Selbstmord geendete Mittäter auf die Träumerin ein und verspricht, die Sache in Ordnung zu bringen.

Der Teufel erscheint, eine Riesengestalt, pechschwarz, aber mit großen, gleißenden, prächtig anzuschauenden goldenen Hörnern. Er bleibt zwar

inaktiv, zeigt aber einen Ausdruck der Befriedigung, daß ihm sein Werk an der Täterin und durch sie gelungen ist.
Endlich wurde in einem Fall, wo zunächst auf Todesstrafe erkannt war, der Gang zum Schafott träumend vorweggenommen.

## *§ 18 Persönlichkeitsdiagnosen*

Seelische Entwicklungsstörungen auf Grund von ungünstiger häuslicher Atmosphäre führten zu Fehlentwicklungen in 7 Fällen. Die einzelnen Familienkonstellationen sind sich oft ähnlich. Beide Eltern sind beruflich tätig und überlassen das liebebedürftige Kind sich selber. An die Stelle des gefallenen Vaters tritt ein Stiefvater, zu dem kein väterliches Verhältnis gefunden wird. Durch die kühle Haltung der Mutter erfährt die Lage noch eine Verschärfung, die dann in der Ehe mit einem kühlen Mann unerträglich wird. Ein aufbrausender, zum Trunk neigender Vater zusammen mit einer liebearmen Mutter läßt Nestwärme nicht aufkommen. Ständig moralisierendes Milieu zeitigt eine Trotzhaltung. Schroffe Ablehnung durch den Stiefvater führt zu dem Erlebnis der Heimatlosigkeit. Die Ausnutzung des unehelich geborenen Kindes in wechselnden Pflegestellen verhindert die Einpflanzung ethisch-moralischer Werte und die Kultivierung von Gemütsleben. Überstarke Bindung an den väterlichen Menschen macht schließlich zu allem fähig, um Geborgenheit zu finden. Der unbefriedigt gebliebene Drang nach Anlehnung, die Angst um den Verlust eines geliebten Menschen treibt zu Fehlhandlungen. Nötigung zu übertriebener Gefügigkeit und in allzu ängstlicher Behütung infantil gebliebene seelische Struktur macht es unmöglich, eine selbständige Haltung zu entwickeln und sich gegen fremde Einflüsse durchzusetzen. Chronische, sich ständig summierende Affekte, immer wieder entzündet in einer untragbaren Ehekonstellation, entladen sich schließlich in einer Tat, die aus dem Rahmen der bis dahin gesteuerten Lebenslinie herausfällt.
Die restlichen 4 Fälle zeigen Schäden im Konstitutionellen. Erbliche Belastung und Schwachsinn liegen vor. Ichhaftigkeit und asoziale Neigungen verbinden sich mit Gefühlsarmut, Geltungsbedürfnis und Pseudologismus. Den Schluß bildet eine in der Totalität ihrer Persönlichkeit lebensschwache Psychopathin, chaotisch, mit schweren aggressiven Tendenzen und ausgeprägt hysterischen Zügen.

## *§ 19 Prognosen*

Seelische Entwicklungsstörungen sind heilbar, wenn der Betroffene zu willigem Mitgehen bereit ist. Diese Bereitschaft liegt vor in 2 Fällen, wo das unbefriedigt gebliebene Bedürfnis nach Geborgenheit zur Tat geführt hatte. In 2 anderen gleichgelagerten Fällen soll die Prognose noch offengelassen werden. Dort, wo das Anlehnungsbedürfnis infolge Versagens des Elternhauses in Trotz umschlug, ist die Verkrampfung so stark, die neurotische Haltung so tief eingeschliffen, daß z. Z. nicht übersehen werden kann, ob sich die Vereisung noch auftauen läßt. Offenbleiben soll auch der Fall, wo die psychiatrische Untersuchung zwar im Zeitpunkt der Vorstellung eine endogene Geisteskrankheit verneinte, aber doch die Möglichkeit offenließ, daß etwaige latent vorhandene schizophrene Geistesstörungen im weiteren Verlauf noch manifest werden könnten. Trotz aller Aufgeschlossenheit bleibt hier die weitere Entwicklung zunächst undurchsichtig.

Eine positive Prognose kann der Frau gestellt werden, die in einer völlig verfahrenen Lebenssituation straffällig wurde, sich aber sonst als durchaus lebenstüchtig erwiesen hatte, sowie jener anderen, deren wohlgeordnetes Lebensgebäude in dem Strudel des Zusammenbruches einstürzte, und die, bei ungenügender Lebenserfahrung nun plötzlich auf sich selbst gestellt, in der veränderten Welt nicht zurechtfand.

Primitive Hilflosigkeit und Gefügigkeit bei leichter Debilität bedeuten angesichts des Fehlens asozialer Strebungen zwar keine bedrohliche Gefährdung der menschlichen Gesellschaft; doch wäre bei dem fortgeschrittenen Alter der Probandin (55 Jahre) die Unterbringung in einer Verwahrung angebracht, in der sie wahrscheinlich gut funktionieren würde.

Wo konstitutionelle Mängel vorliegen, muß die Prognose negativ bleiben. Anzeichen für Strukturveränderungen sind bisher nicht beobachtet worden.

Nach dem Stand vom 1. April 1956 sind zu bewerten:

a) positiv — 4 Fälle,
b) negativ — 4 Fälle,
c) noch fraglich — 2 Fälle,
d) als Verwahrfall — 1 Fall.

## Zusammenfassung

Für die Prägung der Haltungsstile sind die gleichen Gesichtspunkte maßgebend wie bei den Männern: Die psycho-physische Konstitution, die intellektuellen Differenzierungen, das Lebensalter sowie vor allem die Einstellung zur Tat und zum Urteil. Neue Gesichtspunkte haben sich nicht ergeben. In einem Fall stand das auch auf der männlichen Seite nicht fehlende Sühnebedürfnis so stark im Vordergrund, daß es als Überschrift gewählt wurde.

Auffallend ist auch hier der hohe Anteil des pyknischen Elements, das die Athletiker vom ersten Platz verdrängt hat. Bei der geringen absoluten Zahl kann allerdings das Spiel des Zufalls am Werke sein.

Mit etwas größerer Sicherheit kann man Schlüsse ziehen aus dem hohen Prozentsatz der Nichtbelasteten. Hier wird wahrscheinlich eine speziell dem weiblichen Geschlecht eigene größere Neigung, Umwelteinflüssen nachzugeben, offenbar.

Wenn die in verwickelten seelischen Lagerungen wurzelnden Motive zahlreicher sind als beim Mann, so ist auch das wohl aus der Eigenart der weiblichen Psyche zu erklären. Die Sexualität nimmt dabei nicht den überragenden Platz ein, den ihr Lombroso und Wulffen zuerkannt haben. Das mehrfach festgestellte Verlangen nach Geborgenheit ist keineswegs ausschließlich sexuell getönt.

Auch Bader stellt fest, daß die früher meist bestrittene Häufung von Motiven geradezu die Regel ist.

Der Blick in das Vorstrafenregister bestätigt frühere Beobachtungen, nach welchen der Anteil der Nichtkriminellen an der Begehung von Morden in den Kriegs- und Nachkriegsjahren steigt, was Exner „eine seelische Nachwirkung des Krieges" nennt.

Bader hat weiterhin auf die Wandlung der Tötungsart hingewiesen. Tötung durch Erschießen war infolge der allgemeinen Waffenablieferung unmöglich geworden. An der „Primitivierung" der Tötungsart hat auch die Frau Anteil. Die Giftmörderin von früher ist verschwunden. Wenn Dr. Gast in der Rücksichtslosigkeit und Brutalität der Ausführung eine Kompensation der körperlichen Unterlegenheit sieht, so weist das Studium unserer Fälle mehr in die Richtung einer ungewöhnlichen Affektspannung.

Das Problem der Zeit belastet die Frau wesentlich schwerer als den Mann. Die Erklärung kann gesucht werden in der größeren Aktivität des Mannes, der sich mit Fanatismus in die Arbeit stürzt und in ihr vorübergehend Vergessen finden kann.

Die Träume zeigen hier wie bei dem Mann Verlangen nach Kompensationen, latente Wünsche, ein Gefühl von Bedrohtheit und Schuld-Thematik.

Die Ausführungen von Dr. Gast, nach welchen die Frau am Raubmord fast gar nicht beteiligt ist, sind überholt. Auch Baders Feststellung, daß der Raubmord der Mord der Nachkriegszeit schlechthin sei, trifft hier nur unter Einschränkungen zu. In nahezu der Hälfte der Fälle fehlt das Motiv der Habgier.

Wenn Bader weiter erklärt, daß sich für die Tätertypologie keine neuen Erkenntnisse ergeben haben, so wird dem zugestimmt. „Einen Typ des

Mörders gibt es heute so wenig wie ehedem. Er weist ungezählte Spielarten auf."

Dagegen wird seine schon früher von Dr. Gast geäußerte Ansicht, „daß die Opfer der von Frauen begangenen Mordtaten auch heute meist Angehörige zu sein scheinen", durch unsere Übersicht widerlegt.

Die Feststellung, daß neben den Witwen die Geschiedenen die relativ kriminellste Gruppe darstellen, erfährt durch unsere Untersuchungen eine Bestätigung. Unter 11 Frauen befinden sich 8 geschiedene.
Berufseinflüsse sind in 2 Fällen feststellbar.

Die früher festgestellte Altersspanne von 18 bis 30 Jahren ist erweitert. Daß die Morde der über 40 Jahre alten Täterinnen Verzweiflungsakte sind, um Kinder vor weiterer Not zu bewahren, trifft für unsere Untersuchungen nicht zu.

Das Bayerische Statistische Landesamt kommt zu dem Schluß: „Wenn die Frau einmal bewußt kriminelle Handlungen begeht, findet sie den Weg nicht so leicht zurück; sie muß handeln." Diese „Tenazität" kann vielleicht abgelesen werden an der Tatsache, daß sich unter 11 Fällen 2 Doppelmorde befinden.

Die „Uninteressiertheit für ferner liegende Dinge und deren Unkenntnis" zeigt sich unter anderem darin, daß der Gedanke an eine Entdeckung gar nicht kommt.

Das Fazit der Studie 50 Jahre Frauenkriminalität lautet: „Wie ein roter Faden zieht sich durch die Arbeit immer wieder das gleiche Ergebnis: Je mehr die Frau in ihrer Stellung dem Manne sich nähert und ihn ersetzt, desto eher begeht sie dieselben asozialen Handlungen wie der Mann."

Diese Feststellungen werden von Bader für die Zeit nach 1945 bestätigt. Eine schon im ersten Weltkrieg einsetzende Wandlung der Frauenkriminalität hat weitere Fortschritte gemacht. Bei zahlreichen Verbrechensarten ist eine Annäherung zwischen beiden Geschlechtern eingetreten. Die „frauliche Note" bei dem Delikt ist immer mehr in den Hintergrund gerückt. Statt dessen hat die weibliche Kriminalität, wie zumal die Tötungsart erkennen läßt, den früher eingeschlagenen Weg der Vergröberung und Vermännlichung fortgesetzt.

FSC
www.fsc.org
MIX
Papier | Fördert
gute Waldnutzung
FSC® C083411

Kolibri 360 GmbH
Ferdinand-Jühlke-Straße 7
99095 Erfurt, Deutschland
produktsicherheit@kolibri360.de